p.146-191

L'illusion sécuritaire

Coordination de la production: Anne-Lise Gautier et Valérie Lefebvre-Faucher
Illustration de la couverture: ©Jean-Laurent Ratel
Typographie et mise en pages: Andréa Joseph [pagexpress@videotron.ca]

© Les Éditions Écosociété, 2010
LES ÉDITIONS ÉCOSOCIÉTÉ
C.P. 32052, comptoir Saint-André
Montréal (Québec) H2L 4Y5
Dépôt légal: 4e trimestre 2010

ISBN 978-2-923165-70-7

Titre original:
Illusions of Security
City Lights Books
© 2007 by Maureen Webb

Catalogage avant publication de Bibliothèque et Archives nationales du Québec (BANQ) et Bibliothèque nationale du Canada (BNC)
Webb, Maureen

    L'illusion sécuritaire: surveillance, torture... personne n'est à l'abri

    Traduction de: Illusions of security.

    Comprend des réf. bibliogr.

    ISBN 978-2-923165-70-7

    1. Droit à la vie privée. 2. Surveillance électronique. 3. Service des renseignements. 4. Terrorisme – Prévention. 5. Démocratie. I. Titre.

JC596.W4214 2010   323.44'82   C2010-942432-8

Nous remercions le Conseil des Arts du Canada de l'aide accordée à notre programme de publication. Nous reconnaissons l'aide financière du gouvernement du Canada par l'entremise du Programme d'aide au développement de l'industrie de l'édition (PADIÉ) pour nos activités d'édition.

Nous remercions le gouvernement du Québec de son soutien, par l'entremise du Programme de crédits d'impôt pour l'édition de livres (gestion SODEC) et la SODEC pour son soutien financier.

MAUREEN WEBB

L'illusion sécuritaire

Fichage, torture…
personne n'est à l'abri

Traduit de l'anglais par Louis de Bellefeuille

LES ÉDITIONS
écosociété
MONTRÉÁL

TABLE DES MATIÈRES

Note sur l'édition française

Depuis la première parution de ce livre en 2007, les révélations qu'il présentait ont largement été reprises par les médias, les situations qu'il dénonçait ont empiré et plusieurs de ses prédictions se sont révélées exactes.

Pour illustrer la couverture médiatique de la question sécuritaire, prenons l'exemple du *Washington Post*, dévoilant cet été les conclusions d'une enquête de deux ans au sein d'un « monde souterrain » qu'il appelait « l'Amérique ultra-secrète ». Au fil de trois articles dont on a depuis abondamment parlé et sur un vaste site Internet interactif, le *Post* sondait la croissance depuis le 11 septembre de cette filière américaine de la sécurité nationale, « aujourd'hui si étendue, si complexe et si impénétrable qu'[elle] constitue une géographie parallèle des États-Unis ». Certains défenseurs de la vie privée se sont demandé pourquoi le *Post* avait tant tardé à traiter du problème et, de fait, les statistiques et les entrevues rassemblées par le quotidien révèlent une inquiétante accentuation des tendances esquissées dans *L'illusion sécuritaire* :

- Quelque 1 271 organisations gouvernementales et 1 931 entreprises privées, dans quelque 10 000 centres répartis sur l'ensemble du territoire états-unien, élaborent des programmes en lien avec la lutte contre le terrorisme, la sécurité intérieure et les renseignements.

- On estime à 854 000 le nombre d'individus possédant une cote de sécurité ultra-secrète – c'est presque 1,5 fois la population de Washington D.C.

- À Washington et dans les environs, 33 complexes immobiliers abritant des services de renseignements sont en construction ou ont été construits depuis septembre 2001. Leur superficie totale équivaut quasiment à trois Pentagones ou encore à 22 Capitoles – elle s'étend sur plus de 1,5 km^2.

- Nombre d'agences de sécurité ou de renseignements accomplissent le même travail, ceci causant redondance et gaspillage. Par exemple, 51 organisations fédérales et commandements militaires, opérant dans 15 villes des États-Unis, traquent les flux d'argent reliés aux réseaux terroristes.

- Les analystes qui décodent les conversations et documents glanés par les services d'espionnage étrangers et états-uniens partagent leur avis dans quelque 50 000 rapports annuels de renseignements – un volume tel que bon nombre sont remisés d'office.

« Après neuf ans de dépenses et de croissance sans précédent, concluait le *Post*, le système mis en place pour assurer la sécurité des États-Unis est si colossal » qu'il échappe en bonne partie au contrôle du gouvernement, son efficacité étant par ailleurs « impossible à déterminer ».

D'après le *Ottawa Citizen*, qui publiait récemment une série d'articles sur la surveillance, on estime à 4,2 millions le nombre de caméras CCTV utilisées en Grande-Bretagne – soit une pour 14 personnes. Les Londoniens sont filmés à peu près 30 fois par jour.

Et selon la spécialiste des questions de sécurité Katherine Albrecht, sous le régime autoritaire chinois :

> ...la carte d'identité nationale [...] contient sous forme encodée de nombreux renseignements d'ordre personnel sur son détenteur – la plupart d'entre nous verraient là un outrage –, notamment son historique de santé et de reproduction, sa profession, sa religion, son appartenance ethnique et même le nom et le numéro de téléphone de son propriétaire...

Pendant ce temps, le champ d'activité relié à la sécurité ministérielle, dont *L'illusion sécuritaire* détaille la genèse, poursuit sa métastase au sein du corps politique occidental. D'après le Réseau européen des libertés civiles (ECLN), l'UE subventionne :

> une industrie européenne de la « sécurité intérieure », versant des milliards d'euros aux entreprises européennes qui concurrencent le complexe militaro-industriel américain sur le lucratif marché mondial de l'équipement et des technologies de sécurité. À leur tour, ces entreprises exercent à couvert une influence croissante sur la politique sécuritaire de l'UE.

Dans le secteur états-unien du renseignement pour la sécurité nationale, 30 % de la main-d'œuvre se compose d'agents contractuels, bien que les normes fédérales leur interdisent d'accomplir des « fonctions proprement étatiques ».

L'une des principales prédictions formulées dans le livre annonçait la dépendance grandissante des gouvernements au contrôle social que permettent l'explosion des nouvelles technologies de surveillance et l'excuse de la sécurité publique. Il suffit pour constater cette dépendance de consulter certains documents relatifs au « programme de Stockholm », le prochain plan quinquennal européen en matière de justice et de politique sécuritaire. Dans une section de document intitulée « Le tsunami numérique et ses implications pour les organisations de sécurité publique », la présidence portugaise du Conseil observe qu'avec « la connexion croissante des individus, des machines et des environnements », le volume d'information accessible aux gouvernements « va manifestement se démultiplier » à l'avenir, ne serait-ce que « dans la prochaine décennie ». « Cette évolution aura un impact immense sur la sécurité publique », en plus de « créer une richesse d'information [...] et [...] d'innombrables opportunités ». Le document évoque à titre d'exemple :

> la capacité de localiser n'importe quel téléphone cellulaire en service (et de savoir où il a été éteint et allumé pour la dernière fois). Ce n'est qu'un début. Dans les années à venir, des milliards d'objets seront connectés dans le monde physique grâce aux technologies que sont l'identification par radiofréquence (IRF), les communications sans fil à large bande (WiFi, WiMax), ainsi que les technologies satellite et sans fil (Bluetooth, USB sans fil, ZigBee). Autrement dit, de plus en plus d'objets pourront être

retracés en temps réel, leur mouvement et leur activité analysés rétrospectivement [...]. Dans un proche avenir, la plupart des objets génèreront un flux de données numériques sur leur emplacement et leur utilisation – révélant des habitudes et des comportements sociaux dont pourront tirer parti les spécialistes de la sécurité publique pour prévenir ou enquêter sur certains événements.

[...]

Tout achat avec paiement par carte de débit ou crédit génère déjà une somme de renseignements accessible et interrogeable en temps réel; or ce type de transactions ira en se multipliant à mesure que nous évoluons vers une société sans espèces [...]. Cette tendance s'accentuera d'autant avec l'utilisation grandissante de mesures biométriques visant à renforcer la sécurité – des lieux publics, comme les mairies et les gares ferroviaires, des lieux privés, comme les parcs d'attractions, ou encore des lieux de travail.

[...]

Le comportement en ligne des utilisateurs de réseaux sociaux tels que MySpace, Facebook et Second Life – de fait, l'activité en ligne sous toutes ses formes – ne fait qu'accélérer ce tsunami numérique, générant une immense manne de renseignements potentiellement utiles aux organisations responsables d'assurer la sécurité publique.

Dans ce « Meilleur des Mondes », affirment les auteurs du document, non seulement les systèmes réseautés surveilleront l'activité, mais ils « y répondront de manière intelligente ». Les systèmes :

> ... utiliseront de multiples flux de données et de multiples types de flux. Par exemple, si dans un aéroport une personne fait quelques appels atypiques sur son cellulaire, le système surveillera davantage les séquences des caméras de surveillance situées à proximité de cette personne. Ou encore, il vérifiera les renseignements sur les voyageurs pour savoir si cet individu ou l'un de ses proches est censé partir ou atterrir dans les deux heures qui suivent.

[...]

> Dans un avenir proche, les organisations chargées de la sécurité construiront des portails agrégeant d'innombrables sources de données en autant de gammes personnalisées pour les différents décideurs.
>
> [...]
>
> De plus en plus, les systèmes informatiques seront dotés de programmes automatisés opérant sur la base des décisions et destinations des utilisateurs.

Malgré une sensibilisation accrue du public, la plupart des citoyens semblent relativement peu concernés par cette évolution. Je l'avoue, depuis que j'ai écrit ce livre, mon propre optimisme concernant la capacité de la société civile à contrer la prolifération des mesures de surveillance depuis le 11 septembre s'est émoussé. Bien qu'il existe d'importantes poches de résistance, nous vivons probablement à l'heure actuelle une ré-ingénierie sociale. Le phénomène est si récent que son ampleur nous échappe encore et, sous bien des aspects, la technologie en elle-même continue de nous hypnotiser. Comme par le passé, il nous faudra certainement nous débattre avec les effets pervers de cette expérience sociale pendant plusieurs générations.

L'illusion sécuritaire est un précieux guide pour comprendre la genèse de ce nouvel ordre érigé au lendemain du 11 septembre. Certaines personnalités politiques m'ont confié que cette lecture avait modifié leur appréhension du débat politique tandis que de nombreux spécialistes du 11 septembre en ont fait un ouvrage de référence qu'ils consultent régulièrement. Toutefois, c'est le représentant d'un commissariat à la protection de la vie privée qui m'a adressé le plus beau des compliments, m'agrippant le bras au cours d'une discussion pour me demander : « Est-ce vous qui avez écrit ce livre ? Je ne pouvais pas le lâcher, *je l'ai lu comme un roman à suspense.* » J'ignore si qui que ce soit à l'extérieur d'un commissariat à la protection de la vie privée partage ce sentiment (!), mais, chers lecteurs, je souhaite que ce livre suscite en vous un intérêt, un questionnement et, peut-être, qu'il vous arme d'un esprit de résistance à l'heure où nous entrons ensemble dans ce Meilleur des Mondes.

Maureen Webb, 2010
Traduit de l'anglais par Marianne Champagne

REMERCIEMENTS

J'AI Ô COMBIEN de personnes à remercier.

À l'origine, le présent ouvrage était une analyse pour une campagne internationale lancée en février 2004 par un groupe de personnes engagées du monde entier, l'International Campaign Against Mass Surveillance (ICAMS) – en français, la Campagne internationale contre la surveillance globale (CICSG). Celle-ci, nous l'espérons, aura bientôt l'ampleur d'un mouvement.

Au Canada, la Coalition pour la surveillance internationale des libertés civiles (CSILC) a commandité la première réunion de la CICSG. La Coalition, outre Statewatch en Europe, l'American Civil Liberties Union et le Friends Committee on National Legislation (Quakers) aux États-Unis, et le Focus on the Global South en Asie, est devenue finalement commanditaire de la campagne. Je tiens à remercier ces organisations ainsi que les personnes clés du groupe de travail qui ont fait de cette campagne une réalité. Merci à Roch Tassé de la CSILC pour ses qualités d'animateur et sa diplomatie consommée, ainsi que pour son importante contribution à l'analyse sur le complexe sécuritaire d'entreprise. Merci à Ben Hayes de Statewatch d'avoir lancé l'idée de la campagne et d'avoir poursuivi son engagement avec autant d'intelligence sur de nombreuses questions de fond comme d'ordre pratique. Merci à Hilary Holmes d'Amnistie Canada pour ses remue-méninges et son expertise en matière de campagnes. Merci à Yap Swee Seng de Suaram pour les informations qu'il a apportées sur l'Asie et à Martine Éloy de la Ligue des droits et libertés pour ses nombreuses intuitions perspicaces. Et merci tout particulièrement à Brian Murphy (Interpares), Karen Seabrooke (Interpares) et Jeanne Herrick-Stare (Friends Committee on National Legislation) pour leur sagesse et leurs commentaires critiques avisés sur les brouillons successifs de l'analyse.

Je tiens à remercier Monia Mazigh et Maher Arar, deux héros canadiens, pour leur amabilité et leur probité exemplaires. Que soit également remerciée Saïda Nagti, l'étonnante et vaillante mère de Monia, qui a permis à la famille de tenir bon pendant toutes les périodes difficiles qu'elle a dû traverser.

Remerciements tout particuliers à Kerry Pither pour le sens de l'initiative dont elle a fait preuve en animant la campagne publique pour que justice soit rendue à Maher Arar, ainsi que pour les inestimables chronologies qu'elle a rédigées et les rapprochements fort précieux qu'elle a établis relativement aux épisodes Arar, Almalki et El Maati. J'ai puisé abondamment dans ces chronologies pour la rédaction du présent ouvrage, aussi resteront-elles des documents historiques d'une importance décisive pendant les années à venir, lorsque nous raconterons de nouveau ces épisodes marquants et réfléchirons sur eux.

Merci à ma famille pour son soutien assidu, tant aujourd'hui que dans le passé : à mon cher père, Donald Webb, décédé en 2002 ; à ma chère mère, Constance McDonald Webb ; à ma grand-mère Edith Todd Webb, qui m'est si chère, et à mon formidable frère et à ma formidable belle-sœur, Michael Webb et Joanne Webb.

Merci à Robert Chernomas pour son amour et son soutien.

Merci à Marco pour l'année passée à New York et à ma parente Adriana pour l'intérêt qu'elle a manifesté. Merci à l'Université Columbia et tout particulièrement au philosophe Jeremy Waldron, qui m'a appris non pas ce qu'il faut penser sur la question des droits, mais bien la manière de penser sur le sujet. Et merci à l'Association canadienne des professeurs d'université et à Jim Turk pour leur attachement aux problèmes liés aux libertés civiles.

Éternels remerciements à Anne Hardcastle et, à titre posthume, à Judith Russell et Susan Arnold pour leur amitié et leur mentorat, ainsi qu'à Bobbie Davidson, Cathy Adlington et Liz Soper.

Merci à mes amis et voisins – Jody, Art, Marie, Stephanie, Rosemary, Diane, Romeo, Natasha et Marc, entre autres – qui m'ont encouragée pendant toute la durée de ce projet et m'ont aidée en offrant de s'occuper de mes enfants et en me fournissant ordinateurs et blocs-piles à l'occasion d'une panne le jour de la remise du manuscrit.

Et merci à mes chers, patients et précieux enfants, Lucia et Michele, qui ont désormais *toute* mon attention. « Je vais dire à ton patron de ne pas te faire travailler tout le temps », voilà la seule réprimande que m'a faite ma fillette de quatre ans pendant toute la période de rédaction.

Je tiens à remercier chaleureusement la publicitaire Stacey Lewis de City Lights pour son adroite direction et sa bonne humeur. Enfin, je tiens à exprimer mon immense gratitude à mon éditeur, Greg Ruggiero, pour ses qualités de visionnaire, et d'avoir d'emblée accordé toute sa confiance au présent projet et à son objectif. C'est un privilège que de travailler avec lui et City Lights.

PROLOGUE

Les enfants de Monia

La vigilance perpétuelle est le prix de la liberté.
WENDELL PHILLIPS (1852)

LA PREMIÈRE FOIS QUE J'AI VU MONIA, c'était en 2003 à Ottawa par une soirée glaciale de février. Je me tenais avec mes deux jeunes enfants – un garçon dans une poussette et une fillette – d'un côté de la Flamme du centenaire, sur la colline parlementaire, pendant qu'elle se tenait de l'autre côté avec les siens, comme une image inversée – un petit garçon un peu plus jeune que mon fils, lui aussi dans une poussette, et une brave fillette d'à peu près la même taille que la mienne. Nous ne formions en cette glaciale soirée qu'un groupe modeste de personnes. Elles étaient apparemment toutes issues de la communauté arabe ou musulmane, sauf moi, mes enfants et un politicien venu pour une trame sonore.

Je ne savais pas trop pourquoi j'y étais allée, car je n'avais vraiment pas l'habitude d'entraîner mes enfants à des rassemblements politiques. Peut-être avais-je été sensible à l'histoire de Monia parce qu'à l'époque je m'occupais de problèmes frontaliers dans le cadre de mon travail. Mais j'étais surtout là en tant que mère – mère qui, depuis cinq mois déjà, écoutait l'histoire d'une autre mère se dérouler à la radio et tentait de répondre aux questions insistantes de ses enfants.

« Mais pourquoi ne peuvent-ils pas ravoir leur papa ? Qui l'a enlevé ? Pourquoi ? »

Fidèles à leur habitude, mes enfants voulaient savoir qui étaient les méchants.

Au début, personne ne savait pourquoi, ni même où le mari de Monia avait été enlevé. Certes, on avait déjà entendu des histoires sur des musulmans canadiens qui avaient eu des ennuis à la frontière états-unienne et sur le programme du National Security Entry/Exit Registration System (NSEERS), mais on n'avait jamais entendu parler d'une disparition.

Le mari de Monia, Maher Arar, avait disparu à New York le 26 septembre 2002. Il rentrait à Montréal plus tôt que prévu de vacances familiales en Tunisie, en passant par Zürich et l'aéroport international JFK (à New York). Il n'avait que quelques heures d'attente à JFK. Or, pendant six jours, on n'a eu aucune nouvelle de lui.

Lorsqu'elle a appris que les États-Unis l'avaient retenu au Metropolitan Detention Center de Brooklyn, à New York, sa famille a trouvé de l'aide pour louer les services d'un avocat et entrer en rapport avec les autorités consulaires. On lui a assuré que Maher serait jugé et que s'il était déporté des États-Unis, ce serait au Canada – son lieu de résidence et de citoyenneté – ou à Zürich, point de départ de son vol vers les États-Unis. Mais, très tôt le matin du 8 octobre 2002, Maher Arar a de nouveau disparu. Quatorze jours plus tard, il a refait surface en Syrie, son pays d'origine qu'il avait pourtant quitté à l'âge de 17 ans. Selon certains témoignages, il avait d'abord été envoyé en Jordanie.

À l'époque, le petit garçon de Maher avait sept mois et sa fillette cinq ans. C'était une famille de classe moyenne ordinaire. Monia avait terminé son doctorat en économie financière à Montréal et Maher sa maîtrise en télécommunications. Ils formaient un couple cultivé et professionnel. En Canadiens modèles, ils parlaient couramment l'anglais et le français, outre l'arabe, leur langue maternelle. Ils avaient travaillé fort pour lancer leurs carrières tout en jonglant avec les responsabilités familiales et, jusqu'au jour où Maher est disparu, aspiraient à des lendemains prospères.

Monia, femme digne au doux parler, était résolue à découvrir ce qui était arrivé à son mari. Pendant des mois elle s'était employée avec ténacité à écrire à des politiciens et à en rencontrer, des fonctionnaires et des groupes de défense des droits de la personne. À la longue, j'ai commencé à croire que les enfants de Monia ne retrouveraient jamais leur père. Elle a exprimé, au cours d'entretiens radiophoniques, sa volonté de poursuivre résolument son combat. La perspective de laisser ses enfants grandir sans leur père lui était insupportable. Elle n'a jamais tenté de faire valoir l'innocence de son mari, ce qui à l'époque aurait peut-être paru suspect. Avec perspicacité, elle s'en est tenue au raisonnement essentiel : *si mon mari a fait quelque chose de répréhensible, qu'il soit accusé et jugé dans son pays, le Canada*. Tel était son message.

Le ministre canadien des Affaires étrangères et le premier ministre ont prétendu qu'ils ne savaient rien sur cette affaire. Ils se sont renseignés en haut lieu auprès des États-Unis. Selon Paul Cellucci, ambassadeur états-unien au Canada, les États-Unis avaient déporté Arar aux États-Unis parce que des « éléments » canadiens ne voulaient pas qu'il retourne au Canada[1]. Au cours d'une réunion privée, le secrétaire d'État Colin Powell aurait « éreinté » Bill Graham, ministre canadien des Affaires étrangères, et « lui aurait dit que "ce sont des informations de vos gens" qui ont mené à la détention d'Arar[2] ». Le *National Post* a rapporté de bonne source que la Gendarmerie royale du Canada (GRC) avait discrètement demandé aux autorités états-uniennes d'arrêter et de déporter Maher Arar à l'occasion de son transit à New York[3].

Quelques jours plus tard, l'ambassade des États-Unis a diffusé un communiqué où l'on précisait que « les États-Unis n'ont consulté aucune des instances des forces de l'ordre canadiennes... M. Arar était sur sol états-unien lorsqu'il a été arrêté et les responsables

---

1. Kerry Pither, *The Deportation and Imprisonment of Maher Arar: Chronology of Events, December 20, 2001 to September 23, 2003*, entrée du 29 avril 2003, www.maherarar.ca.cms.images.uploads/mahers story.pdf.
2. Jeff Sallot, « PM Vows Help for Canadian Held in Syria: Questions Still Linger About RCMP Connection », *Globe and Mail*, 25 juin 2003, cité dans Kerry Pither, *supra*, Prologue, note 1.
3. Robert Fife, « Al-Qaeda Targeted US Embassy: Syrian Tip Led to Arrest of Accused Terrorists Planning Ottawa Attack », *National Post*, 25 juillet 2003, cité dans Kerry Pither, *supra*, Prologue, note 1.

états-uniens ont pris cette décision par eux-mêmes[4]. » Toutefois, s'appuyant sur des sources anonymes, le journaliste et chroniqueur politique Robert Fife a rapporté que le désaveu états-unien d'une participation canadienne avait été fait sous la pression de la GRC[5].

L'ambassadeur de la Syrie au Canada a affirmé qu'il s'agissait d'une affaire entre le gouvernement du Canada et celui des États-Unis[6]. Toutefois, il a ultérieurement déclaré à des journalistes que la Syrie attendait des instructions de la Central Intelligence Agency (CIA) avant de porter des accusations contre Maher Arar[7]. L'ambassadeur états-unien Cellucci a affirmé à Monia Mazigh que « les États-Unis n'avaient aucune autorité pour intervenir en son nom, ni auprès du gouvernement du Canada, ni auprès du gouvernement de la Syrie[8] ».

Qu'est-il arrivé à Maher Arar ? Qui pouvait le libérer ? Les deux questions restaient sans réponse.

Lorsque, par cette froide soirée de février, j'ai aperçu Monia à l'occasion du rassemblement à la Flamme de la paix, cela ne faisait que cinq mois environ qu'elle était engagée dans son combat pour faire revenir son mari, combat qui a duré 12 mois. Après qu'elle eut terminé son discours et que les médias se furent retirés, je me suis approchée d'elle avec la poussette et lui ai offert un modeste don en guise de soutien. En effet, mes enfants étaient si émus par son histoire que j'ai pu, pour ainsi dire, me mettre dans sa peau. Je sentais qu'il fallait, ne fut-ce que modestement, l'aider.

J'avais jusque-là hésité à le faire. *Et si Arar était un terroriste ?* Voulais-je donner de l'argent à une famille terroriste ? Me mettrais-je ainsi en difficulté ? Y aurait-il des agents des renseignements à l'affût ? Mais, en fin de compte, je me suis à mon tour rabattue sur

---

4. Robert Fife, « RCMP Didn't Turn in Arar US Says : Embassy Statement Conflicts With Claims by Powell, Cellucci », *National Post*, 1er août 2003, cité dans Kerry Pither, *supra*, Prologue, note 1.

5. *Ibid.*

6. Déclaration publique d'Ahmad Arnous, ambassadeur de la Syrie au Canada, datée du 16 octobre 2003, citée dans Kerry Pither, *supra*, Prologue, note 1.

7. Lettre de Monia Mazigh à Paul Cellucci, ambassadeur des États-Unis au Canada, datée du 28 avril 2003, citée dans Kerry Pither, *supra*, Prologue, note 1.

8. Lettre de Paul Cellucci, ambassadeur des États-Unis, à Monia Mazigh, datée du 27 mai 2003, citée dans Kerry Pither, *supra*, Prologue, note 1.

ce raisonnement: si son mari avait fait quelque chose de répréhensible, il fallait l'accuser et le juger au Canada, et non le *faire disparaître*. Monia était une mère comme moi. Après la disparition de son mari, elle a dû consacrer moins de temps à sa carrière afin de prendre soin de son jeune garçon, alors même qu'elle était précipitée dans une crise financière. Je savais à quel point les dépenses domestiques grimpaient rapidement, combien il est exigeant de s'occuper de deux jeunes enfants et combien il est difficile de chercher du travail dans ces conditions.

Elle a refusé notre don avec amabilité, affirmant qu'elle avait bon espoir de trouver du travail dans son domaine et que le fait de nous voir pendant son discours – une autre mère et ses enfants – lui avait donné du courage.

Je lui ai souhaité bonne chance.

◆

Comme beaucoup de mères, je fonctionne à deux niveaux. J'ai ma compréhension personnelle ou professionnelle des événements et problèmes de ce monde, et j'ai mon expérience maternelle. Lorsque les deux se chevauchent, j'essaie d'en tirer des enseignements. Or, le 11 septembre 2001, j'étais à New York. Munie d'une bourse de recherche, j'entreprenais des études à l'Université Columbia. Je m'y étais rendue pour aménager un appartement et avais prévu de revenir au Canada trois jours plus tard pour faire mes bagages avant de retourner à New York avec mon mari et mes deux enfants. C'est en écoutant une émission radiophonique matinale que j'ai entendu parler de l'écrasement d'un avion contre la tour 1 du World Trade Center (la tour nord des tours jumelles), et j'étais au téléphone en train de parler à mon époux au sujet de l'« accident » lorsqu'un autre avion s'est écrasé, cette fois contre la tour 2 du World Trade Center (la tour sud) – de quoi donner la chair de poule. « *Ce sont des terroristes* », ai-je dit spontanément avec conviction. Par la suite, un troisième avion a percuté le Pentagone et un quatrième s'est écrasé avant d'atteindre sa cible, la Maison Blanche.

Je me suis précipitée à l'International House, la résidence internationale des étudiants près du campus de Columbia. J'y ai vu les tours jumelles s'écrouler en direct à la télévision et j'ai appris que peu de temps auparavant des étudiants avaient appelé par téléphone cellulaire à partir des cages d'escalier des tours. Je suis ensuite descendue dans la rue en compagnie d'un avocat allemand et nous avons fait la queue à l'hôpital le plus proche pour y donner du sang. Ce jour-là, à ce moment-là, j'étais – *nous étions tous*, comme l'écrivaient les journaux français –, *des Américains*.

Cette nuit-là je suis restée éveillée au lit en écoutant les avions de chasse rugir au-dessus de Manhattan. Tous les autres avions avaient été interdits de vol. Je voulais à tout prix retourner voir ma famille, mais je voyais fondre la possibilité que mon vol ait lieu comme prévu.

Plus tard cette semaine-là je me suis jointe, au Grand Central Terminal, à des milliers d'autres personnes qui tentaient de rentrer à la maison par le train. J'ai entendu des histoires au sujet de personnes qui avaient failli se rendre aux tours jumelles le 11 septembre et d'autres encore au sujet de personnes qui, ce jour-là, s'y étaient rendues pour la première fois de leur vie. Une fine poussière blanche émanant des tours effondrées tourbillonnait sur les trottoirs et dans les rues. C'était comme la signature de l'affliction.

Cette année-là, je pleurais chaque fois que je voyais une voiture de pompiers ou un poste d'incendie. Mais, au fil des jours et à mesure que s'estompait le choc initial, une autre émotion a grandi en moi, outre la douleur. Il m'a fallu quelque temps pour me rendre compte de quoi il s'agissait : c'était la *colère*. Elle rougeoyait comme la braise lorsque j'entendais des États-Uniens demander « Pourquoi nous haïssent-ils ? », ou affirmer « Ils haïssent notre puissance et notre mode de vie, ils haïssent nos libertés. »

Jamais je ne pardonnerai aux auteurs de l'atrocité dont j'ai été témoin, ni ne les excuserai, mais de tels énoncés étaient exaspérants pour beaucoup de non-Américains, voire pour bon nombre d'États-Uniens.

Comme Gwynne Dyer l'a fait remarquer, et à mon sens avec perspicacité, les États-Uniens sont, à juste titre, fiers que leur société ait été la première grande société de l'histoire à avoir créé une forme de gouvernement démocratique et égalitaire. Toutefois, beaucoup d'entre eux ont la faiblesse de croire qu'ils en ont inventé le principe ou que leurs valeurs sont supérieures à celles des autres peuples.

Ailleurs dans le monde, les exemples fournis par la Révolution française (qui a soulevé des questions relatives à l'égalité entre races, classes et sexes, largement passées sous silence par la Révolution états-unienne) et par le modèle britannique de démocratie parlementaire, fruit d'une longue évolution, ont joué un rôle tout aussi important dans le façonnement des dizaines de sociétés démocratiques d'aujourd'hui. Au cours des 20 dernières années, des sociétés non occidentales issues de mondes culturels nombreux et divers ont manifesté à la fois leur aspiration à la démocratie et leur capacité à l'imposer à des dirigeants corrompus et tyranniques par des moyens non violents, à l'instar des pays européens autrefois sous des régimes totalitaires[9].

Ces réalités sont largement passées sous silence dans les débats aux États-Unis. C'est pourquoi on peut y soutenir[10] de manière apparemment tout à fait plausible que « les autres peuples ont peu de chance de parvenir à la démocratie sans l'exemple et, peut-être même, sans l'aide directe des États-Unis, qui sont donc le principal acteur moral de l'ère actuelle de l'histoire mondiale[11] ». Peut-être est-il d'autant plus facile de tromper la population états-unienne sur les agissements de son gouvernement ailleurs dans le monde qu'« on suppose généralement que les États-Unis n'utilisent la force que pour des raisons morales[12] ». J'ai employé plus haut le mot « faiblesse », mais peut-être est-ce le *défaut tragique* des États-Uniens que de croire avec tant de ferveur que la destinée de leur pays est de faire le bien dans le monde. Cette idée est si profondément enracinée qu'elle imprègne même la logique des États-Uniens les plus raffinés et les plus progressistes.

Bon nombre d'États-Uniens restent dans l'ignorance des effets de leur politique étrangère sur les autres sociétés ou refusent de les voir. Aussi, comme le fait remarquer Gwynne Dyer, peuvent-ils en toute sincérité considérer à tort une attaque contre leur politique étrangère comme une attaque contre leurs idéaux. Je pense à cet égard à ces gens du Salvador que j'ai servis dans une clinique judiciaire pendant les années 1980. Ils comptent parmi les nombreuses populations qui avaient de bonnes raisons d'haïr l'*exercice* de la puissance états-unienne. Ce n'était pas de l'envie ; c'était leur dure expérience. Car la puissance états-unienne a souvent été utilisée dans d'autres pays pour soutenir des régimes brutaux et corrompus et pour faire

---

9. Gwynne Dyer, *Future Tense: The Coming World Order*, Toronto, McClelland and Stewart, 2004, p. 152.
10. *Ibid.*
11. *Ibid.*, p. 151.
12. *Ibid.*

obstacle au développement et à la démocratisation[13]. Les États-Unis ne méritaient pas d'être attaqués en 2001, mais, aux yeux de bien des personnes dans le monde, ils sont responsables d'avoir, au fil du temps et au moyen des politiques réitérées des administrations successives, rendu la planète plus dangereuse.

L'ingrate Canadienne aux petits airs de sainte que j'étais a ramené sa famille à New York.

Ont alors commencé les attaques à l'anthrax. Il se trouve que la femme qui en a été la victime habitait dans notre district postal. Comme une démente, j'ouvrais le courrier aussi peu souvent que possible. Je portais de vieux vêtements et apportais le courrier dans un parc voisin pour le lire au soleil et dans le vent, avant de l'insérer dans un sac de plastique. Au retour, je me déshabillais dans le placard à balais de l'immeuble et fourrais mes vêtements dans un sac de plastique, je me lavais les mains et enfilais d'autres vêtements que j'avais cachés là. Pas mal comme hystérie, non? Dire que j'avais entraîné mon petit garçon, qui avait alors cinq mois, dans cet endroit devenu, depuis peu de temps, dangereux. Je me disais qu'il fallait abandonner bientôt la partie et rentrer à la maison. Il y avait autant de risques que ma famille soit frappée par la foudre que par des attaques terroristes, mais, s'il lui était arrivé un malheur, j'en aurais été responsable. *Je voulais pourtant que les autorités fassent tout ce qui était en leur pouvoir pour attraper les agresseurs, quels qu'ils soient, et pour déjouer les futurs complots.*

Or c'est ici que se croisent l'instinct et l'intelligence. Que devons-nous faire pour nous protéger de manière responsable contre les actes de violence terroriste, et que ne pouvons *pas* nous permettre de faire? Comme beaucoup de personnes dans le monde, je me débats avec cette question depuis 2001. Il n'est pas facile d'y répondre. Je ne cherche pas à fournir des réponses toutes faites ni à nier la légitimité du rôle que l'instinct joue dans la manière dont nous réagissons au danger. Mais je cherche à faire pencher la balance du côté de l'intelligence, car j'en suis venue à la conclusion que c'est en comprenant ce qui est vraiment *en péril* que nous assurerons le mieux notre sécurité et notre liberté.

---

13. Voir Noam Chomsky, *Power and Terror: Post 9/11 Talks and Interviews*, John Junkerman et Takei Masakazu (dir.), New York, Seven Stories Press, 2003.

Chapitre premier

L'histoire de Maher Arar : un récit en guise d'avertissement

… l'homme au naturel n'est qu'un pauvre animal, nu et bifurqué comme toi.

WILLIAM SHAKESPEARE, *Le Roi Lear*, acte III, scène IV
(traduction de François-Victor Hugo)

LE PROJET A-O CANADA ET LE TRANSFERT DE MAHER EN SYRIE

L'ODYSSÉE DE MAHER ARAR A COMMENCÉ, à son insu, dans un restaurant d'Ottawa[1]. Le 21 octobre 2001, il déjeunait avec Abdoullah, le frère de Nazih Almalki, un collègue de travail. Quatre des enfants de l'épouse d'Abdoullah vivaient à Ottawa, aussi Maher a-t-il demandé conseil auprès de ce dernier afin de trouver un médecin pour Monia, qui était enceinte[2]. Après le déjeuner, ils ont discuté à l'extérieur, sous la pluie, se demandant où Maher pouvait acheter

---

1. Transcription du témoignage du 29 juin 2005 du sergent Mike Cabana devant la Commission d'enquête sur les actions des responsables canadiens relativement à Maher Arar, p. 7880.
2. Kerry Pither, *Abdullah Almalki Chronology*, entrée du 11 octobre 2001, www.mun.ca/serg/almalkichronology.pdf.

une cartouche d'imprimante. Abdoullah a alors décidé d'accompagner Maher à un magasin Future Shop pour l'aider à en choisir une[3]. Or la GRC surveillait secrètement Abdoullah Almalki depuis 1998[4]. C'est à partir de cette rencontre informelle que Maher Arar est devenu un suspect dans le cadre de l'enquête de la GRC[5].

Après le 11 septembre 2001, le milieu canadien des renseignements a été soumis à d'intenses pressions, notamment parce qu'en 1999 il n'avait pas dépisté le projet d'attentat d'Ahmed Ressam, un résident de Montréal, contre l'aéroport international de Los Angeles à la veille du Nouvel An. De plus, on croyait généralement aux États-Unis, mais à tort, que certains des auteurs des attentats du 11 septembre étaient entrés aux États-Unis par le Canada. Aussi, compte tenu de l'importance du commerce par voie de terre avec les États-Unis pour l'économie canadienne, le gouvernement du Canada faisait-il tout ce qui était en son pouvoir pour s'assurer que les États-Uniens ne ferment pas la frontière.

Quelques jours après le 11 septembre 2001, la GRC a ouvert une enquête sur de prétendues cellules terroristes à Toronto et Ottawa, s'emparant à l'occasion de fichiers du Service canadien de renseignement de sécurité (SCRS). Le nom de code de l'enquête était A-O Canada. Il s'agissait d'une opération conjointe à laquelle participaient les forces de police locales et divers ministères et organismes gouvernementaux. S'agissant de la moitié outaouaise du projet, connue sous le nom d'A Canada, on travaillait en étroite collaboration avec divers organismes états-uniens, notamment le Federal Bureau of Investigation (FBI) et un autre organisme états-unien non précisé – probablement la CIA[6]. Le projet avait comme mot d'ordre général la « prévention ». Comme l'a ultérieurement déclaré sous serment le chef d'A Canada, le surintendant Mike Cabana, « En d'autres mots, on nous avait ordonné d'appliquer la tolérance zéro et – je suppose que c'est la meilleure façon de l'exprimer – de remuer ciel et terre pour ce faire. Nous devions faire tout notre possible pour nous assurer qu'il ne se produise pas autre chose[7]. »

---

3. *Ibid.*
4. *Ibid.*
5. *Ibid.*, citation de documents diffusés par la Commission d'enquête Arar.
6. Témoignage de Cabana, *supra*, chapitre premier, note 1, p. 7785.
7. Témoignage de Cabana, *supra*, chapitre premier, note 1, p. 7782.

Obéissant à des ordres qui, selon Cabana, provenaient de la plus haute direction[8], la GRC a jeté par-dessus bord les protocoles normaux prévoyant la signature d'autorisations et l'imposition de limites à la diffusion de l'information qu'elle partageait avec des organismes étrangers. Le projet A Canada avait pour directive de veiller à ce que toute l'information disponible soit partagée avec les organismes partenaires des États-Unis. Il ressortit de délibérations qu'il était important de s'assurer que personne ne fasse de la rétention d'informations, aussi insignifiantes qu'elles paraissaient[9]. Aux organismes partenaires états-uniens participant régulièrement à des réunions au Canada[10], on a fourni, en avril 2002 des copies des 26 disques durs, des centaines de CD et des milliers de documents que la GRC avait saisis au cours de sept rafles à Ottawa et ailleurs mais qu'elle ne pouvait analyser elle-même faute de main-d'œuvre[11]. Le butin de ces rafles, outre des correspondances et des rapports supplémentaires obtenus dans le cadre de l'enquête, notamment la base de données SUPERText de la GRC, a été gravé sur trois CD-rom qui ont été remis aux organismes états-uniens[12].

Cabana a déclaré ultérieurement sous serment que Maher Arar n'avait *jamais* été ciblé par l'enquête, qu'il n'était qu'un particulier que la GRC souhaitait interroger en tant que témoin possible[13]. Or la GRC tenait manifestement à impressionner ses homologues états-uniens. Comme l'a révélé par la suite le juge Dennis O'Connor, qui avait été nommé pour diriger une enquête publique sur cette affaire, la police montée a communiqué aux responsables états-uniens toutes sortes d'informations trompeuses, voire carrément erronées, au sujet de Maher Arar. Elle l'a qualifié à diverses reprises de « cible », de « suspect » et de « sujet principal », et l'a désigné comme une personne ayant des « liens importants » avec Abdoullah Almalki et une personne directement liée à Almalki selon un schéma intitulé

---

8. Témoignage de Cabana, *supra*, chapitre premier, note 1, p. 7787.
9. Témoignage de Cabana, *supra*, chapitre premier, note 1, p. 7785-7786.
10. Témoignage de Cabana, *supra*, chapitre premier, note 1, p. 7911 et 7915. Une des réunions, celle du 31 mai 2002, a eu lieu aux États-Unis.
11. Témoignage de Cabana, *supra*, chapitre premier, note 1, p. 7907.
12. Michael den Tandt, « 9/11 crisis led RCMP to share its secrets », *Globe and Mail*, 30 juin 2005. Voir également le témoignage de Cabana, *supra*, chapitre premier, note 1, p. 7907.
13. Témoignage de Cabana, *supra*, chapitre premier, note 1, p. 7888.

« Les associés de ben Laden : l'organisation d'Al-Qaïda à Ottawa ». La GRC a demandé aux services douaniers états-uniens d'inscrire Maher et Monia sur les avis de signalement à la frontière états-unienne, tout en les décrivant, sans la moindre preuve, comme des « extrémistes islamiques soupçonnés d'avoir des liens avec le mouvement Al-Qaïda[14] ». La GRC a également remis aux organismes états-uniens une copie du contrat de location de l'appartement de Maher Arar, que la société immobilière Minto avait remis volontairement à la GRC[15].

On a demandé à la GRC si elle voulait proposer des questions pour interroger Arar, ce à quoi elle a répondu positivement, non en rapport avec Arar lui-même, mais avec la principale cible de son enquête, Abdoullah Almalki[16]. Sans raison valable, la GRC a laissé entendre que, le 11 septembre 2001, Maher était dans la région de Washington, ce qui était manifestement faux[17].

Le FBI et la CIA ont alors demandé à la GRC de leur fournir des informations permettant d'étayer des accusations criminelles contre Arar aux États-Unis. Apparemment, la Direction des renseignements criminels de la GRC, dont relevait le projet A-O Canada, pensait également que le but d'un tel envoi de questions était l'établissement de la preuve contre Arar. Mais cette supposition était sans fondement, car A-O Canada ne détenait aucune information sur Arar qui lui eût permis d'étayer des accusations criminelles ; on ne s'intéressait à lui à l'époque qu'en tant que témoin possible[18]. Le 5 octobre 2002, l'ambassade des États-Unis a demandé à la GRC si le Canada porterait accusation contre Arar s'il était renvoyé au Canada, et si elle était en mesure de lui refuser l'accès au pays[19]. Dans les deux cas, la réponse fut *négative*.

---

14. Commission d'enquête sur les actions des responsables canadiens relativement à Maher Arar, *Rapport sur les événements concernant Maher Arar : analyse et recommandations*, Ottawa, Sa Majesté la Reine en droit du Canada, 2006 [diffusé le 18 septembre 2006], p. 24-25 [Rapport de la Commission Arar].
15. Témoignage de Cabana, *supra*, chapitre premier, note 1, p. 7880.
16. Rapport de la Commission Arar, *supra*, chapitre premier, note 14, p. 28.
17. *Ibid.*, p. 28.
18. Témoignage de Cabana, *supra*, chapitre premier, note 1, p. 7958.
19. Témoignage de Cabana, *supra*, chapitre premier, note 1, p. 7995. Voir également le reportage de CBC, « US Offered to Return Arar to Canada, Inquiry Hears », 1er juin 2005.

Pendant la détention de Maher Arar aux États-Unis, la GRC a sérieusement envisagé d'envoyer des agents à New York pour l'interviewer, mais elle ne l'a pas fait[20]. Selon Mike Cabana, elle supposait qu'il serait renvoyé au Canada ou déporté à Zurich, mais elle a appris de la bouche de fonctionnaires consulaires canadiens qu'on avait dit à Arar lui-même qu'il serait peut-être déporté en Syrie. Maher Arar avait déjà été transféré par avion en Jordanie lorsqu'elle en a été informée le 9 octobre 2002, non par ses organismes partenaires aux États-Unis, mais par l'ambassade des États-Unis à Ottawa[21]. Quoi qu'il en soit, lorsque Maher a disparu, il semble que la GRC était la seule instance du gouvernement canadien qui sût au départ où il était[22].

◆

Le vol de Maher Arar pour New York est arrivé le 26 septembre 2002 à 14 heures. Il y avait un battement de quelques heures avant le départ de son vol de correspondance vers Montréal. Au comptoir de l'immigration cependant, on l'a mis à l'écart, puis amené ailleurs. Deux heures plus tard, on a pris sa photo et ses empreintes digitales. On lui a dit qu'il s'agissait d'une procédure normale mais, comme dans un roman de Franz Kafka, les choses sont devenues de plus en plus étranges.

On a d'abord fouillé ses valises, avant qu'une équipe ne vienne pour l'interroger. On lui a dit qu'il n'avait pas droit à un avocat parce qu'il n'était pas citoyen états-unien. On ne lui a pas permis de téléphoner à qui que ce soit. Il s'est vu refuser tout droit consulaire. Maher commençait à s'inquiéter très sérieusement. Comme il l'a raconté plus tard au public canadien :

> Ils m'ont demandé où je travaillais et combien je gagnais. Ils m'ont injurié et insulté. C'était très humiliant. Ils voulaient que je réponde à toutes les questions rapidement. Pendant qu'ils m'interrogeaient, ils consultaient un rapport. Les informations

---

20. Témoignage de Cabana, *supra*, chapitre premier, note 1, p. 7985.
21. Témoignage de Cabana, *supra*, chapitre premier, note 1, p. 7962-7986.
22. Commission d'enquête sur les actions des responsables canadiens relativement à Maher Arar, Résumé des informations reçues pendant les audiences à huis clos, 20 décembre 2004, § 19 [Résumé des informations de l'enquête Arar].

dont ils disposaient étaient tellement personnelles que j'ai supposé qu'elles devaient provenir du Canada.

Je leur ai dit tout ce que je savais. Ils m'ont interrogé sur mon voyage aux États-Unis. Je leur ai parlé de mes permis de travail et de mes affaires là-bas.

Ils ont posé des questions sur les informations contenues dans mon ordinateur et m'ont demandé si j'étais disposé à les partager. Très volontiers, ai-je répondu, mais je ne sais pas s'ils les ont examinées.

Ils m'ont questionné sur diverses personnes, dont certaines m'étaient connues, mais la plupart inconnues.

Ils m'ont interrogé au sujet d'Abdoullah Almalki. Je leur ai répondu que je travaillais avec son frère dans des entreprises de haute technologie à Ottawa et que la famille Almalki était venue de Syrie à peu près à la même époque que la mienne. Je leur ai dit que je ne connaissais pas bien Abdoullah mais que je l'avais rencontré à quelques occasions. J'ai décrit celles dont je me souvenais et ajouté que j'avais des rapports occasionnels avec lui.

Ils étaient extrêmement grossiers avec moi. Ils m'ont accusé, en hurlant, d'avoir une mémoire sélective.

Ils ont alors sorti une copie de mon contrat de location de 1997. J'avais du mal à croire qu'ils l'avaient en leur possession. J'étais tout à fait abasourdi. Ils m'ont rappelé qu'Abdoullah avait signé le bail en qualité de témoin. Or, je l'avais complètement oublié. En effet, lorsque nous avons emménagé à Ottawa en 1997, nous avions besoin d'un témoin pour notre bail. J'ai téléphoné au frère d'Abdoullah, mais comme ce dernier n'a pu venir, il a envoyé Abdoullah.

Ils ont cru que je leur avais caché cet épisode, mais je leur ai dit la vérité. Je n'avais rien à cacher. Je n'avais jamais eu de problèmes aux États-Unis auparavant. Je n'arrivais pas à croire ce qui m'arrivait[23].

---

23. Déclaration faite par Maher Arar à la population canadienne le 4 novembre 2003. www.maherarar.ca/cms/images/uploads/Maher_statement_nov4.pdf [Déclaration d'Arar].

L'interrogatoire s'est poursuivi jusqu'à minuit. Maher a à maintes reprises demandé les services d'un avocat, mais les responsables états-uniens ont fait la sourde oreille. On a enchaîné ses poignets et ses chevilles et on l'a transféré à un centre de détention près de l'aéroport. On a refusé de lui dire ce qui se passait. On l'a laissé dans une pièce meublée de bancs métalliques où il a passé la nuit.

Le lendemain matin, l'interrogatoire a repris et s'est poursuivi par intervalles. Maher était épuisé et désorienté. Il n'avait ni dormi ni mangé depuis sa sortie de l'avion. Les interrogateurs états-uniens ont tenté de le forcer à consentir à être déporté en Syrie. Ils ont également tenté de l'inciter à signer un formulaire tout en l'empêchant de le lire.

À environ 20 heures ce soir-là, les autorités états-uniennes ont enchaîné et entravé Maher, et l'ont transféré au Centre métropolitain de détention de Brooklyn, à New York. On l'a déshabillé pour le fouiller et contraint à porter un habit orange semblable à celui des détenus de Guantanamo. On a refusé de lui donner une brosse à dents, du dentifrice ou de la lecture. Le cinquième jour, on lui a permis de téléphoner à sa belle-mère à Ottawa.

Bien qu'on ne l'eût laissé parler que deux minutes, cet appel lui a peut-être sauvé la vie. Car le ministère canadien des Affaires étrangères, qui a été averti, lui a ménagé un accès consulaire et l'intervention d'un avocat. Le monde extérieur savait désormais où il était.

Mais cela n'a pas duré.

À 21 heures le dimanche 7 octobre 2002, des gardes se sont rendus à la cellule de Maher pour lui annoncer que son avocat était là pour le voir. Il s'est dit que c'était une heure insolite pour une telle visite. On l'a amené dans une pièce où l'attendaient sept ou huit personnes. Il a demandé où était son avocat. On lui a répondu que celui-ci avait refusé de venir (ce qui était faux) et on a recommencé à l'interroger. On a de nouveau insisté pour qu'il retourne en Syrie. Il a répondu qu'il ne voulait pas être déporté en Syrie, car il y serait torturé. Il a expliqué qu'il n'avait pas fait son service militaire, qu'il était un musulman sunnite et que le cousin de sa mère avait été accusé d'être un membre de la Confrérie musulmane et emprisonné pendant neuf ans. Il avait eu tout le loisir ces derniers jours de se rappeler les histoires que ses parents lui avaient racontées pendant les années 1980 sur les mauvais traitements infligés dans les prisons syriennes[24]. On lui a demandé de signer un document, ce qu'il a refusé de faire[25].

À 3 heures le 8 octobre 2002, un gardien de prison a réveillé Maher et lui a dit qu'il allait quitter les lieux. Deux responsables lui ont lu un texte, précisant qu'il s'agissait d'une décision du directeur de l'Immigration et de la naturalisation. On l'accusait d'être un agent d'Al-Qaïda, bien que, comme on l'a révélé par la suite, la GRC eût à maintes reprises affirmé aux autorités états-uniennes, alors qu'il était en détention préventive aux États-Unis, qu'elle ne disposait pas de preuves permettant de l'associer à Al-Qaïda[26]. Les responsables ont annoncé à Maher que, sur la base d'informations confidentielles, on allait le déporter en Syrie.

Maher Arar s'est alors mis à pleurer. Il a été amené à la hâte dans une camionnette et ensuite dans un avion à réaction privé, enchaîné et entravé. On le jetait dans l'abîme.

LA DÉTENTION EN SYRIE

L'avion l'a transbahuté à Washington, à Portland, dans le Maine, à Rome, en Italie, et à Amman, en Jordanie, d'où il a été amené par voie terrestre en Syrie. Là, comme il l'a appris par la suite, il a été amené à la prison de triste notoriété de Far Falastin (section Palestine), à Damas. Il est arrivé à la prison épuisé, affamé et terrifié. En cours de route, il avait été battu par ses gardes en Jordanie. Les bagages qu'on lui avait remis en Jordanie ont été fouillés et les cadeaux qu'il avait achetés à sa famille, du chocolat et du parfum achetés en Suisse, ont été volés. Trois hommes sont arrivés et l'ont amené dans une pièce. L'un d'eux a commencé à le questionner. Lorsqu'il ne répondait pas assez rapidement, on menaçait d'« utiliser » une chaise métallique dans le coin de la pièce. À environ une heure du matin, il a été amené au sous-sol de la prison.

> Nous sommes allés au sous-sol. Ils ont ouvert une porte et j'ai regardé. J'avais du mal à croire ce que je voyais. J'ai demandé

---

24. Commission d'enquête sur les actions des responsables canadiens relativement à Maher Arar, Rapport du professeur J. Toope, enquêteur, 14 octobre 2005, p. 13. [Rapport Toope]
25. Déclaration d'Arar, *supra*, chapitre premier, note 23.
26. Témoignage de Cabana, *supra*, chapitre premier, note 1, p. 7949 et 7962.

combien de temps je serais détenu à cet endroit. Pas de réponse. On m'a poussé à l'intérieur et fermé la porte. C'était comme un tombeau où régnait l'obscurité. Il avait un mètre de largeur, deux mètres de profondeur et un peu plus de deux mètres de hauteur... J'ai passé 10 mois et 10 jours dans ce tombeau[27].

Le 15 janvier 2003, la GRC a télécopié à l'intention des Syriens une liste de questions destinées à leur agent de liaison à Rome pour l'interrogation d'Abdoullah Almalki, ainsi qu'une autre liste pour Maher Arar au cas où celui-ci déciderait de fournir « volontairement des déclarations aux agents des forces de l'ordre[28] ». La GRC aurait dû savoir que cela accroissait le risque que les deux Canadiens soient torturés par les Syriens, mais elle a quand même envoyé ces questions. Selon Mike Cabana, surintendant de la GRC, celle-ci pensait que les États-Uniens avaient dû découvrir quelque chose au sujet d'Arar qu'elle ne savait pas, puisqu'ils l'avaient déporté en Syrie. La GRC cherchait donc elle aussi à en savoir plus, puisqu'elle aurait pu retenir des accusations contre Arar en plus de sa cible principale[29].

◆

Les 10 mois de torture auxquels a été soumis Maher Arar furent horribles. Pour la plupart d'entre nous, écouter le témoignage d'un cas de torture, fut-ce d'un seul, est insupportable. Il est insupportable de nous mettre nous-mêmes ou un être cher dans la peau du torturé pour une seule journée, voire une heure. En fait, comme l'a déclaré ultérieurement Maher, l'expérience la plus pénible de sa détention fut d'entendre les cris des autres personnes soumises à la torture, surtout les cris des femmes qui avaient été amenées à la prison avec leurs jeunes enfants.

Tout comme le « pauvre animal, nu et bifurqué » du *Roi Lear* de Shakespeare, et comme les victimes des camps de la mort nazis ou celles des nombreux autres enfers sur Terre, Maher Arar a enduré son sort. À ses tortionnaires, il disait la vérité, mais aussi ce qu'il pensait qu'ils voulaient entendre. Parfois, mentir lui procurait un

27. Déclaration d'Arar, *supra*, chapitre premier, note 23.
28. FIND cite un ensemble de documents télécopiés le 15 janvier 2003 à un agent de liaison à Rome pour Almalki et un autre pour Arar, au cas où ce dernier aurait décidé de faire « volontairement des déclarations aux responsables du maintien de l'ordre ».
29. Témoignage de Cabana, *supra*, chapitre premier, note 1, p. 8032.

répit, parfois cela mettait ses tortionnaires en colère. Il lui arrivait d'être « bombardé de souvenirs » : il pensait alors constamment à sa famille et s'inquiétait de ses finances et de sa sécurité: À d'autres moments, il perdait tout à fait la maîtrise de lui-même et commençait à crier et à se cogner la tête contre le mur. Au fil du temps, il constatait qu'il devenait « plus égoïste ». Après quelques mois, il ne se souciait plus que de lui-même et de sa survie quotidienne. C'était l'ultime déchéance[30].

Ni le Canada, ni les États-Unis, ni la Syrie n'avaient la moindre preuve que Maher Arar était impliqué dans le terrorisme ou dans quelque autre crime. Le SCRS aurait affirmé aux Syriens à l'occasion d'une visite en Syrie en novembre 2002 qu'il « ne s'intéressait pas » à Arar, qu'il n'était en fait qu'une personne qui connaissait d'autres musulmans sous surveillance[31]. Et pourtant, lorsque le gouvernement canadien a rédigé ultérieurement le brouillon d'une lettre aux Syriens dans laquelle il exigeait le retour de Maher Arar, le SCRS s'est vigoureusement opposé à l'inclusion du passage suivant : « le gouvernement du Canada n'a aucune preuve que M. Arar est impliqué dans des activités terroristes, et il n'y a aucune entrave à son retour au Canada[32] ». Le SCRS a proposé que le passage soit reformulé ainsi : « M. Arar est présentement l'objet d'une enquête de sécurité nationale au Canada. Bien qu'il n'existe pas à l'heure actuelle de preuves suffisantes qui justifient des accusations relevant du *Code criminel* [nous soulignons], il demeure un sujet d'intérêt. » La GRC a exprimé des inquiétudes semblables ; aussi, la lettre qui a finalement été envoyée sous la signature de Jean Chrétien le 11 juillet 2003 affirme-t-elle plutôt mollement : « Je puis vous assurer que le gouvernement canadien ne fait pas obstacle au retour [de M. Arar][33]. »

La représentante libérale Marlene Catterall (Nepean Ouest, Ottawa), qui s'est rendue en Syrie au nom du gouvernement pour transmettre une lettre antérieure du ministre des Affaires étrangères, Bill Graham (lettre dans laquelle on évitait également d'affirmer clairement que Maher Arar n'était pas accusé de quelque crime),

---

30. Rapport Toope, *supra*, chapitre premier, note 24, p. 13.
31. James Travers, « How CSIS Botched Arar File », *Toronto Star*, 9 juin 2005.
32. Résumé des informations de l'enquête Arar, *supra*, chapitre premier, note 22, § 33.
33. *Ibid.*

a posé la question suivante relativement à cette lettre : « Pourquoi supprimer un simple énoncé de fait ? C'est cette façon de se dérober au sujet du statut de M. Arar, en l'absence de quelque preuve ou de quelque accusation, sans qu'il ait la possibilité de se défendre contre les soupçons, que je trouve si choquante… Des choses de ce genre ne devraient pas se produire en démocratie[34]. »

Le 22 juillet 2003, le sénateur canadien Pierre De Bané s'est rendu en Syrie à titre d'envoyé spécial du premier ministre. Il a rencontré le président syrien qui, manifestant son agacement, a dit à De Bané qu'il était absurde que les Canadiens demandent aux Syriens de détenir des individus et, qu'ensuite, les mêmes leur reprochent d'avoir fait ce qu'on leur avait demandé et les accusent d'avoir maltraité les prisonniers. Le président a alors déclaré à De Bané que les Syriens ne libéreraient plus de Canadiens de leurs prisons.

Le 25 juillet 2003, alors qu'une fièvre protestataire envahissait de plus en plus le public canadien par rapport au cas Arar, le *National Post* et l'*Ottawa Citizen* ont publié en première page un reportage dont l'auteur, Robert Fife, affirmait qu'« un réseau d'agents d'Al-Qaïda [avait été] arrêté avant qu'il ne puisse mettre en œuvre un complot visant à attaquer l'ambassade des États-Unis à Ottawa ». Il y écrivait aussi que la CIA avait été « informée de la (…) conspiration par les services de renseignements syriens[35] ». C'est le journaliste enquêteur Seymour Hersh qui, le premier, avait été informé de la possibilité d'une attaque contre une cible étatsunienne à Ottawa, vraisemblablement par une fuite de la part des agents de sécurité états-uniens. Plus tôt en juillet, Hersh avait écrit pour le *New Yorker* un article faisant état de ces informations et décrivant la façon dont la Syrie avait, après le 11 septembre 2001, offert aux États-Unis ses services en matière de renseignements afin d'améliorer ses rapports avec ces derniers. Aussi, était-elle devenue début 2002 « un des alliés les plus efficaces de la CIA[36] ».

Le jour même où était diffusé l'article de Robert Fife au Canada, André Guertin, inspecteur de la GRC, a déclaré aux médias qu'il

34. Neco Cockburn, « MP Blasts RCMP, CSIS for Arar's Treatment », *Ottawa Citizen*, 1er juin 2005.
35. Robert Fife, « CIA Foiled Al-Qaeda Plot to Attack Ottawa », *Canwest News Service*, 25 juillet 2003, cité dans Kerry Pither, *supra*, Prologue, note 1.
36. Seymour Hersh, « The Syrian Bet », *New Yorker*, 28 juillet 2003.

n'y avait jamais eu de complot pour attaquer l'ambassade des États-Unis et que « s'il y en avait [eu] un, nous le saurions[37] ». Bill Graham, ministre canadien des Affaires étrangères, ainsi que d'autres responsables, ont également déclaré qu'ils n'avaient eu vent d'aucun complot[38]. Toute cette histoire commençait à ressembler à un roman de John le Carré.

Fin juillet, la Dre Monia Mazigh a reçu du comité syrien des droits de la personne, basé à Londres, un rapport confirmant que, selon des sources « bien informées », Maher était victime de tortures en Syrie. Aucun responsable canadien n'avait vu Maher depuis le 22 avril 2003. Monia, ainsi que le secrétaire général d'Amnistie internationale Canada et un ancien maire d'Ottawa, ont organisé sur la colline parlementaire une conférence de presse afin d'exhorter le premier ministre à rappeler l'ambassadeur du Canada en Syrie. Quelques jours après, Bill Graham, ministre canadien des Affaires étrangères, a affirmé que « le moment [était] venu pour les autorités syriennes, soit d'inculper M. Arar et de lui donner l'occasion de se défendre dans un procès libre et ouvert, soit de le libérer et de lui permettre de rentrer au Canada ». Graham avait auparavant téléphoné à son homologue en Syrie, mais il n'avait pas reçu de réponse[39].

L'ambassadeur canadien en Syrie, Franco D. Pillarella, ayant pris connaissance des rapports d'interrogatoire sur Arar et servi d'intermédiaire entre les organismes canadien et syrien[40], a alors, sur ordre du gouvernement canadien, eu un entretien de deux heures avec le chef des services de renseignements militaires syriens.

À la mi-août, le ministère des Affaires étrangères à Ottawa a informé Monia que les Syriens avaient confirmé qu'ils jugeraient Maher dans un tribunal civil et que l'ambassadeur canadien assiste-

37. « No Al-Qaïda Plot in Canada : RCMP », *Canadian Press*, 25 juillet 2003, cité dans Kerry Pither, *supra*, Prologue, note 1.
38. Jeff Sallot et Colin Freeze, « It Was Hyped as a Terrorist Map. It Was Cited by Egyptian Torturers. It is a VISITOR'S GUIDE to Ottawa », *Globe and Mail*, 6 septembre 2005.
39. Heather Sokoloff, « Criticized for Slowness : Graham to Thank Britain for Speeding Prisoners' Release », *National Post*, 9 août 2003, cité dans Kerry Pither, *supra*, Prologue, note 1.
40. Témoignage de Cabana, *supra*, chapitre premier, note 1, p. 7872, 8029-8030 ; Michelle Shephard, « Envoy Says he Doubted Arar's Story », *Toronto Star*, 15 juin 2005.

rait aux audiences. Le ministère a également confirmé à Monia que le président syrien n'avait pas répondu à la lettre du premier ministre canadien de juillet[41].

Début septembre, le député libéral Irwin Cotler (qui allait par la suite devenir ministre de la Justice) rédigea un éditorial réclamant que le Canada affirme sans équivoque qu'il n'admettrait d'autre issue que le retour en toute sécurité d'Arar au Canada et que le comportement dommageable de la Syrie nuirait aux rapports bilatéraux du Canada avec la Syrie[42].

Au même moment, une lettre adressée par le premier ministre à Monia disait: «[soyez] assurée que le gouvernement [fera] tout en son pouvoir pour obtenir l'accès consulaire à [son] mari afin de s'assurer de son bien-être et de veiller à ce que son cas soit traité de manière équitable[43]». Le même jour, le *Globe and Mail* publia un éditorial où l'on soutenait qu'«en public et en privé, le Canada devait presser les États-Unis et la Syrie pour obtenir des réponses et mettre un terme de manière équitable à la captivité de M. Arar[44]».

Entre-temps, Monia avait déjà été informée que Maher serait jugé par le Tribunal à sécurité maximale de la Syrie, que le procès serait court et qu'il n'y aurait pas de droit d'appel. Or, les responsables canadiens ne savaient toujours pas quelles accusations seraient portées contre Maher ni quelles seraient les preuves apportées contre lui. Monia a également appris qu'elle ne serait pas défrayée par le Canada des honoraires d'un avocat pour Maher[45].

Le cas de Maher a été pris en charge par Haytham Al Maleh, avocat syrien des droits de la personne. Le 10 septembre 2003, Al Maleh a rencontré le procureur général de la Syrie, qui l'a informé qu'il ne serait pas autorisé à voir Maher avant le début du procès. On lui a en outre interdit l'accès au dossier et à toute information sur la nature des accusations portées contre Maher[46].

---

41. Kerry Pither, *supra*, Prologue, note 1, entrée du 18 août 2003.
42. Irwin Cotler, «Six Steps to Freedom: What Canada Must do to Secure Justice for Maher Arar, *Globe and Mail*, 2 septembre 2003, cité dans Kerry Pither, *supra*, Prologue, note 1.
43. Lettre du premier ministre Jean Chrétien à la Dre Monia Mazigh, datée du 4 septembre 2003, citée dans Kerry Pither, *supra*, Prologue, note 1.
44. Éditorial, «When Canadians are Jailed Abroad», *Globe and Mail*, 4 septembre 2003.
45. Kerry Pither, *supra*, Prologue, note 1, entrée du 3 septembre 2003.
46. *Ibid.*, entrée du 10 septembre 2003.

Le lendemain, le secrétaire général d'Amnistie internationale Canada, le directeur général du Council on American-Islamic Relations (Canada) et l'ancienne ministre conservatrice Flora McDonald, qui représentait plus de 30 organisations nationales, ont rencontré des responsables de l'ambassade des États-Unis à Ottawa. On leur a expliqué que les États-Unis ne pouvaient pas aider Maher Arar parce que son cas était du ressort des gouvernements du Canada et de la Syrie[47].

◆

Loin de toute cette agitation au Canada, Maher Arar était encore coupé du monde, à la dérive dans son odyssée de tourments, ne sachant pas s'il reverrait un jour sa famille.

Il voyait sa peau jaunir. En neuf mois, il a vu la lumière du soleil trois fois. Moisissant toujours dans son tombeau, il avait l'impression de sombrer dans la dépression. Il a demandé de rencontrer un enquêteur, requête à laquelle on a finalement acquiescé. Il a dit à l'enquêteur syrien qu'il n'avait rien à voir avec Al-Qaïda. L'enquêteur lui a demandé pourquoi on l'accusait d'avoir des liens avec Al-Qaïda, pourquoi les Canadiens avaient envoyé une délégation en avril et « pourquoi ces gens l'haïss[aient] tant[48] ».

Le 14 août 2003, Arar a reçu la visite du consul canadien, qui n'était pas venu depuis le mois de février. Comme toujours, celui-ci était accompagné de responsables syriens et de l'enquêteur syrien. Était également présent le chef des services de renseignements militaires syriens. Arar avait beaucoup pleuré pendant les visites précédentes, parce qu'il ne pouvait dire explicitement aux responsables canadiens qu'il était soumis à la torture par crainte des conséquences.

Des preuves fournies ultérieurement pendant l'enquête canadienne laissent penser que les responsables du ministère canadien des Affaires étrangères fermaient les yeux sur le fait qu'Arar et d'autres étaient soumis à la torture, voire qu'ils en étaient les complices. Comme nous l'avons indiqué plus haut, l'ambassadeur canadien en Syrie, Franco D. Pillarella, avait agi depuis le début de la détention

---

47. *Ibid.*, entrée du 11 septembre 2003.
48. Kerry Pither, *Maher Arar: Chronology of Events, September 26, 2002 to October 5, 2003*, entrée de juillet 2003, www.maherarar.ca/cms/images/mahersstory.pdf.

d'Arar comme agent de liaison entre les renseignements militaires syriens et la GRC. Il recevait personnellement des rapports au sujet de l'interrogation de Maher Arar et les transmettait à cette dernière. Or, en tant que diplomate chevronné et ancien chef de la section juridique des droits de la personne du ministère canadien des Affaires étrangères, il aurait dû être au fait des nombreuses atteintes aux droits de la personne commises dans les prisons syriennes par les services de renseignements militaires syriens. Il a eu beau clamer pendant l'enquête ultérieure qu'il n'avait aucune raison de croire qu'Arar était torturé, ces affirmations ont généralement été accueillies avec scepticisme. « Des indices donnent à penser qu'on redoute qu'il [Arar] soit interrogé de manière agressive », a-t-il déclaré en réponse au cinglant contre-interrogatoire d'un procureur de la commission. « Pourquoi devrais-je alors conclure prématurément : "Oh, cela veut dire torture" ? Pourquoi devrais-je le faire[49] ? » En fait, comme on l'a appris par la suite, un fonctionnaire subalterne aux Affaires étrangères avait soulevé la possibilité d'un recours à la torture à l'occasion d'une réunion à laquelle participaient Pillarella et la GRC. En effet, pendant une discussion sur le bien-fondé de l'envoi de questions à la Syrie pour l'interrogatoire d'Almalki, il avait eu la témérité de demander : « Si vous allez envoyer des questions, leur demanderez-vous de ne pas le torturer ? » Pourtant, Pillarella, qui avait veillé à ce que les questions soient transmises aux Syriens, a ultérieurement déclaré sous serment qu'il n'avait pas été averti de la possibilité d'un recours à la torture[50].

Pendant la visite consulaire du 14 août 2003, Maher, qui n'en pouvait plus dans l'enfer de son « tombeau », a décidé, pour en sortir, de tenter le tout pour le tout. Il a révélé les conditions de sa détention, notamment les dimensions de sa cellule-tombeau et le fait qu'il couchait sur le plancher. Il a déclaré être mentalement détruit. Le consul canadien a demandé à Maher comment il était traité et il a répondu qu'il avait été légèrement rudoyé au début de sa détention. Cela a visiblement enragé les Syriens, mais ils ne l'ont pas torturé par la suite[51].

---

49. Michelle Shephard, « Envoy Says He Doubted Arar's Story », *supra*, chapitre premier, note 40.
50. Rapport de la Commission Arar, *supra*, chapitre premier, note 14, p. 208-209.
51. Kerry Pither, *supra*, chapitre premier, note 48, entrée du 14 août 2003.

Au Canada, le ministre des Affaires étrangères, Bill Graham, est allé jusqu'à déclarer aux médias qu'Arar « rejette en totalité les allégations de torture » et qu'il a été « interrogé indépendamment » par le consul canadien[52].

Quelques jours après son entretien avec le consul canadien, Maher a été transféré de son trou syrien à une salle d'interrogatoire où on l'a contraint à s'asseoir sur le plancher et à écrire ce qu'on lui dictait. On lui a, entre autres, ordonné d'écrire qu'il avait suivi un stage de formation en Afghanistan. Lorsqu'il s'y est refusé, on lui a donné un coup de pied et on a menacé de le torturer dans le « pneu ». On l'a finalement obligé à signer le bas de la dernière page du document avec l'empreinte du pouce[53].

Le même jour, il a été transféré ailleurs. Il a par la suite appris qu'il s'agissait de la Direction des enquêtes. On l'a fourré dans une cellule mesurant sept mètres par quatre, en compagnie d'une cinquantaine d'autres prisonniers. De là, il a été transféré le lendemain à la prison de Sednaya. Pour lui, cette prison était « comme le paradis ». Il pouvait en effet s'y promener et discuter avec d'autres prisonniers, et il pouvait acheter de la nourriture. Il n'y a été battu qu'une seule fois.

SUPPLICE DU PNEU : la victime s'enroule dans l'orifice central d'un pneu de manière à ce que son dos et ses organes génitaux soient exposés et qu'on puisse les frapper.

SUPPLICE DE LA CHAISE : le dos de la victime est replié vers l'arrière sur le dos d'une chaise, parfois au point de provoquer une fracture.

Voir également le rapport de la Commission Arar, *supra*, chapitre premier, note 14, p. 387-392. En raison du refus du gouvernement de divulguer à Maher Arar des parties essentielles de son propre témoignage, celui-ci était dans l'impossibilité de témoigner devant la Commission sans se porter préjudice. Il ne l'avait toujours pas fait en septembre 2006. En cas de conflit entre la chronologie élaborée par Kerry Pither et Maher Arar et le témoignage du consul canadien, dont la crédibilité a été mise en doute par les révélations du rapport de la Commission, j'ai choisi la première.

52. Kerry Pither, *supra*, Prologue, note 1, entrée du 14 août 2003.
53. Déclaration d'Arar, *supra*, chapitre premier, note 23.

Environ un mois après son transfert à Sednaya, Maher a entendu dire qu'un autre Canadien y était arrivé, comme il devait le raconter plus tard :

> J'ai regardé vers le haut et j'ai vu un homme, mais je ne l'ai pas reconnu. Sa tête était rasée et il était très, très pâle et maigre. Il était très faible. Lorsque j'ai regardé de plus près, je l'ai reconnu. C'était Abdoullah Almalki. Il m'a dit qu'il avait lui aussi été envoyé à la section Palestine (Far Falastin) et qu'il s'était lui aussi retrouvé dans un tombeau comme le mien, à la différence près qu'il y est resté plus longtemps.

> Il m'a dit qu'il avait été brutalement torturé avec le pneu et avec le câble.

> Il a en outre été suspendu à l'envers. Il a été torturé beaucoup plus sauvagement que moi. De plus, il a été torturé lorsqu'on l'a transféré à Sednaya, seulement deux semaines auparavant.

> Je ne sais pas pourquoi on a fait venir Abdoullah ici. Ce que je puis dire avec certitude, c'est qu'aucun humain ne mérite d'être traité comme il l'a été. J'espère que le Canada fait tout son possible pour l'aider[54].

Un jour, fin septembre 2003, on a bandé les yeux de Maher et on l'a ramené en autobus à la prison de Far Falastin. Ses gardes n'ont pas voulu lui dire ce qui se passait. Il était terrifié à l'idée d'être de nouveau jeté dans son tombeau. Au lieu de cela, on l'a laissé dans une salle d'attente où il a langui pendant une semaine. Tout ce temps-là, il entendait les cris des suppliciés. Il était terrassé. Une fois, on l'a fait sortir et on lui a demandé ce qu'il raconterait s'il retournait au Canada, mais personne ne lui a dit qu'il allait être libéré.

Enfin, le 5 octobre 2003, les portes de l'enfer se sont ouvertes pour Maher Arar, bien qu'il ne le sût pas au début. On lui a ordonné de se laver le visage. On l'a enchaîné, amené au tribunal et présenté à un procureur. Lorsqu'il a demandé de voir un avocat, le procureur lui a répondu que cela n'était pas nécessaire. Le procureur a lu à Maher sa « confession ». Celui-ci a protesté, affirmant qu'il avait été battu et contraint de dire qu'il s'était rendu en Afghanistan. Mais le procureur n'en a pas tenu compte et lui a dit d'apposer son empreinte de pouce sur le document, ce qu'il fit. On ne lui permit

---

54. *Ibid.*

pas de le voir. Le procureur lui a alors annoncé qu'on allait le relâcher[55].

Cette nuit-là, Maher Arar était dans un avion, en route vers le Canada. Il était dans un état fragile. Il ne savait pas à qui faire confiance. Ce problème psychologique l'a accablé pendant plusieurs mois[56].

INDICES D'UNE PRATIQUE : LES « TRANSFERTS ALLÉGÉS »

En dépit des plaintes des Syriens au sujet de l'hypocrisie des responsables canadiens et de leurs menaces de ne plus libérer de Canadiens détenus dans les prisons syriennes, trois autres Canadiens ont été libérés pendant les quelques mois qui ont suivi la libération de Maher Arar – les trois avaient été l'objet d'enquêtes de la GRC et du SCRS et détenus à l'occasion d'un voyage en Syrie. Leurs interrogatoires ont tous été menés sous la surveillance du même général syrien, Hassan Kalil, avec lequel l'ambassadeur canadien en Syrie, Franco D. Pillarella, était en liaison régulière[57].

AHMED ABOU EL MAATI

Ahmed Abou El Maati[58] a été détenu en Syrie en novembre 2001, alors qu'il s'y rendait pour son mariage avec sa fiancée syrienne. Il a été détenu à la même prison de Far Falastin que Maher Arar, dans la cellule n° 5, jusqu'à son transfert dans une prison égyptienne, après quoi il a finalement été libéré le 11 janvier 2004.

Autrefois camionneur, Ahmed Abou El Maati est, pour ainsi dire, un gros ours affectueux. Ses problèmes ont commencé avec une carte. En août 2001, il conduisait un camion que son employeur, Highland Transport, lui avait assigné parce que son véhicule habituel était en révision au garage. En revenant d'une livraison aux États-Unis, il a été arrêté à la frontière, à Buffalo. Les autorités frontalières y ont saisi une carte, trouvée dans la boîte à gants.

---

55. *Ibid.*
56. Rapport Toope, *supra*, chapitre premier, note 24, p. 19.
57. Entretien de l'auteure avec Kerry Pither.
58. Sauf indication contraire, toutes les informations et citations relatives à Ahmed el Maati sont tirées de la chronologie élaborée pour lui par Kerry Pither et présentée à la Commission d'enquête Arar, sauf lorsque d'autres sources sont citées [Kerry Pither, *Ahmad Abou el Maati : Chronology*].

C'était la carte d'un complexe gouvernemental à Ottawa qui comprenait, entre autres installations gouvernementales, des installations nucléaires et un laboratoire virologique.

Quelques jours plus tard, Ahmed s'est rendu avec son père chez Highland Transport pour expliquer à son gérant ce qui s'était passé à la frontière. Pendant les quelques semaines suivantes, l'entreprise s'est penchée sur ce problème de carte et a établi que le semi-remorque où on l'avait trouvée avait été utilisé antérieurement par un employé basé à Ottawa qui faisait des livraisons dans la région de la capitale nationale. Cette carte était distribuée couramment aux visiteurs par le gouvernement à l'entrée de son complexe de Tunney's Pasture. Or, le journaliste Jeff Sallot[59] a découvert ultérieurement que la carte était périmée depuis longtemps: lors de l'arrestation d'Ahmed à la frontière, les installations nucléaires et le laboratoire virologique avaient disparu depuis longtemps.

Le 11 septembre 2001, deux agents du SCRS ont rendu visite à Ahmed dans son appartement. Après un quart d'heure d'interrogation, il leur a dit qu'il préférait poursuivre l'entretien en présence d'un avocat. Les agents l'ont alors menacé, affirmant que s'il ne coopérait pas, on empêcherait sa nouvelle femme de venir au Canada. Il a remarqué, ensuite, qu'il était suivi.

Le 11 octobre 2001, le *Los Angeles Times* a publié en première page un article sur les pistes suivies par le FBI : « Au Canada, des agents états-uniens ont été informés au sujet d'un Koweïtien âgé de 36 ans dont les effets personnels contenaient des documents dans lesquels étaient identifiés des immeubles précis d'un complexe gouvernemental à Ottawa – notamment l'immeuble de l'énergie atomique ainsi que les laboratoires de virologie et de lutte contre les maladies[60]. »

Ahmed a entendu à la télévision canadienne des informations à son sujet. Il en a été abasourdi. « Oh mon Dieu, s'est-il dit, ils parlent de moi ! Il y a une erreur quelque part. Nous devons tirer cette affaire au clair[61]. » Pour aggraver les choses, Ahmed avait travaillé

---

59. Jeff Sallot et Colin Freeze, « It Was Hyped as a Terrorist Map », *supra*, chapitre premier, note 38.

60. « US Strikes Back : The Investigation », *Los Angeles Times*, 12 octobre 2001.

61. Jeff Sallot et Colin Freeze, « It Was Hyped as a Terrorist Map », *supra*, chapitre premier, note 38.

en Afghanistan pendant les années 1990 comme conducteur d'ambulance et de camion pour les moudjahidine. Il avait en outre suivi des cours de pilotage à l'aéroport municipal de Buttonville, près de Toronto, cours auxquels il avait renoncé parce qu'il était trop craintif pour maîtriser les commandes de vol. De surcroît, son frère Amr combattait peut-être en Afghanistan aux côtés des talibans, mais sa famille ne lui avait pas parlé depuis 1999. Ces éléments, circonstanciels, ne faisaient pas d'Ahmed un terroriste. Ahmed et son père sont allés voir un avocat, lequel a appelé le SCRS pour convenir d'un rendez-vous. Mais le SCRS n'a pas répondu à ses appels. Les responsables des services de renseignements de sécurité manifestaient certes de l'intérêt pour Ahmed mais, comme le montrait leur refus, plusieurs fois répété par la suite, de faire enquête, ils n'affichaient guère d'empressement à chercher l'origine de la carte ni à approfondir la question avec Ahmed pour tirer les choses au clair : ils avaient leur homme[62] et, apparemment, cela leur suffisait.

En novembre 2001, Ahmed s'est rendu en Syrie avec sa mère pour organiser et célébrer son mariage. À l'aéroport international Lester B. Pearson de Toronto, ils ont été abordés par des policiers qui le connaissaient et qui lui ont demandé où était la carte. Ils ont laissé Ahmed et sa mère monter dans l'avion, mais on les a contraints de changer de sièges de manière à ce qu'Ahmed soit assis à côté d'un Libanais très liant, qui était peut-être un agent du gouvernement. À Francfort, il les a en effet incités avec précipitation à se dépêcher pour ne pas rater leur correspondance, et Ahmed l'a ensuite aperçu debout à côté de deux agents allemands qui communiquaient par téléphone portable des détails inscrits dans son passeport. Pendant la seconde partie de son voyage, un autre Arabe, bavard lui aussi, s'est assis à côté de lui, bien que seulement la moitié des sièges ait été occupée.

Ahmed a été incarcéré par des responsables syriens dès son arrivée à Damas. Ils l'ont interrogé au sujet de la carte. Lorsqu'il leur a dit la vérité, ils l'ont torturé et ont menacé d'amener sa fiancée à la prison et de la violer. Ahmed est rapidement passé aux aveux et a accepté de dire ce qu'on voulait qu'il dise. Il a affirmé avoir vu tant Arar qu'Almalki en Afghanistan, bien qu'il n'ait jamais vu Arar

---

62. Kerry Pither, allocution à la réunion générale annuelle du Groupe de surveillance international des libertés civiles, 10 mars 2006.

dans ce pays et qu'il n'y ait vu Almalki qu'en passant. (Il connaissait à peine Arar, puisqu'il ne l'avait rencontré qu'une fois à Montréal. Quant à Almalki, il le connaissait vaguement.)

Les Syriens ont affirmé à Ahmed que son frère Amr lui avait demandé depuis l'Afghanistan de suivre des cours de pilotage pour pouvoir le recruter dans Al-Qaïda. Ils lui ont dit qu'Amr voulait qu'il se prépare pour une attaque-suicide en avion. Ahmed a répondu que cela n'avait pas de sens, puisqu'il avait renoncé à ses cours. Les Syriens en ont finalement convenu, et ont alors affirmé qu'Amr voulait qu'il fasse une attaque-suicide au moyen d'un camion bourré d'explosifs.

Lorsque Ahmed a accepté de l'avouer faussement, les Syriens lui ont dit qu'ils voulaient qu'il avoue qu'Amr lui avait envoyé une carte d'Ottawa en précisant que la cible serait l'ambassade des États-Unis à Ottawa. Ahmed ne voulait pas être remis aux États-Unis, aussi a-t-il avoué faussement qu'il était censé choisir la cible lui-même et qu'il avait opté pour les édifices du Parlement canadien.

Or, ni les édifices du Parlement, ni l'ambassade des États-Unis ne figuraient sur la carte qui faisait au départ d'Ahmed un cas digne d'intérêt. L'aveu suggéré à Ahmed par ses interrogateurs syriens est devenu le « complot d'Ottawa », information qu'on a laissé filtrer ultérieurement, en juillet 2003, lorsque s'est intensifiée la pression de l'opinion publique au sujet du cas Arar.

Aux environs du 25 janvier 2002, Ahmed a été transféré par avion en Égypte et a été interrogé au quartier général des services de renseignements du Caire (Moukhabarat Alama). Pendant des mois, il a été transféré d'une prison du pays à l'autre et torturé. Il a abjuré le faux aveu, mais on l'a torturé. Il a réitéré le même aveu et on l'a de nouveau torturé. Ces supplices étaient très pénibles. Ils étaient infligés avec beaucoup d'adresse par les Égyptiens, qui ont déploré l'ineptie des Syriens. Dans une des prisons, où il a été enfermé pendant quatre mois et demi, un gardien s'est lié d'amitié avec lui. Celui-ci l'a avisé que des informations étaient parvenues du Canada. Nos pays (la Syrie et l'Égypte), a-t-il affirmé, « sont comme des bottes qui font tout ce que veut l'Occident ».

Lorsque Ahmed a finalement reçu sa première visite consulaire canadienne, neuf mois après le début de sa détention, il a laissé échapper qu'il avait été torturé en Syrie et contraint de signer un faux aveu avant que les responsables égyptiens présents ne puissent l'empêcher de le faire. Il n'a toutefois pas osé faire état des traitements qu'on lui infligeait en Égypte.

Ahmed était apparemment la cible de l'aile torontoise du projet A-O Canada. Au Canada, des agents de projet ont été informés des allégations d'Ahmed selon lesquelles il avait été torturé et contraint de faire un faux aveu. Craignant d'être l'objet de critiques relativement à cette affaire, ils ont délibéré en août 2002 sur ce qu'il fallait raconter aux médias au sujet des allégations d'Ahmed[63]. Il n'est pas sans intérêt de rappeler que c'est moins d'un an après ces délibérations au sein de la GRC, lorsque les réactions médiatiques sont *réellement* devenues vives en raison de l'affaire Arar, que des organismes états-uniens ont laissé filtrer l'histoire au sujet de la carte d'Ahmed et du prétendu complot pour faire sauter l'ambassade des États-Unis à Ottawa. Or, à Ottawa, ni le ministère des Affaires étrangères, ni la Police montée, ni le SCRS n'ont admis que la personne accusée était un citoyen canadien ayant déclaré qu'il avait été torturé pour avouer la chose.

Alors que les médias commençaient tout juste à avoir vent de l'affaire Arar, en novembre 2002, des officiers du SCRS ont rendu visite au père d'Ahmed au Canada. Ils lui ont dit qu'ils iraient peut-être en Égypte pour tenter de convaincre les Égyptiens de libérer Ahmed si ce dernier promettait de rester en Égypte et de ne plus revenir au Canada.

À la fin de l'année 2003, des officiers égyptiens du Quartier général de la sécurité d'État à Nasr City ont affirmé à Ahmed qu'ils savaient que le Canada lui « avait fait cela » et qu'il y avait de nombreux cas semblables aux États-Unis – de personnes contraintes à devenir des informateurs et à en compromettre d'autres. Ils ont conseillé à Ahmed de retourner au Canada et de se défendre avec un bon avocat. À peu près à la même époque, Ahmed a appris que la famille de sa fiancée avait annulé son mariage. Le père de cette dernière l'avait annoncé en personne à la mère d'Ahmed qui, à l'époque, séjournait au Caire. Il lui a dit qu'il ne pouvait pas imaginer meilleur époux pour sa fille, mais que sa famille craignait pour sa sécurité et n'avait d'autre option que de demander une annulation.

---

63. Kerry Pither, *Ahmad Abou el Maati: Chronology*, entrée du 15 août 2002, où sont cités des documents divulgués par la Commission d'enquête Arar.

La nouvelle a bouleversé Ahmed, car le souvenir de sa fiancée l'avait aidé à survivre.

Finalement, le 11 janvier 2004, le ministre égyptien de l'Intérieur a ordonné la libération d'Ahmed. Il a subi un dernier interrogatoire pendant lequel il s'est fait arracher une partie de sa barbe. On l'a laissé à la porte de la Direction de la Sécurité d'État de Giza, muni de l'adresse de sa mère au Caire.

Quelques jours plus tard, l'ambassade du Canada l'a appelé pour lui dire qu'on souhaitait le rencontrer. On lui a fourni un titre de voyage, mais on a refusé d'envoyer quelqu'un pour l'accompagner au Canada. Après une première tentative ratée pour quitter le pays, Ahmed et sa mère ont pu prendre l'avion ensemble et rentrer au Canada. Il a été traité pour ses blessures infligées pendant les tortures, traitement qui a nécessité deux opérations.

Le 26 mai 2004, plusieurs mois après le retour d'Ahmed au Canada, le directeur du FBI Robert S. Mueller III et le procureur général John Ashcroft ont, à une heure de grande écoute, averti la population états-unienne à la télévision de l'imminence d'une attaque « violente » contre une cible états-unienne. Ils ont sollicité l'assistance du public pour dépister sept suspects, dont le frère d'Ahmed, Amr El Maati. Ils ont affirmé qu'il était « un membre d'Al-Qaïda et un pilote breveté qui aurait parlé de détourner un avion au Canada et de le fracasser contre un immeuble aux États-Unis ». Le journaliste canadien Colin Freeze a ultérieurement rapporté ne pas avoir trouvé de preuves qu'Amr possédait un brevet de pilote. Cet avertissement est survenu au moment où s'intensifiaient les critiques à l'égard de l'invasion états-unienne de l'Irak et a par conséquent été reçu majoritairement avec scepticisme, d'autant que le niveau d'alerte national n'en avait pas été modifié. De surcroît, pendant les mois antérieurs, des organismes états-uniens avaient laissé filtrer des informations selon lesquelles Amr avait été aperçu à Toronto, Hamilton et Nantucket, ce que la famille d'Amr considérait comme fort peu plausible.

Vers la fin du mois de décembre 2005, des agents du SCRS ont rendu des journaux de bord de camionnage et un testament qu'ils avaient confisqués dans la demeure des Maati, expliquant qu'ils ne disposaient pas de motifs leur permettant de porter des accusations contre Ahmed. Mais ils ont continué à tenter de lui parler en l'absence de son avocat. Ahmed leur a répondu qu'il avait beaucoup souffert à cause du SCRS et leur a demandé de contacter son avocat.

ABDOULLAH ALMALKI

Abdoullah Almalki[64] était la cible principale de l'aile outaouaise de l'enquête du Projet A-O Canada. Il a été incarcéré le 3 mai 2002 alors qu'il visitait la Syrie, soit environ six mois après Ahmed El Maati, et libéré le 11 décembre 2003. Avant l'épreuve syrienne qu'il a traversée, Abdoullah Almalki était un jeune homme d'affaires vif et ambitieux. Encore étudiant, il a commencé à se soucier du sort des réfugiés afghans au Pakistan et, par l'intermédiaire de l'organisme Human Concern International (HCI), il a parrainé un orphelin afghan. Puis il est allé au Pakistan afin d'examiner les projets de HCI dans cette région dans le but de travailler pour l'organisation par la suite. En 1992, il a travaillé pendant deux mois, dans le cadre du Programme des Nations unies pour le développement (PNUD), à la reconstruction d'un village que HCI administrait à proximité de la frontière pakistanaise. Il y est retourné en automne 1993 avec sa nouvelle épouse afin de poursuivre ses travaux pour le projet. À l'époque, Ahmed Saïd Khadr, un citoyen canadien, était le directeur régional de HCI. Abdoullah était en désaccord avec la façon dont Khadr gérait l'organisation, et c'est la raison pour laquelle lui et son épouse sont retournés au Canada plus tôt que prévu, en avril 1994[65].

On a par la suite découvert que Khadr collaborait étroitement avec Oussama ben Laden, mais Abdoullah affirme qu'il ne le savait pas à l'époque où il travaillait avec lui. De même, le premier ministre Jean Chrétien était dans l'ignorance de cette collaboration en 1996, lorsqu'il a contribué à la libération de Khadr d'une prison pakistanaise. Khadr avait émigré de l'Égypte au Canada comme jeune ingénieur dans les années 1970. Dans les années 1980, il a quitté un poste bien rémunéré pour aider des réfugiés musulmans à fuir

---

64. Kerry Pither, *Almalki Chronology*, *supra*, chapitre premier, note 2. Sauf lorsque d'autres sources sont citées, toutes les informations relatives à Abdoullah Almalki sont tirées de la chronologie rédigée par Kerry Pither pour lui et son avocat Paul Copeland, chronologie qui a été présentée à la Commission d'enquête Arar.

65. Kerry Pither, *Abdullah Almalki : A Brief Biography*.

l'occupation soviétique en Afghanistan[66]. Il a aménagé un camp pour réfugiés orphelins au Pakistan, retournant fréquemment au Canada afin de réunir des fonds auprès de la communauté musulmane, en apparence au profit de ce même projet. Dans les mosquées canadiennes, les congrégations tentent encore aujourd'hui de concilier l'image du « musulman passionné qui pouvait fondre en larmes lorsqu'il racontait des histoires poignantes au sujet de veuves et d'orphelins éprouvés par la guerre » avec celui dont on sait désormais qu'il était un acolyte d'Al-Qaïda[67]. Khadr a été arrêté au Pakistan en décembre 1995 alors qu'il était en possession de 30 000 $. On l'a accusé à ce moment-là de soutenir et d'encourager des terroristes en vue d'une attaque contre l'ambassade égyptienne à Islamabad. Au cours d'une visite commerciale effectuée au Pakistan un mois plus tard, le premier ministre Chrétien a soulevé son cas auprès du premier ministre pakistanais et a rencontré les six enfants de Khadr[68]. Cette intervention est devenue par la suite une source considérable d'embarras pour le Canada après le bombardement de l'ambassade des États-Unis au Kenya en 1998 et les événements du 11 septembre 2001, engendrant ce que certains ont appelé « l'effet Khadr[69] ». Elle explique en partie le zèle qui caractérisa les enquêtes du projet A-O Canada et de sa précédente incarnation au SCRS. Plusieurs des Canadiens soupçonnés de terrorisme emprisonnés à l'étranger, ainsi que les cinq immigrants musulmans qui sont détenus dans des prisons canadiennes pour une durée indéterminée en vertu de ce qu'on appelle des « attestations de sécurité », se plaignent d'avoir été identifiés comme cibles à tort « après avoir eu seulement de brefs contacts » avec Khadr[70] : une ancienne expérience de travail avec lui comme celle d'Abdoullah, une rencontre fortuite en Afghanistan, un trajet en voiture à Toronto en sa présence ou un séjour dans la demeure de sa belle-famille.

À leur retour du Pakistan, Abdoullah et sa femme ont mis sur pied une entreprise d'exportation de composants électroniques grâce aux connaissances commerciales de cette dernière et à celles d'Abdoullah en génie électrique. À l'époque, il était encore étudiant.

66. Colin Freeze, « The Khadr Effect », *Globe and Mail*, 3 octobre 2005.
67. *Ibid.*
68. *Ibid.*
69. *Ibid.*
70. *Ibid.*

Pendant son séjour au Pakistan, il avait analysé le marché du pays en profondeur, de sorte que sa jeune société est devenue un des pourvoyeurs du principal manufacturier et fournisseur militaire et gouvernemental privé du Pakistan, Micro Electronics International. Grâce au succès de son entreprise, celle-ci a rapidement gagné en clientèle. Selon Abdoullah, le matériel exporté par sa société n'était absolument pas de nature stratégique ni en aucune manière lié à des armements : il ne nécessitait pas d'autorisations militaires. Abdoullah a obtenu son diplôme en 1995 et, au cours des années suivantes, a beaucoup voyagé pour son entreprise[71].

Une agente du SCRS a rendu visite à Abdoullah pour la première fois en 1998, apparemment pour lui demander son avis au sujet de l'ouverture par la Syrie d'une ambassade à Ottawa. Elle a affirmé que le SCRS réalisait ce genre d'entrevues de manière aléatoire. Il ne voyait aucune raison de ne pas discuter avec elle. Abdoullah lui a parlé de son travail pour HCI, ce qui a semblé la surprendre.

Après le bombardement par les États-Unis d'une usine pharmaceutique au Soudan, la même agente du SCRS est retournée chez Abdoullah pour discuter avec lui. Elle lui a posé des questions au sujet de Khadr et d'Oussama ben Laden, et lui a demandé s'il vendait du matériel aux talibans, ce à quoi il a répondu non.

Pendant les trois années et demie qui suivirent, Abdoullah a été soumis à une intense surveillance. Selon toute vraisemblance, les caisses des cargaisons de son entreprise ont été ouvertes fréquemment. Un homme de la communauté musulmane d'Ottawa lui a avoué qu'on lui avait demandé de fouiller sa maison à la recherche de matériel permettant de fabriquer des bombes, et d'autres membres de la communauté ont été interrogés sur lui par le SCRS. Abdoullah lui-même a été cuisiné aux douanes états-unienne et canadienne. Il est apparu, en outre, qu'un agent du SCRS se faisant passer pour un agent immobilier s'était rendu deux fois chez lui en son absence, que ses comptes bancaires étaient surveillés, qu'on avait pénétré dans sa maison par effraction, que ses factures de cartes de crédit avaient été postées à quelqu'un se faisant passer pour lui, qu'une caméra avait été installée en face de sa maison et que sa voiture avait été suivie. Pendant cette période, le SCRS est souvent venu

---

71. Kerry Pither, *Abdullah Almalki : A Brief Biography*, *supra*, chapitre premier, note 65.

pour l'interroger, car, comme cela fut révélé ultérieurement, le SCRS avait une hypothèse au sujet d'Abdoullah : il aurait vendu du matériel à une société pakistanaise qui faisait affaire avec l'armée pakistanaise (vraisemblablement Micro Electronics International, client légitime d'Abdoullah), matériel qu'on aurait retrouvé par la suite en Afghanistan. Toutefois, après trois ans et demi d'étroite surveillance, il semble que le SCRS ne disposait d'aucune preuve qu'Abdoullah ait participé sciemment à un tel approvisionnement, et il n'est même pas certain qu'il possédât quelque preuve que ce matériel ait abouti en Afghanistan. Dans le cas contraire, le SCRS aurait certainement pu inculper Abdoullah en vertu de la nouvelle loi antiterroriste canadienne.

Comme nous l'avons indiqué plus haut, la GRC a lancé le projet A-O Canada peu de temps après les attaques du 11 septembre 2001 aux États-Unis, s'emparant par la même occasion des fichiers du SCRS. Abdoullah Almalki était une des cibles principales du SCRS, il semble qu'il soit devenu, dès le départ, la cible principale de l'aile outaouaise du projet A-O Canada.

Abdoullah et son épouse étaient las d'être harcelés et suivis. Par ailleurs, la mère de cette dernière, qui vivait en Malaisie, était malade. Aussi ont-ils décidé, en novembre 2001, de prendre plusieurs semaines de vacances pour lui rendre visite. Mais leur agent de voyage avait remis leur itinéraire à la GRC et, alors qu'ils étaient en correspondance, leur ordinateur personnel a été confisqué, apparemment sans mandat. En Malaisie, à la demande d'organismes canadiens, on a demandé à Abdoullah s'il avait l'intention de retourner au Canada. Les Canadiens auraient également demandé aux responsables malais d'emprisonner Abdoullah pendant son séjour en Malaisie, mais ceux-ci auraient refusé, n'ayant aucune preuve leur permettant de le justifier.

Pendant qu'Abdoullah se trouvait en Malaisie et que ses parents séjournaient en Syrie, la maison dans laquelle ils vivaient tous ensemble à Ottawa a été fouillée et mise sens dessus-dessous dans le cadre du projet A-O Canada, et cela, en vertu d'un des sept mandats mis à exécution par le projet en janvier 2002. La GRC a, en outre, rendu visite aux trois frères d'Abdoullah, ainsi qu'à sa famille étendue. Elle a notamment demandé si Abdoullah avait l'intention de se rendre en Syrie.

Vers la fin de son séjour en Malaisie, Abdoullah a décidé de se rendre pour affaires à Singapour, puis en Arabie saoudite. Ses parents lui avaient dit que sa grand-mère, en Syrie, était malade, il a donc décidé de s'y rendre également, pour se joindre à la famille.

Dès son arrivée, il a été «cueilli» et incarcéré par des agents syriens.

> On l'a interrogé pendant qu'on le frappait, lui demandant s'il vendait du matériel à Al-Qaïda, aux talibans ou à d'autres encore, et s'il avait jamais rencontré Oussama ben Laden, communiqué, eu affaire avec lui ou Al-Qaïda. On lui a également demandé quel matériel informatique il leur avait vendu. Abdoullah a répondu par la négative : il ne leur avait rien vendu et n'avait en aucune façon fait affaire avec eux, et il ne vendait pas d'ordinateurs.

> (...) la torture a donc continué, jusqu'à ce qu'Abdoullah dise à ses tortionnaires ce qu'il savait qu'ils voulaient entendre : il a menti et a dit connaître ben Laden. Ils lui ont demandé depuis quand il le connaissait et où il l'avait rencontré. Abdoullah a répondu qu'il l'avait rencontré lorsqu'il travaillait pour le projet du PNUD en Afghanistan (...). Quelques minutes plus tard, ils l'ont accusé d'avoir menti, affirmant que ben Laden était au Soudan lorsque Abdoullah était au Pakistan et en Afghanistan. Abdoullah leur a répondu qu'il leur avait dit ce qu'ils voulaient entendre parce qu'il voulait qu'ils cessent de le torturer. Il a réitéré qu'il n'avait jamais rencontré ben Laden.

> On a recommencé à le battre...

Abdoullah a appris par la suite que le premier jour il avait été battu pendant 7 heures et avait été fouetté plus de 1 000 fois avec un câble, bien qu'en général le maximum fût de 200 fois.

Tout comme Maher Arar et Ahmed el Maati, Abdoullah a été confiné pendant plus d'un an dans une cellule semblable à un tombeau. Les murs dégoulinaient de condensation ; il y avait des moisissures jaunes et noires et des poux infestaient sa couverture. Il a été sauvagement torturé. On l'a interrogé au sujet de Khadr et d'Arar ainsi que d'une vingtaine d'autres Canadiens, dont certains lui étaient familiers et d'autres pas.

Le quarantième jour de sa détention, Abdoullah a été interrogé par George Saloum, le chef de l'équipe d'enquête. À plus d'une occasion, Saloum a ordonné à ses subalternes de frapper Abdoullah « jusqu'à ce qu'il faille l'hospitaliser ».

Les Canadiens auraient envoyé aux Syriens plusieurs rapports au sujet d'Abdoullah pendant son incarcération. La première fois, en juillet 2002, ses interrogateurs l'ont violemment tabassé, en le traitant de menteur. Ils lui ont dit qu'avant de recevoir ce nouveau rapport, ils avaient eu l'intention de le libérer. La deuxième fois, en août 2002, il a été passé à tabac et ensuite amené pour être interrogé en présence d'un responsable malais. Sous son bandeau, il a aperçu deux rapports sur une table, un en anglais, l'autre en malais. Le 28 novembre 2002, il semble que les interrogateurs étaient en possession d'un autre rapport provenant du Canada. Lorsque Abdoullah leur a dit qu'ils devraient réclamer aux Canadiens des preuves des affirmations figurant dans le rapport, il reçut pour réponse qu'il n'était pas censé savoir que ce rapport provenait du Canada.

> [Tirant leurs directives du rapport], les interrogateurs lui ont dit que les numéros de série du matériel trouvé en Afghanistan prouvaient que c'était le sien. Abdoullah a demandé une description de ce matériel, mais ils n'avaient pas d'informations sur le sujet. Il leur a demandé de réclamer aux Canadiens des détails sur la question, de manière à ce qu'il puisse vérifier à qui il avait vendu ce matériel.
>
> Abdoullah leur a répété qu'il n'a vendu de matériel à personne en Afghanistan.
>
> (...) On lui a également demandé à maintes reprises ce qu'il avait envoyé par voie maritime (...). Selon le rapport, la marine états-unienne procédait à la fouille d'un navire dans la mer Noire à la recherche de marchandises qu'il aurait vendues à une organisation terroriste, ce qui prouverait sa culpabilité. Abdoullah a fait remarquer que puisqu'il était détenu depuis sept mois, il n'avait pas pu expédier quoi que ce soit [pendant cette période].
>
> Abdoullah a fait valoir que si le rapport affirmait que cela constituerait une preuve, alors c'est qu'on ne disposait pas encore de preuve.
>
> (...) L'interrogateur a refermé le fichier et ne lui a jamais reposé de questions sur le sujet. Abdoullah avait l'impression que les interrogateurs commençaient à perdre confiance dans la crédibilité des Canadiens.

Plus tard, en décembre 2002, il a aperçu un document en arabe intitulé « Réunion avec la délégation canadienne du 24 novembre 2002 ». Il s'adressait au directeur de la prison et à celui des services de renseignements militaires. Le 16 janvier 2003, ses interrogateurs avaient en leur possession le rapport le plus volumineux qu'il ait aperçu jusqu'alors, et ils ne tentaient plus de dissimuler le fait que ces rapports provenaient du Canada. Le présent rapport contenait deux longues pages de questions. Or l'officier de liaison de la GRC basé à Rome s'était rendu à Damas quelques jours auparavant et avait rapporté à ses supérieurs que « dans les deux cas, aucune information nouvelle n'a[vait] été obtenue ».

Après la libération de Maher Arar en octobre 2003, la détention et les tortures infligées à Abdoullah se sont poursuivies. Il semble qu'à un moment ou à un autre les Syriens ont envoyé aux Canadiens leurs rapports d'interrogatoires, lesquels l'innocentaient de toute accusation, notamment de terrorisme. Cela a peut-être eu lieu avant décembre 2003, quand la GRC a accepté d'écrire à l'avocat dont la famille Almalki avait retenu les services une lettre affirmant qu'Almalki n'avait pas de casier judiciaire au Canada et n'était pas l'objet d'un mandat d'arrêt au Canada.

Le 10 mars 2004, Abdoullah a été convoqué devant l'agent syrien qui était responsable de son dossier. Celui-ci lui a dit que si les Canadiens avaient envoyé une lettre, c'était sans doute à la suite de l'envoi par les Syriens des rapports d'interrogatoires qui l'innocentaient. Le même jour, un an et sept mois après le début de sa détention, Abdoullah a été libéré à la condition qu'il ne parle pas aux médias et qu'il reste en Syrie au moins un an.

Les parents d'Abdoullah étaient encore en Syrie à l'époque. Dès son arrivée à leur demeure, il a appelé son épouse – ils ne s'étaient pas parlé depuis avril 2002. Elle était déjà en train de se préparer pour le rejoindre en Syrie en compagnie de leurs enfants. Une semaine plus tard, Abdoullah s'est rendu à l'ambassade canadienne pour renouveler son passeport. Il a été accueilli par Léo Martel, le consul du Canada, derrière une épaisse fenêtre. Abdoullah a dû lui demander la permission d'entrer dans l'ambassade. Martel, qui lui semblait nerveux en sa présence, lui a dit qu'il était surpris de le voir : il s'attendait à ce qu'Al Boushi, un autre Canadien détenu en Syrie, soit libéré. Il a demandé à Abdoullah comment il avait été traité et celui-ci lui a répondu que les Syriens l'avaient sommé de ne pas parler de son expérience. « Martel a dit à Abdoullah qu'il devait avertir sa femme de ne pas parler aux médias, car [le ministère des] Affaires étrangères serait très offensé si les médias apprenaient ce qui s'est passé avant qu'Abdoullah ne l'en informe[72]. »

Abdoullah était terrifié à l'idée d'être détenu de nouveau pendant sa période de résidence obligatoire en Syrie. Moins d'un mois après sa libération, il a été convoqué à Far Falastin pour y être interrogé. Ses interrogateurs étaient en possession d'un nouveau rapport; il s'est demandé s'il s'agissait encore une fois d'un rapport envoyé par les Canadiens. Selon ce rapport, Abdoullah était le chef spirituel d'un groupe s'appelant le « Groupe des prières ».

> Il leur a dit qu'il n'avait jamais entendu parler de ce groupe et qu'il ne reconnaissait qu'un seul nom sur leur liste. Les interrogateurs, agacés, ont menacé d'aller chercher le pneu pour le torturer de nouveau. Il leur a dit que rien de ce qu'il y avait dans le rapport n'était vrai. Il leur a rappelé qu'il avait été détenu pendant presque deux ans et qu'il ne pouvait donc pas être le chef spirituel de ce groupe. Les interrogateurs l'ont laissé partir.

Abdoullah a déjeuné avec Martel et un autre employé de l'ambassade et leur a parlé de ce rapport et de son interrogatoire. Au cours de la conversation, Abdoullah a parlé de la nécessité, pour l'ambassade, d'avoir accès à Al Boushi, et il a ajouté que la personne à contacter était le chef des interrogateurs des services de renseignements militaires, George Saloum. Martel a répondu que *Saloum et lui étaient bons amis*.

Le départ définitif d'Abdoullah de la Syrie a été une expérience très éprouvante. Lorsque son épouse et ses enfants sont arrivés en Syrie en juin, son cadet ne l'a pas reconnu. En juillet, il a été acquitté de toute accusation par un tribunal militaire syrien, mais le juge a stipulé qu'il devait être remis à la police militaire syrienne parce qu'il n'avait pas fait son service militaire comme tout Syrien le doit et n'avait pas demandé d'exemption pendant sa détention. Le juge a libéré Abdoullah pour deux jours. Dan McTeague, le député libéral canadien qui avait soutenu la famille, a contacté les frères d'Abdoullah à Ottawa pour les avertir qu'Abdoullah devait demeurer à l'ambassade canadienne à Damas ou à la résidence de l'ambas-

72. Kerry Pither, *Almalki Chronology, supra*, chapitre premier, note 2.

sadeur jusqu'à ce que le problème du service militaire soit réglé. Dès qu'il eut parlé à ses frères, Abdoullah s'est rendu à l'ambassade canadienne à Damas. Il a dit à Martel que Dan McTeague lui avait conseillé de rester dans l'ambassade, mais Martel lui a répondu que c'était impossible. Bien qu'il eût la double nationalité, lui offrir ainsi refuge aurait constitué un manque d'égard pour la Syrie. Martel a dit à Abdoullah qu'il devait quitter l'ambassade avant sa fermeture. À 16 h 30 il a été mis à la porte, en dépit d'appels émis à partir de l'ambassade pour confirmer les conseils de McTeague et d'appels reçus à l'ambassade provenant de médias canadiens.

Abdoullah est resté à l'extérieur de l'ambassade fermée à clé, ne sachant que faire. Craignant de retourner à son logement, il a déambulé dans les rues pendant des heures. Le lendemain, il a contacté des connaissances au gouvernement syrien. Elles lui ont répondu que si le juge avait voulu qu'il fasse son service militaire, il ne l'aurait pas laissé quitter le tribunal : il était censé quitter le pays, de manière à ce que les Syriens puissent se laver les mains de son cas. Méfiant, Abdoullah s'est rendu à l'immigration pour vérifier si son nom figurait sur une liste quelconque et s'il pouvait se procurer un visa de sortie. Il a ensuite appelé une agence de voyages pour savoir quel était le prochain vol vers l'Europe. C'était un vol Beyrouth-Vienne. Il s'est alors dirigé en voiture jusqu'à la frontière libanaise, qu'il a atteinte en 15 minutes, a réussi à franchir la frontière et s'est rendu jusqu'à Beyrouth, où il a réussi à prendre l'avion. À Vienne, il a téléphoné à son épouse pour lui raconter ce qui s'était passé et pour la presser de quitter la Syrie avec les enfants avant qu'on ne s'avise de son absence. Ces derniers ont réussi à quitter la Syrie trois jours plus tard.

MOUAYYED NOURREDINE

Mouayyed Nourredine est le troisième Canadien à avoir été détenu dans une prison syrienne et libéré après Maher Arar. Il a été appréhendé en Syrie le 11 décembre 2003, détenu et torturé à la prison de Far Falastin à l'instar des autres Canadiens, et libéré le 14 janvier 2004. On sait publiquement bien moins de choses sur son histoire que sur celle des autres. L'enquêteur qui s'était occupé du cas d'Arar qualifiait Nourredine d'« homme simple[73] » et a trouvé en lui un

---

73. Rapport Toope, *supra*, chapitre premier, note 24, p. 6.

témoin crédible qui a corroboré les détails que Maher Arar avait fournis au sujet de sa détention en Syrie.

ARWAD AL BOUSHI

Arwad Al Boushi[74] est le dernier à avoir été libéré des citoyens canadiens suspectés de terrorisme détenus en Syrie. Il est rentré au Canada le 23 décembre 2005, après avoir passé trois ans et demi dans une prison syrienne. Avant d'émigrer au Canada dans les années 1970, il était membre de la Confrérie musulmane. Il n'était pas retourné en Syrie depuis qu'il avait quitté le pays. Lorsque son père est tombé malade, il a demandé aux autorités syriennes si le fait d'avoir appartenu à un groupe d'opposition l'empêchait de visiter le pays. On l'a assuré que cela ne constituait pas un problème.

Al Boushi a affirmé ne pas connaître Maher Arar, Abdoullah Almalki, Ahmad el Maati et Mouayyed Nourredine.

◆

Bien entendu, on ne connaît pas encore tous les faits relatifs aux quatre cas décrits ci-dessus. Mais ces cas, ainsi que celui de Maher Arar, laissent penser que les responsables canadiens agissent en connaissance de cause, voire qu'ils font preuve de connivence, afin que des suspects canadiens soient détenus dans des pays tiers comme la Syrie et l'Égypte, où on peut les interroger sans se plier aux restrictions habituelles attachées aux interrogatoires au Canada.

Alex Neve, secrétaire général d'Amnistie internationale Canada, a émis l'hypothèse que, dans les faits, le Canada a recours à un type de transfert qu'il appelle «transfert allégé». Kerry Pither, auteur des chronologies détaillant les épisodes de Maher Arar, d'Abdoullah Almalki et d'Ahmed el Maati, et coordonnateur des intervenants dans l'enquête Arar, considère qu'il serait plus exact de parler de «transfert au rabais» – c'est-à-dire un «transfert où le sujet achète lui-même son billet d'avion» et où le seul coût pour le Canada consiste à fournir les questions aux organismes étrangers qui font le sale boulot.

---

74. Toutes les informations relatives à Al Boushi sont tirées de l'article «Canadian "Recovering" After Syrian Incarceration: Businessman Reunites With Son in Toronto, Won't Comment on 3 1/2 Years Spent in Prison», *Globe and Mail*, 10 janvier 2006.

LE RETOUR DE MAHER AU PAYS

Lorsque Monia a revu Maher à l'aéroport à son retour de Syrie – premier des Canadiens libérés après avoir été détenus en Syrie ou en Égypte –, elle a été bouleversée de retrouver un homme soumis au regard éteint. Par la suite, elle a affirmé qu'il avait « l'air d'un chien » et qu'il avait l'air « perdu[75] » :

> Il était soucieux de sa sécurité et extrêmement méfiant. Pendant les quelques jours suivants, alors que la famille séjournait à Montréal, [Maher] a commencé à raconter son histoire. Il était très incohérent ; ses souvenirs étaient décousus et il pleurait constamment. Pendant deux ou trois jours, il n'a pas pu manger ni dormir (…). [Il] a semblé « confus » durant plusieurs semaines. Lorsqu'il parlait à son épouse, il faisait les cent pas, comme s'il était encore dans sa cellule. Il était toujours fatigué. Il a dit [à Monia] qu'il voulait simplement « une vie normale »[76]…

Le 4 novembre 2003, Maher a tenu une conférence de presse. Il a déclaré qu'il était là pour raconter à la population canadienne ce qui lui est arrivé. Il a dit qu'il voulait lui expliquer ce qu'il était et ce qu'il n'était pas. Il n'était pas un terroriste. Il n'était pas membre d'Al-Qaïda et ne connaissait personne qui appartenait à cette organisation. Il n'est jamais allé en Afghanistan et n'avait nullement l'intention de le faire. Il a ensuite raconté son histoire.

Mais il a d'abord parlé de Monia, son épouse. Il savait quand il l'a épousée qu'elle était remarquable, mais il n'avait aucune idée d'à quel point elle s'avérerait exceptionnelle. « Je crois que, sans elle, je serais encore en prison. »

Maher Arar est la première personne à avoir été « transférée » dans le contexte de la « guerre au terrorisme », à en être revenue vivante et à avoir raconté son expérience dans le détail. Il a en outre exprimé son ardente conviction que cela ne devait jamais plus arriver à quiconque, que les Canadiens devaient savoir ce qui s'était passé et qu'il devrait, lui-même, avoir le droit d'être blanchi de toute accusation. Comme l'a écrit le magazine *Time* dans un article de fond à son sujet, « si Arar est un terroriste, il ne ressemble à aucun autre[77] ».

---

75. Rapport Toope, *supra*, chapitre premier, note 24, p. 20.
76. *Ibid.*, p. 20-21.
77. Steven Frank, « Seeking the Truth », *Time* (éd. canadienne), 27 décembre 2004-3 janvier 2005, p. 71.

Monia et Maher ont continué à réclamer la tenue d'une enquête publique. Ils ont obtenu à cette fin le soutien de dizaines d'organisations de la société civile, de députés, de partis d'opposition, des médias et de Canadiens ordinaires. L'affaire est rapidement devenue une cause célèbre : des articles, des éditoriaux et des lettres en tout genre ont été écrits sur le sujet pour exiger des réponses du gouvernement. C'était l'« affaire Dreyfus » du Canada – on était moins divisé par rapport à qui était le bon, mais on était déterminé à aller au fond de la question pour savoir qui étaient les méchants. Les appels pour une enquête publique ont d'abord été rejetés par le solliciteur général Wayne Easter, puis par le premier ministre Jean Chrétien. Au début de novembre 2003, alors qu'il s'adressait à la Chambre des communes, ce dernier s'est montré inflexible dans son refus d'ouvrir une enquête publique. Toutefois, la pression du public croissant au fil des mois, le gouvernement a fini par céder. Entretemps, Paul Martin est devenu chef du Parti libéral et premier ministre. Il s'est engagé, *lui*, à aller au fond de l'affaire. Mais, lorsqu'une commission d'enquête a été mise sur pied en février 2004, le mandat qui lui était confié était décevant au sens où il se limitait à examiner les actions des responsables canadiens dans le cas de Maher Arar et à faire des recommandations sur un mécanisme d'examen indépendant et autonome des activités de la GRC en matière de sécurité nationale. Le gouvernement canadien semblait vouloir éviter toute enquête sur la question de savoir si la détention de Canadiens à l'étranger pour des interrogatoires liés au terrorisme se faisait systématiquement avec la complicité ou la connivence du Canada. Néanmoins, Dennis O'Connor, le juge en chef adjoint de l'Ontario qui a été nommé commissaire de l'enquête Arar, était un juriste très respecté qui inspirait confiance à la plupart.

Après plusieurs mois d'écoute de témoignages, tant publics que secrets, et plusieurs mois supplémentaires de négociation avec le gouvernement sur ce qui serait divulgué au public, le juge O'Connor a remis son rapport le 18 septembre 2006. Celui-ci confirmait l'innocence de Maher Arar et mettait à nu la culture politique ayant engendré les excès et abus que l'on vient de décrire. En outre, il appelait à la mise sur pied d'une enquête supplémentaire portant sur les cas des autres Canadiens ayant été pris dans les sinistres filets d'un mandat « préventif ».

En février 2006, le tribunal fédéral du district est de New York (United States District Court, Eastern District of New York) a rendu une fin de non-recevoir à la poursuite civile de Maher Arar contre le gouvernement des États-Unis. Le juge fédéral déclara : « Point n'est besoin d'avoir beaucoup d'imagination pour entrevoir l'effet négatif que cela aurait sur nos relations avec le Canada si la lumière était faite sur ce cas et s'il s'avérait que certains hauts responsables canadiens, en dépit de dénégations publiques, avaient acquiescé au transfert d'Arar en Syrie.[78] » Cette décision est présentement en appel mais, comme je l'explique plus loin, une entente méphisto-phélique a été conclue en septembre 2006 entre le Congrès et l'administration Bush. Si celle-ci devait se concrétiser, elle dépouil-lerait Maher Arar et tous ceux qui ont été détenus ou transférés par les États-Unis du droit de contester leur traitement devant les tribunaux états-uniens.

◆

Monia a littéralement tiré son mari de la tombe. Deux partis politiques ont sollicité sa candidature aux élections fédérales, elle a été louée dans des articles de magazines et de journaux et a été invi-tée à participer à des forums dans tout le pays. Maher a été nommé personnalité de l'actualité pour 2004 par le magazine canadien *Time* et invité à donner des conférences dans tout le Canada. Les médias étaient avides de ses commentaires. Tous deux ont inspiré largement le respect par leur modestie, leur distinction et leur détermination. Les Canadiens ordinaires parlaient d'eux dans les couloirs des bureaux ou à table, et les abordaient dans la rue pour leur témoigner leur solidarité. C'est grâce au soutien de ces Canadiens que Monia et Maher ont pu contraindre le gouver-nement à ouvrir une enquête publique.

Mais il n'y aura pas eu de fin heureuse pour eux et leurs enfants.

En effet, l'homme que Monia avait épousé était autrefois quel-qu'un d'énergique, de concentré, de motivé. Après son retour de Syrie par contre, il éprouvait des difficultés à se concentrer sur quoi que ce soit. Les jours où il devait assister à plus de deux réunions, il se sentait dépassé. De la même manière, il était, avant, quelqu'un

---

78. Tim Harper, « US Ruling Dismisses Arar Lawsuit », *Toronto Star*, 17 février 2006.

d'accommodant, animé par de fortes valeurs familiales. Depuis son retour, il lui arrivait souvent d'être distant avec sa famille et de rester plongé dans ses soucis. C'était là une source considérable de culpabilité pour lui. Il lui arrivait aussi d'être impatient avec les enfants, il lui était difficile de leur consacrer du temps et de se mettre à leur niveau. Pendant plusieurs mois, il a souffert de maux de tête et de douleurs dans le dos et au cou. Souvent, il était angoissé et grinçait des dents. Il est longtemps resté obsédé par le désir de raconter ce qu'il avait vécu, par la commission d'enquête et par le sort des autres détenus. Il refusait les engagements qui impliquaient de prendre l'avion, terrifié à l'idée que l'avion ne soit détourné et que son cauchemar ne recommence. Il ne pouvait plus lire le Coran[79].

Au moment, après son retour, où certains organismes canadiens ont « laissé filtrer » des informations, sans doute dans le but de ternir sa réputation et de se justifier, son sens de l'injustice était exacerbé par sa détention et par les tortures subies en Syrie. Les conseillers le décrivaient comme « dévasté » par ces fuites, parfois « hystérique ». « Il ne pouvait tout simplement pas contrôler ses émotions ; il fallait plusieurs heures de conversation ininterrompues avec lui pour le calmer chaque fois que faisaient surface dans la presse des informations qu'il considérait trompeuses et injustes[80]. »

L'enquêteur qui avait été nommé par le commissaire de l'enquête Arar, afin de déterminer si ce dernier avait été torturé et d'évaluer les conséquences de ces tortures pour lui et sa famille, a décrit avec éloquence les espoirs et les rêves d'un couple talentueux autrefois plein d'avenir :

> Si les effets psychologiques de la détention et de la torture de M. Arar en Syrie sont sérieux, les effets économiques sont quasi catastrophiques, tout au moins du point de vue d'un ingénieur de la classe moyenne qui a dû avoir recours à l'aide sociale pour nourrir, habiller et loger sa famille. Tous ceux que j'ai interrogés qui connaissent bien M. Arar ont insisté sur le fait que son incapacité à trouver du travail depuis son retour au Canada a eu un effet dévastateur, tant sur son état psychologique que sur ses finances familiales.
>
> M. Arar m'a dit que le fait qu'il n'ait pas de travail le « détrui-

---

79. Rapport Toope, *supra*, chapitre premier, note 24, p. 19-21.
80. *Ibid.*, p. 20.

sait». Le Dr Mazigh a précisé que c'était une source de tension entre son épouse et lui. Elle l'encourageait à ratisser aussi large que possible pour trouver n'importe quel travail, alors qu'il était encore axé sur la quête d'un travail dans son domaine, le génie informatique (...). En outre, son incapacité à trouver du travail a aggravé le sentiment d'aliénation de M. Arar à l'égard de la communauté musulmane : c'est d'ailleurs l'exemple le plus concret d'échec par rapport à l'aide qu'on aurait pu lui apporter lorsqu'il en avait besoin. M. Arar a envoyé des centaines de demandes et de lettres par courriel, mais il n'a reçu que peu de réponses. Certains de ses conseillers m'ont dit que, lorsqu'il a pu parler directement à d'éventuels employeurs, on l'a traité avec brusquerie et froideur[81].

À vrai dire, il n'y a pas que la communauté musulmane et le secteur de pointe qui ont abandonné Maher Arar. Aucune des nombreuses organisations qui ont soutenu sa cause et le respectaient personnellement, dans le mouvement syndical, dans le mouvement des droits de la personne et dans les autres mouvements œuvrant pour la justice sociale, n'a acquiescé à sa demande de lui offrir ne serait-ce qu'un travail à temps partiel.

Afin de mettre l'incapacité de M. Arar à trouver un emploi dans sa juste perspective, il importe de noter que c'est dans son travail que M. Arar investit apparemment une bonne partie de son estime de lui-même. Il est le plus instruit des membres de sa famille, dernier né d'une mère qui l'a poussé à réussir ses études. Il est extrêmement fier de ses références en génie et il a une image positive de lui-même en tant que professionnel très compétent et qui réussit. Il était content qu'on lui demande de voyager pour son travail. Quand on l'entend parler de ses antécédents professionnels et de son engagement dans divers projets, il en ressort l'image de quelqu'un qui n'est pas loin du bourreau de travail. M. Arar a accepté un poste à Boston, même s'il devait laisser sa femme au Canada avec leur premier enfant, alors qu'elle n'avait pas encore terminé son doctorat. Il l'a fait parce qu'il était ambitieux et pensait à l'époque que c'était la meilleure offre, celle qui présentait les meilleures perspectives d'avenir. M. Arar était très préoccupé de son potentiel salarial.

81. *Ibid.*, p. 22.

Au vu des événements ultérieurs, il est ironique que M. Arar ait apparemment beaucoup apprécié la culture d'entreprise états-unienne. Il m'a dit, et cela a été confirmé par d'autres observateurs, qu'il considérait que les gens d'affaires états-uniens étaient plus professionnels, plus compétents et plus engagés que la plupart des Canadiens avec lesquels il avait traité. Il semblait croire que son avenir se trouvait dans des contacts d'affaires aux États-Unis. Il est retourné au Canada, en espérant continuer d'exercer en qualité de consultant pour son employeur états-unien. Boston était stimulante sur le plan professionnel, mais le coût de la vie y était trop élevé. Il voulait réunir sa famille à Ottawa, en milieu sûr et relativement peu coûteux, où le niveau de vie de sa famille serait le mieux protégé.

Ce rêve s'est complètement écroulé. Selon les plus récentes informations dont je dispose, M. Arar s'est finalement vu offrir un modeste poste à temps partiel comme conseiller en informatique à l'école de sa fille[82].

Récemment, un de mes collègues[83] a dit ceci de Maher Arar: « Cet homme est la personne la plus innocente au Canada: parmi tous les habitants de ce pays, il est la seule personne dont on puisse dire qu'"il est vraiment innocent". Et pourtant, il ira à sa tombe sans que nous ne l'ayons jamais tout à fait embrassé. »

---

82. *Ibid.*, p. 22-23.
83. Brian Murphy, de l'ONG de développement canadienne Interpares.

Chapitre 2

La pointe de l'iceberg : l'espionnage secret du président des États-Unis

Un pays est non seulement ce qu'il fait – il est également ce qu'il endure, ce qu'il tolère.

Kurt Tucholsky

L'exécutif n'exercera jamais les pouvoirs législatif et judiciaire, ou l'un quelconque des deux, afin de devenir un gouvernement de lois et non des hommes.

John Adams

L'AFFAIRE ARAR est devenue une cause célèbre de notre époque parce qu'elle sert de mise en garde. Elle n'aurait peut-être jamais eu autant de retentissement, toutefois, si ses protagonistes n'avaient pas été des personnes comme Monia Mazigh et Maher Arar. Il fallait que ce soit des individus auxquels les Canadiens puissent s'identifier, ayant le charisme, la cordialité et les principes de Monia et de Maher pour que, dans leur situation, nous voyions en eux non seulement eux-mêmes mais, peut-être, nous-mêmes. « Cela aurait pu être moi », se disait-on. Cet épisode rendait moins rassurante la rationalisation avec laquelle on avait endormi la vigilance de nombreux Canadiens : *les gouvernements sont les meilleurs juges lorsqu'il s'agit de combattre le terrorisme ; il fallait certes briser quelques œufs pour faire cette omelette-là, mais la sécurité est préférable au regret. Plutôt eux que nous.*

Malgré toute l'attention dont elles ont été l'objet, l'histoire d'Arar et celles des autres Canadiens qui ont été détenus sans accusation et torturés dans des pays tiers ne sont que la pointe d'un iceberg qui est jusqu'ici resté largement sous le champ du radar du public. Cet iceberg provoquera peut-être finalement, d'ici un siècle, le naufrage des démocraties et des mouvements démocratiques.

Une autre partie de cet iceberg a fait surface en décembre 2005, lorsque le *New York Times* a rapporté que le président des États-Unis avait violé un acte du Congrès en ordonnant secrètement à la National Security Agency (NSA) d'espionner sans mandat les appels téléphoniques et les courriels de personnes *à l'intérieur* des États-Unis. La mission de la NSA lui permet d'espionner les communications étrangères sans mandat, mais la même chose à l'intérieur des États-Unis est – théoriquement – encore illégale dans le pays.

L'administration Bush a prétendu que son programme d'espionnage sans mandats ne portait que sur les communications internationales établies et reçues aux États-Unis. En d'autres mots, le président Bush a dit à la population états-unienne qu'«une des extrémités de la communication doit être à l'extérieur des États-Unis[1]». L'administration a affirmé, en outre, qu'elle utilisait le critère du «motif probable», c'est-à-dire que l'accès de la NSA à ces communications était justifié par le «motif probable» d'une conversation avec une personne liée à des activités terroristes située à l'extérieur des États-Unis[2].

Toutefois, ce que l'administration n'a pas révélé, c'est qu'en fait la NSA *parcourait des pans entiers des conversations téléphoniques et électroniques des États-Uniens au moyen de l'intelligence artificielle, par le biais de la recherche de mots et de configurations clés.* En effet, la NSA avait accès aux «commutateurs» qui répartissent les communications à l'intérieur et à l'extérieur des États-Unis: elle aspirait d'énormes quantités de données dans le cadre de ce que certains responsables qualifiaient de vaste opération d'extraction de données[3]. Il s'agissait en fait du mode de fonctionnement normal

---

1. Leslie Cauley, «NSA Has Massive Database of Americans' Phone Calls», *USA Today*, 11 mai 2006.
2. Alberto Gonzales, procureur général des États-Unis, cité dans Dan Egan, «Gonzales Defends Surveillance», *Washington Post*, 7 février 2006.
3. Eric Lichtblau et James Risen, «Domestic Surveillance: The Program; Spy Agency Mined Vast Data Trove, Officials Report», *New York*

de la NSA dans le cadre de son mandat traditionnel de surveillance électronique à l'étranger.

Les communications dont les programmes informatiques identifiaient qu'elles nécessitaient une inspection étaient examinées par des agents de la NSA. Toutefois, des reportages ont révélé que la plupart des communications identifiées dans le cadre du programme intérieur sans mandat ont été rejetées, parce que dépourvues d'intérêt du point de vue du renseignement[4]. Selon le *New York Times*, « plus d'une dizaine de responsables, actuels et anciens, des forces du maintien de l'ordre et du contre-terrorisme, y compris certains membres du cercle restreint de ceux qui connaissaient le programme secret et les modalités de sa mise en œuvre au FBI, ont affirmé que le torrent de renseignements [qu'ils recevaient de la NSA sur des personnes aux États-Unis] ne les a guidés que vers un nombre restreint de terroristes potentiels qui, à l'intérieur du pays, n'étaient pas déjà connus par d'autres moyens, et qu'il détournait les agents d'activités de contre-terrorisme considérées comme plus productives[5]. » Les responsables états-uniens et britanniques du contre-terrorisme ont mis en doute les affirmations de l'administration Bush selon lesquelles le Centre canadien de la sécurité des télécommunications (CST) avait « sauvé des vies », s'agissant des prétendus complots de Londres (bombes à fertilisant) et de Brooklyn Bridge (lampes à souder). Des responsables ont affirmé que, dans les deux cas, ils avaient déjà été informés par d'autres moyens[6].

L'intrusion, par l'intermédiaire du programme de la NSA, dans la vie privée des États-Uniens, pourtant protégée par la Constitution, était apparemment de vaste portée. Si la NSA extrayait des données sans mandat à partir des artères principales du système téléphonique états-unien, ce programme était susceptible de toucher toute personne aux États-Unis qui communiquait avec l'étranger par téléphone, courriel ou télécopie. Le *New York Times* rapporte que,

Times, 24 décembre 2005. Voir également Barton Gellman, Dafna Linzer et Carol D. Leonnig, « Surveillance Net Yields Few Suspects », *Washington Post*, 5 février 2006.

4. Gellman, Linzer et Leonnig, *supra*, chapitre 2, note 3.
5. Lowell Bergman, Eric Lichtblau, Scott Shane et Don van Natta Jr., « Spy Agency Data After Sept. 11 led FBI to Dead Ends », *New York Times*, 17 janvier 2006.
6. *Ibid.*

selon des responsables anonymes, la surveillance effectuée par des agents humains visait « jusqu'à 500 personnes aux États-Unis à tout moment[7] ». « La liste changeait, car certains noms [étaient] ajoutés et d'autres retranchés ; le nombre de personnes surveillées depuis le début du programme atteint peut-être des milliers (…). À l'étranger, entre 5 000 et 7 000 personnes (…) [furent] surveillées à un moment donné[8]. » Selon le *Washington Post*, des sources bien informées estiment que le nombre total de personnes aux États-Unis dont les communications ont été analysées par des agents humains de 2002 à 2006 est d'environ 5 000[9].

Bref, l'idée que la NSA accédait aux communications sur la base de « motifs probables » – soit par ses programmes d'extraction des données, soit par ses agents humains – est une pure fiction. Un responsable gouvernemental a affirmé que, pour satisfaire à la norme juridique du « motif probable », la NSA devait « avoir raison dans [au moins] un cas sur deux[10] » relativement à ceux dont elle interceptait les communications.

Lorsque le programme a été rendu public, une « indignation palpable » est montée, tant chez les « républicains que chez les démocrates devant le mépris du président pour le droit constitutionnel élémentaire[11] ». En décembre 2005, une majorité bipartite d'élus a refusé, par son vote, de prolonger l'autorisation de certaines sections du USA Patriot Act. Pour justifier ce blocage, certains de ces élus ont fait état de leur colère relativement à ce programme[12]. Arlen Specter, sénateur républicain (Pennsylvanie) et président de la commission juridique du Sénat (Senate Judiciary Committee), a qualifié l'espionnage national du président d'« inexcusable (…), manifestement et catégoriquement répréhensible », et s'est engagé à tenir des audiences sur le sujet[13]. Le sénateur démocrate Russ Fienlgold (Wisconsin) a réclamé une motion de censure formelle

---

7. James Risen et Eric Lichtblau, « Bush Lets US Spy on Callers Without Courts », *New York Times*, 16 décembre 2005.
8. *Ibid.*
9. Gellman, Linzer et Leonnig, *supra*, chapitre 2, note 3.
10. Bergman, Lichtblau, Shane, van Natta Jr., *supra*, chapitre 2, note 5.
11. « Bush's High Crimes », éditorial, *Nation*, 9 janvier 2006, p. 3.
12. David E. Sanger, « In Speech, Bush Says He Ordered Domestic Spying », *New York Times*, 18 décembre 2005.
13. « Bush's High Crimes », éditorial, *Nation*, *supra*, chapitre 2, note 11, p. 3.

contre le président pour violation des lois fédérales de surveillance. Enfin, un nombre croissant d'observateurs, notamment Elizabeth Holtzman[14], ancien membre de la Commission judiciaire de la Chambre (House Judiciary Committee) pendant les procédures de destitution de Nixon (Nixon Impeachment Proceedings) et Lewis H. Lapham[15], rédacteur en chef du *Harper's Magazine*, ont exigé la destitution du président George W. Bush.

La loi que viole directement le programme secret d'espionnage du président est le Foreign Intelligence Surveillance Act (FISA)[16]. Celui-ci stipule que, pour obtenir un mandat leur permettant d'espionner aux États-Unis, les forces de l'ordre et les services de renseignements doivent en faire la demande devant un tribunal. Pour se procurer un tel mandat, elles doivent démontrer l'existence d'un « motif probable », c'est-à-dire prouver que la cible aux États-Unis est une « puissance étrangère » ou l'« agent d'une puissance étrangère », et que les sites qui sont l'objet de leur demande sont ou seront utilisés par cette puissance étrangère ou son agent. En vertu du FISA, toute surveillance électronique qui n'est pas autorisée par un acte législatif est un *délit criminel*. Il stipule explicitement que lui-même et le Federal Criminal Code (qui régit la surveillance pour les enquêtes criminelles) constituent « *les seuls instruments permettant de recourir (...) à la surveillance électronique* ».

Le FISA a été promulgué en 1978 afin d'endiguer les nombreux recours abusifs à la surveillance intérieure qui avaient été révélés par le rapport du comité Church du Sénat états-unien (rapport intitulé officiellement *Final Report of the Select Committee to Study Governemental Operations with Respect to Intelligence Activities* [« Rapport final du comité spécial pour l'examen des opérations gouvernementales relativement aux activités de renseignement »]) et pendant des auditions au Congrès sur le scandale du Watergate. La mise en lumière de cet emploi abusif de la mise sur écoute par le FBI et le président a montré aux États-Uniens à quel point l'impératif de la sécurité nationale pouvait facilement être perverti par les

---

14. Voir Elizabeth Holtzman (ancien membre du comité judiciaire de la Chambre pendant les débats sur la destitution de Nixon), « The Impeachment of George W. Bush », *The Nation*, 30 janvier 2006.
15. Lewis Lapham, « The Case for Impeachment : Why We Can No Longer Afford George W. Bush », *Harper's Magazine*, mars 2006.
16. Pub. L. 95-511, 92 Stat.1783.

détenteurs du pouvoir. Sous le prétexte de la sécurité nationale, le FBI avait pris pour cible, pendant les années 1960 et au début des années 1970, le mouvement des droits civiques, le mouvement ouvrier et les campus universitaires. Outre de nombreux autres abus de pouvoir, le président Nixon avait ordonné la mise sur écoute de 17 journalistes et membres du personnel de la Maison Blanche. Il avait prétendu que cette surveillance servait des objectifs de sécurité nationale, mais sa motivation était de nature politique : Nixon avait commencé à recourir à la mise sur écoute pour contrecarrer l'opposition à la guerre du Vietnam. La première mise sur écoute qu'il avait ordonnée visait en effet un journaliste qui avait révélé le bombardement secret du Cambodge en 1969. Ce recours abusif à la mise sur écoute a constitué un des motifs de sa destitution[17].

En raison de ces précédents, la mise sur écoute à l'intérieur du pays et sans mandat suscite une forte réaction dans les milieux politiques états-uniens, et ce, de la part des deux partis – chose que le président Bush avait sans doute comprise lorsqu'il a décidé de garder son programme secret. Comme l'a fait remarquer le sénateur républicain Arlen Specter, « [t]oute l'histoire de l'Amérique est une histoire d'équilibre (...). J'ai l'impression [que l'administration Bush] voit surgir des inquiétudes de nombreuses directions provenant de tous les secteurs : démocrates et républicains, dans tout l'éventail politique[18]. » La représentante républicaine Heather Wilson et au moins six autres législateurs républicains ont ouvertement rompu les rangs afin d'exprimer leurs inquiétudes au sujet du programme[19]. À la mi-février 2006, Wilson est devenue la première républicaine siégeant au comité du renseignement de la Chambre ou du Sénat à réclamer la mise sur pied d'une enquête du Congrès. L'ancien président Jimmy Carter a tacitement critiqué le programme de l'administration Bush à l'occasion des funérailles de Coretta Scott King. Il a en effet évoqué les brimades qu'elle et son mari, Martin Luther King Jr, ont endurées pendant les années 1960 lorsqu'ils sont devenus les cibles d'une mise sur écoute abusive.

---

17. Elizabeth Holtzman, *supra*, chapitre 2, note 14, p. 13.
18. Charles Babington, « Activists on Right, GOP Lawmakers Divided on Spying », *Washington Post*, 7 février 2006.
19. Sheryl Gay Stolberg, « Republican Speaks Up, Leading Others to Challenge Wiretaps », *New York Times*, 11 février 2006.

Quand l'existence du programme a été révélée, le président Bush a d'abord refusé de confirmer son existence. Et lorsque Jim Lehrer, du Public Broadcasting System (PBS), lui a demandé son avis le 17 décembre 2005 au sujet d'un reportage du *New York Times* de la veille au soir, il a qualifié ce reportage de « spéculations » et ajouté qu'il ne « parl[er]ait [pas] d'opérations de renseignement en cours[20] ». Mais devant le tumulte grandissant suscité par cette affaire, l'administration a changé de tactique et est passée à l'attaque.

Bush a déclaré aux États-Uniens que le programme était un « outil vital dans notre guerre contre les terroristes », qu'il avait renouvelé l'autorisation du programme plus de 30 fois depuis les attaques du 11 septembre 2001 et qu'il continuerait de le faire « tant que notre nation affrontera[it] la menace constante d'Al-Qaïda et de groupes associés[21] ». Il a qualifié la fuite d'« acte honteux » et affirmé que ceux qui critiquaient le programme fournissaient « aide et réconfort » à l'ennemi – paroles hostiles, car elles correspondent à la définition constitutionnelle de la « trahison »[22].

À l'occasion d'une retraite des républicains de la Chambre au début de février 2006, le président Bush a tendu la main aux membres du Congrès que ce programme mettait mal à l'aise : « Il y a quelque chose que vous devez comprendre à mon sujet. Le 11 septembre a changé ma manière de penser. À l'époque, j'ai dit aux gens exactement ce que je pensais, et que je pense encore, à savoir que nous devons faire tout notre possible pour protéger le pays[23]. »

L'administration Bush a expliqué que son programme de surveillance sans mandat était nécessaire parce que le FISA ne lui permettait pas d'agir assez rapidement pour contrer les possibles agresseurs. Mais son argument sonnait faux : le FISA permet au président d'ordonner une mise sur écoute sans mandat à condition de demander l'approbation du tribunal du FISA au moins trois jours à l'avance. De plus, entre 1978, année de sa promulgation, et 2004, seulement cinq demandes de mandat sur un total de 18 748 ont été refusées par le tribunal du FISA[24]. Le FISA ne constitue donc guère

20. David E. Sanger, *supra*, chapitre 2, note 12.
21. *Ibid.*
22. Patricia Williams, « Foggy Bottom », *The Nation*, 6 février 2006, p. 9.
23. Sheryl Gay Stolberg, *supra*, chapitre 2, note 19.
24. Carol D. Leonnig, « Secret Court's Judges Were Warned About NSA Spy Program », *Washington Post*, 9 février 2006.

un obstacle à une surveillance opportune, ni à la surveillance en général. La vérité, c'est que l'administration Bush ne pouvait avoir recours au FISA parce qu'elle ne procédait pas à la surveillance électronique de quelques individus particuliers, mais bien à celle de la majorité des États-Uniens. Comme l'a rapporté le *Washington Post* :

> Peu de temps après la mise en œuvre du programme d'écoute sans mandat, Michael V. Hayden, directeur de la NSA à l'époque, et Ashcroft, ont expliqué à l'occasion de réunions privées que le président voulait débusquer les possibles activités terroristes avant une éventuelle attaque. Ils ont également expliqué que, dans une recherche si vaste d'indices et d'activités suspects, le gouvernement ne pourrait jamais satisfaire aux exigences du tribunal du FISA relativement à la probabilité du motif[25].

L'administration Bush a présenté deux justifications d'ordre juridique pour son programme secret. Elle a d'abord affirmé que l'Authorization of Military Force (AUMF) adoptée par le Congrès en 2001, et qui autorise le président « à utiliser toute la force nécessaire et appropriée » contre ceux qui sont liés aux attaques du 11 septembre 2001, autorisait implicitement le président à recourir à la mise sur écoute sans mandat, en tant qu'elle n'est qu'un attribut du recours à la force en temps de guerre. Première nouvelle pour les membres du Congrès qui avaient avalisé l'AUMF. Au cours des audiences de la commission judiciaire du Sénat sur le programme d'écoute électronique sans mandat, le sénateur républicain Lindsey Graham de Caroline du Sud a affirmé qu'il « n'avait jamais envisagé de donner carte blanche à l'actuel président ou à quelque autre président pour contourner le FISA », ajoutant que cet argument était « très dangereux » : il rendrait plus difficile aux futurs présidents de faire adopter une résolution permettant le recours à la force. Le sénateur démocrate Patrick Leahy, du Vermont, a affirmé à Alberto Gonzales, secrétaire à la Justice (*Attorney General*, ou procureur général) de Bush, que « ceci n'est pas une loi sur les écoutes électroniques. Nous savons de quoi a l'air une loi sur les écoutes électroniques. Ceci n'en est pas une. » L'ancien chef de la majorité au Sénat qui avait négocié la résolution de 2001 avec la Maison

---

25. *Ibid.*

Blanche, Tom Daschle, a affirmé que l'administration Bush avait demandé une formulation explicite qui élargisse le pouvoir de déclaration de guerre du président, de manière à inclure les activités à l'intérieur du pays, demande qui a été rejetée[26].

Lorsque le programme a été mis au jour, Gonzales lui-même a déclaré aux journalistes que l'administration n'avait pas tenté d'amender le FISA afin de pouvoir autoriser son programme, parce que « des membres du Congrès » avaient « signifié qu'il serait difficile, sinon impossible » de le faire.

Si le premier argument juridique a provoqué, au Congrès, des exclamations d'incrédulité, et braqué les projecteurs sur une administration Bush voulant le beurre et l'argent du beurre, le deuxième argument juridique avancé par l'administration pour défendre son programme a carrément suscité la frayeur.

Selon ce deuxième argument, le président, en tant que commandant en chef et directeur de l'« exécutif unitaire », disposerait du pouvoir constitutionnel de suspendre ou d'enfreindre toute loi étatsunienne en temps de guerre, au nom de la sécurité nationale. Le Congressional Research Service, institution politiquement impartiale, a rejeté le concept de commandant en chef, faisant valoir que la Cour suprême n'avait jamais accordé au président un « monopole des pouvoirs de guerre », ne l'avait jamais reconnu comme « commandant en chef du pays » et ne lui avait jamais donné carte blanche en matière d'écoute électronique[27]. En outre, la doctrine de l'exécutif unitaire est extrêmement douteuse : elle n'est pas reconnue par la plupart des spécialistes états-uniens en matière constitutionnelle, ni admise par l'ensemble de la jurisprudence. Selon cette doctrine, la totalité du pouvoir exécutif revenant au président, le pouvoir du Congrès de le déposséder de la direction des fonctions, organismes et officiers de l'exécutif, est limité. Cette doctrine est pourtant contredite par la Constitution des États-Unis, laquelle accorde explicitement au Congrès le pouvoir exclusif d'« adopter *toutes les lois* qui sont nécessaires et adéquates pour mettre en œuvre (...) *tous* (...) *les pouvoirs* dévolus par la présente Constitution au gouvernement des États-Unis ou à *l'un quelconque de* [ses] *ministères*

26. Elizabeth Holtzman, *supra*, chapitre 2, note 14, p. 9.
27. Eric Lichtblau et Scott Shane, « Basis for Spying in US Is Doubted », *New York Times*, 7 janvier 2006.

ou fonctionnaires », et contraint le président à « veiller à ce que les *lois* soient respectées rigoureusement[28] » (nous soulignons).

Le seul fait de prendre en considération ce second argument de l'administration et l'interprétation extrême qu'il fait de la théorie de l'exécutif unitaire est dangereux. En conférant à l'autorité exécutive du gouvernement un pouvoir supérieur à ceux des autorités législative et judiciaire, alors qu'elles sont censées être égales entre elles et se freiner l'une l'autre, il place le président au-dessus de la loi et modifie fondamentalement la structure du gouvernement démocratique des États-Unis. Nombre de personnes ont commencé à réaliser que si le président pouvait intercepter les appels internationaux au motif de la sécurité nationale, pourquoi n'intercepterait-il pas les appels intérieurs ? S'il pouvait passer outre au FISA, pourquoi ne le ferait-il pas avec les autres lois ? Pourquoi, alors, se donnerait-il le mal d'adopter le Patriot Act ? Pourquoi prendrait-il la peine de chipoter sur quelque loi que ce soit, sur quelque limite au pouvoir du gouvernement que ce soit, puisque le président s'octroie de toute façon des pouvoirs de nature dictatoriale ?

Ces personnes ont rapidement reçu une réponse à leurs interrogations. Le 7 avril 2006, le secrétaire à la Justice Alberto Gonzales a laissé entendre que le président *pouvait* ordonner à la NSA d'espionner, sans mandat, les appels et les courriels intérieurs au pays, c'est-à-dire émis et reçus aux États-Unis[29]. Le 11 mai 2006, *USA Today* a révélé que la NSA espionnait *bel et bien* les appels téléphoniques intérieurs et, qui plus est, qu'*elle enregistrait les appels dans une base de données géante*. « C'est la plus grande base de données jamais constituée dans le monde », selon une source anonyme citée par le journal. L'objectif de l'organisme, ajoute cette même source, « consiste à créer une base de données sur tous les appels jamais effectués » à l'intérieur des frontières du pays[30]. On a également révélé que l'administration avait obtenu la coopération pour cela de trois des quatre entreprises de télécommunications du

---

28. Voir Wikipedia, « Unitary Executive Theory », http://en.wikipedia.org/wiki/Unitary_Executive_Theory.
29. Dan Egge, « Warrantless Wiretaps Possible in the US », *Washington Post*, 7 avril 2006.
30. Lesley Cauley, *supra*, chapitre 2, note 84.

pays – AT&T, Verizon et BellSouth – et qu'elle payait ces dernières pour avoir accès à leurs fichiers d'appels[31].

Toujours selon *USA Today*, la National Security Agency ne recueillait que les données « externes » sur les appels téléphoniques effectués aux États-Unis – c'est-à-dire celles portant sur le trafic et non celles portant sur le contenu, l'identité ou l'adresse des abonnés. Elle analysait la configuration des appels afin de dépister des activités terroristes[32]. Mais, environ une semaine après la parution de cet article, Seymour Hersh, journaliste enquêteur chevronné, a déniché des informations qui donnaient à penser qu'en fait la NSA examinait le contenu des communications.

> Un consultant en matière de sécurité travaillant pour une grande entreprise de télécommunications m'a dit que son client avait installé un circuit à haute vitesse très secret entre son ordinateur principal et Quantico, en Virginie, site d'un centre informatique de renseignements du gouvernement. Ce lien fournissait un accès direct au noyau du réseau de l'entreprise – à la composante critique du système où sont emmagasinées toutes ses données. « Ce que font les compagnies est pire que de fournir des données », affirmait ce consultant. « Elles fournissent l'accès intégral aux données[33]. »

« Il ne s'agit pas de mettre des factures téléphoniques mensuelles en ordre alphabétique dans une boîte en carton », déclarait un ancien responsable des renseignements cité par Hersh. Après le 11 septembre 2001, l'objectif consistait à trouver les terroristes présumés et à les capturer ou à les tuer. « La NSA obtient des renseignements donnant motif de poursuite en temps réel », ajoutait ce responsable[34].

L'analyse de la configuration du trafic a inévitablement débouché sur l'examen du contenu.

> La NSA a également programmé des ordinateurs pour qu'ils relèvent les connexions entre des numéros de téléphone aux États-Unis et des numéros suspects à l'étranger, en se concentrant

---

31. *Ibid.*
32. *Ibid.*
33. Seymour Hersh, « Listening In », *New Yorker*, 29 mai 2006 (publié sur Internet le 22 mai 2006).
34. *Ibid.*

parfois sur une région géographique donnée, plutôt que sur une personne particulière – par exemple une région du Pakistan. De tels appels déclenchaient souvent un processus appelé « chaînage » (*chaining*), dans lequel les appels ultérieurs vers le numéro états-unien ou à partir de celui-ci étaient surveillés et mis en rapport entre eux. Voici comment cela fonctionnait, m'a expliqué un responsable des renseignements haut placé de l'administration Bush : l'organisme « remontait, du premier numéro, à deux ou trois degrés de séparation, voire plus, et vérifiait si l'un de ces numéros revenait » – c'est-à-dire si quelqu'un, au bas de la chaîne par exemple, appelait également le numéro suspect originel. À mesure que s'allongeait la chaîne, de plus en plus d'États-Uniens étaient inévitablement impliqués[35].

Un responsable des renseignements de l'administration Bush a aussi dit à Hersh qu'à ce stade, il n'est pas nécessaire d'obtenir un mandat, car « aucun code d'identification personnel n'est en cause, outre les métadonnées liées à un appel quelconque[36] ». Que cet avis soit justifié ou non sur le plan juridique, les conséquences du « chaînage » nécessitent en revanche certainement l'émission d'un mandat.

« Quand vous tombez sur quelque chose, vous devez déterminer ce qu'il faut en faire », a ajouté ce responsable. Pour agir dans la légalité, il faut trouver l'identité d'un suspect et s'adresser au tribunal du FISA afin d'obtenir un mandat permettant d'écouter le contenu de ses communications. Mais la qualité, l'ambiguïté et tout simplement le volume des informations obtenues constituent un obstacle considérable. « Il y a trop d'appels et pas assez de juges dans le monde », a confié à Hersh un ancien haut fonctionnaire du milieu des renseignements[37].

De plus, l'organisme aurait été obligé de révéler jusqu'où il est allé et combien d'États-Uniens étaient impliqués. Il y avait, en outre, le risque que le tribunal ne supprime le programme… Au lieu de cela, la NSA a, dans certains cas, commencé à tendre l'oreille pour écouter des appelants (souvent à l'aide d'ordinateurs pour chercher des mots clés) ou pour enquêter sur eux au moyen des procédés policiers habituels. « Autrefois, vous aviez besoin d'un

---

35. *Ibid.*
36. *Ibid.*
37. *Ibid.*

motif probable pour écouter », d'affirmer le consultant, « mais vous ne pouviez pas écouter pour créer un motif probable. Ce qu'ils font viole l'esprit de la loi[38]. »

---

38. *Ibid.*

Chapitre 3

Le nouveau mantra :
la prévention du risque

Le mal est tout ce qui distrait.
Franz Kafka

L'iceberg, dont le programme secret d'écoute de Bush et la mésa-venture de Maher Arar ne sont que la pointe, est la nouvelle manière dont les gouvernements usent de la surveillance depuis le 11 septembre 2001. Pour comprendre la portée et la genèse de cette surveillance d'un genre nouveau, il est utile de commencer par un examen du contexte dans lequel elle a émergé.

Depuis le 11 septembre 2001, le mantra de l'administration Bush consiste à « devancer » ou à « désorganiser » les complots terroristes avant leur mise en œuvre en asséchant les sources du financement du terrorisme et en drainant les marécages des États « avortons » ou « voyous » qui donnent asile aux terroristes. L'administration répondait en partie à l'extrême sentiment d'insécurité des États-Uniens à la suite du 11 septembre 2001. Bien que les statistiques démontrent que le nombre de personnes tuées chaque année dans des accidents de voiture aux États-Unis est plusieurs fois supérieur à celui des personnes tuées chaque année par le terrorisme, la population se sentait vulnérable[1]. Or, ce nouveau mantra servait d'autres fins que celle, simplement, de rassurer le public.

D'abord, il a engendré un profond changement de politique en ce qui a trait au maintien de l'ordre et au renseignement de sécurité. Le gouvernement des États-Unis ne concentrait plus ses efforts sur l'application régulière de la loi et l'habituelle collecte de renseignements relativement à des risques spécifiques – où l'on suit et exploite des pistes précises vers des suspects précis. Au lieu de cela, il a commencé à mettre l'accent sur la *prévention du risque*, ce qui a permis à l'administration de mettre en pratique toute une liste de *desiderata* qui étaient ceux des organismes du maintien de l'ordre et des services de renseignements depuis de nombreuses années. On assistait, en quelque sorte, au « dopage » du maintien de l'ordre préventif et des activités des services secrets. Les Canadiens en ont eu un aperçu à travers le témoignage du surintendant de la GRC Mike Cabana, lorsque, s'agissant du risque d'attaques futures, il a déclaré devant la commission d'enquête Arar avoir pour mandat la prévention avec une tolérance zéro. Les États-Uniens, eux, en ont eu une bonne dose lorsqu'ils ont entendu les révélations et justifications relatives au programme secret d'espionnage du président Bush.

Le mantra de la prévention et l'atmosphère de crise que l'administration Bush a exacerbée jusqu'au délire pour le justifier ont, en outre, servi à maintenir cette même administration au gouvernement et contribué à concentrer encore un peu plus le pouvoir entre les mains de l'exécutif. Ce mantra s'est également avéré très utile sous plusieurs aspects : il lui a servi à prendre le dessus sur ses adversaires, à manipuler le grand public et à faire pression sur les personnes et organisations dissidentes. Et, par-dessus tout, ce mantra servait les objectifs des néoconservateurs de l'administration Bush en matière de politique étrangère.

---

1. De 1996 à 1999, le nombre de décès dans le monde causés par des actes terroristes commis par des acteurs non étatiques ne s'élève qu'à 11 000. Pendant cette même période, le nombre de décès causés par des accidents de voiture uniquement aux États-Unis est de 160 000. Jonathon Barker, *The No Nonsense Guide to Terrorism*, Oxford, New Internationalist, 2003, p. 39. Les chiffres postérieurs au 11 septembre ne modifient guère la situation.

Après l'effondrement, entre 1989 et 1991, du régime communiste en Union soviétique, et la fin de la guerre froide, un mythe populaire a pris racine aux États-Unis : cet effondrement aurait été provoqué par les dépenses militaires considérables de l'administration Reagan (1981-1989) et par l'« irrésistible attrait des valeurs politiques américaines[2] ». Partant de cette conviction, certains sont allés jusqu'à prétendre que « les États-Unis devraient et pourraient utiliser ces mêmes atouts pour refaire le monde entier à leur image – transformation qui, aux yeux de la plupart des États-Uniens, rendrait service à tous les autres et rendrait le monde plus sûr pour les États-Uniens[3] ».

Au printemps 1992, deux anciens membres de l'administration Reagan, Paul Wolfowitz et I. Lewis Libby, ont fait circuler au sein de l'administration de George Bush (senior, au pouvoir entre 1989 et 1993) des « directives de planification de la défense » (*Defense Planning Guidance*) qui proposaient, pour le xxie siècle, une stratégie en vertu de laquelle l'incontestable puissance militaire états-unienne « établirait et protégerait un nouvel ordre ». Dick Cheney, autre ancien responsable sous Reagan, était à l'époque secrétaire à la Défense. Ces « directives » préconisaient de « dissuader les rivaux potentiels », comme le Japon et l'Allemagne, « de ne serait-ce qu'aspirer à un rôle plus important, que ce soit au niveau régional ou global ». Elles prédisaient que les interventions militaires états-uniennes seraient une « caractéristique constante » de l'avenir et préconisaient que les États-Unis soient disposés à faire usage de la force à titre préventif contre les États qui développeraient des capacités de destruction massive. Elles recommandaient aussi que les États-Unis soient disposés, au besoin, à agir seuls. On a ici affaire à une stratégie radicale et unilatérale, qui contourne le droit international et s'affranchit de l'exercice de la « puissance douce » et de toute dépendance à l'égard des institutions multilatérales. En même

---

2. Gwynne Dyer, *supra*, Prologue, note 9, p. 119.
3. Gwynne Dyer, *supra*, Prologue, note 9, p. 119-120. Voir également l'article influent de Francis Fukuyama, « The End of History ? », sur la victoire dialectique de la démocratie libérale de style états-unien aux dépens de toutes les autres formes de gouvernement, publié d'abord dans le numéro d'été 1989 de *The National Interests*. Voir en outre Samuel P. Huntington, « The Clash of Civilizations », publié d'abord dans *Foreign Affairs*, vol. 72, n° 3, 1993.

temps, cette stratégie fait fi des limites, pourtant réelles, de la puissance militaire états-unienne, s'agissant notamment de la tolérance de la population à l'égard de bilans très lourds de pertes au sein de l'armée états-unienne. Cette stratégie a été rejetée par des républicains chevronnés, tels que le secrétaire d'État James Baker et le conseiller à la sécurité nationale Brent Scowcroft, qui penchaient pour une modification du document Wolfowitz-Libby[4].

Après la victoire de Bill Clinton à l'élection nationale de 1992 et son entrée en fonction en 1993, Dick Cheney, Paul Wolfowitz, Lewis Libby et les autres qui croyaient que les États-Unis devaient saisir l'occasion de ce moment « unipolaire » pour assurer leur prédominance dans l'avenir proche, ont entamé une traversée du désert politique. Ils ont profité de ces années à l'écart du pouvoir pour organiser « une campagne idéologique bien coordonnée » afin de « radicaliser considérablement la politique de défense et la politique étrangère dans les échelons supérieurs du Parti républicain[5] ». Connus sous l'épithète de « néoconservateurs », le préfixe « néo » faisant référence au fait que beaucoup d'entre eux avaient commencé leur carrière politique comme démocrate, ils se sont rassemblés en 1997 pour signer une déclaration de principes[6]. Ils ont intitulé leur ordre du jour le « Projet pour le nouveau siècle états-unien » (Project for the New American Century (PNAC)). Cette déclaration de principes se termine par l'exhortation suivante : « Une politique reaganienne dont les priorités sont la force militaire et la clarté morale n'est peut-être pas à la mode aujourd'hui. Mais elle est nécessaire pour que les États-Unis puissent consolider les succès du siècle dernier et assurer notre grandeur pendant le siècle suivant. »

Le PNAC préconise des frappes militaires de prévention contre des « États voyous » comme l'Iran, la Syrie, la Libye et la Corée du Nord, et insiste particulièrement sur l'élimination de Saddam

---

4. Gwynne Dyer, *supra*, Prologue, note 9, p. 122-123.
5. Gwynne Dyer, *supra*, Prologue, note 9, p. 124.
6. Les signataires sont Elliott Abrams, Gary Bauer, William J. Bennett, Jeb Bush, Dick Cheney, Elliot A. Cohen, Midge Decter Forbes, Paula Dobriansky, Steve Forbes, Aaron Friedberg, Francis Fukuyama, Frank Gaffney, Fred C. Ikle, Donald Kagan, Zalmay Khalilzad, I. Lewis Libby, Norman Podhoretz, Dan Quayle, Peter W. Rodman, Stephen P. Rosen, Henry S. Rowan, Donald Rumsfeld, Vin Weber, George Weigel et Paul Wolfowitz.

Hussein en Irak. Comme l'a fait remarquer Gwynne Dyer, tous ces États « étaient à l'époque sous la houlette des mêmes dirigeants depuis 10 à 40 ans : or leurs régimes avaient tous été beaucoup plus hostiles envers les États-Unis pendant leurs premières années qu'ils ne l'étaient au début des années 1990. Voici que subitement, faute de mieux, ils ont été promus au premier rang des menaces planétaires[7]. » Plusieurs des membres du PNAC, dont Paul Wolfowitz (qui est devenu ultérieurement secrétaire adjoint à la Défense de George W. Bush), Richard Perle (qui était président du Defense Policy Board jusqu'en 2003), Douglas Feith (haut responsable au Pentagone sous George W. Bush) et Elliott Abrams (principal conseiller de George W. Bush sur le Moyen-Orient) avaient depuis longtemps des liens avec l'intransigeant parti Likoud en Israël[8]. En 1996, Perle et Feith ont rédigé pour Benjamin Netanyahou, premier ministre récemment élu du Likoud, une analyse intitulée *A Clean Break* (« Une rupture nette ») dans laquelle ils le pressaient d'attaquer militairement et de renverser le régime de Saddam Hussein dans le cadre d'une stratégie de « paix par la force » qui permettrait à Israël de se libérer des contraintes des accords d'Oslo[9]. Comme d'autres, ils avaient grincé des dents en 1991 lorsque Bush père s'était abstenu de « supprimer Saddam ». Dans une lettre envoyée en 1998 au président Clinton, les ténors du PNAC ont pressé celui-ci d'écarter Saddam Hussein du pouvoir, car son régime menaçait « la sécurité des troupes états-uniennes dans la région et celle de nos amis et alliés comme Israël et les États arabes modérés, ainsi qu'une proportion importante des réserves mondiales de pétrole ». Parmi les signataires de cette lettre figuraient entre autres Donald Rumsfeld, Paul Wolfowitz, Richard Perle, William Kristol, Richard Armitage et John Bolton, qui sont ultérieurement devenus des membres de l'administration de George W. Bush.

On était certes obsédé par l'élimination de Saddam Hussein, mais l'objectif essentiel des néoconservateurs au Moyen-Orient consistait à redessiner le paysage politique de la région de manière à ce qu'il

---

7. Gwynne Dyer, *supra*, Prologue, note 9, p. 120.
8. Gwynne Dyer, *supra*, Prologue, note 9, p. 125.
9. Joshua Micah Marshall, « Practice to Deceive : Chaos in the Middle East is Not the Bush Hawk's Nightmare Scenario – It's Their Plan », *Washington Monthly*, avril 2003 ; Gwynne Dyer, *supra*, Prologue, note 9, p. 125.

soit plus propice aux intérêts états-uniens et israéliens. Dans l'optique du PNAC, cela supposait que l'on établisse une présence militaire dans la région du Golfe et que l'on réforme ou remplace au moyen de la force militaire ce que les néoconservateurs considéraient comme des régimes arabes corrompus et despotiques générant du fanatisme et qui, selon qu'ils étaient ou non des « clients » des États-Unis, encourageaient secrètement ou ouvertement l'antisémitisme et toléraient les ecclésiastiques qui prêchent le djihad contre l'Occident[10]. L'Irak était le point de départ évident : il était « déjà dans un rapport problématique avec les Nations unies, était tenu en médiocre estime à l'échelle internationale et était exécré, même, par certaines nations arabes[11] ». Dans un rapport du PNAC de septembre 2000 intitulé *Rebuilding America's Defenses: Strategy, Forces and Resources for a New Century* (« Reconstruire les défenses de l'Amérique : stratégie, forces et ressources pour un siècle nouveau »), il est carrément affirmé : « Depuis des décennies, les États-Unis ont tenté de jouer un rôle plus permanent dans la sécurité régionale du Golfe. Bien que le conflit irrésolu avec l'Irak en fournisse la justification immédiate, la nécessité de la présence d'une importante force états-unienne dans le Golfe dépasse la question du régime de Saddam Hussein. » L'objectif affiché du PNAC était la démocratisation du Moyen-Orient mais, comme le démontrent les événements en Afghanistan et en Irak et, par la suite, l'élection en Palestine du Hamas, les néoconservateurs n'étaient pas disposés à accepter *n'importe quel type de gouvernement élu démocratiquement* : ils voulaient conserver une maîtrise suffisante sur les États en question pour s'assurer de la mise en place de gouvernements pro-occidentaux.

Dans ce rapport (*Rebuilding America's Defenses*), on préconise l'instauration d'une *pax americana* en vertu de laquelle les États-Unis seraient la puissance militaire hégémonique et apporteraient la démocratie au reste du monde. C'était une espèce de vision wilsonienne outrée, avec un cachet militaire[12]. Dans l'introduction du rapport, les auteurs affirment : « Actuellement, aucun rival, à l'échelle mondiale, ne fait face aux États-Unis. La grande stratégie

---

10. Joshua Micah Marshall, *supra*, chapitre 3, note 9.
11. Bruce Murphy, « Neoconservative Clout Seen in US Iraq Policy », *Milwaukee Journal Sentinel*, 5 avril 2003.
12. *Ibid.* Bruce Murphy cite John C. Hulsman, membre de la Heritage Foundation.

de l'Amérique doit viser à conserver et à étendre cette position avantageuse aussi loin dans l'avenir que possible.»

La manière d'y parvenir, selon ce rapport, consiste à établir une supériorité nucléaire incontestable en développant une nouvelle famille d'armes nucléaires plus compactes et d'emploi plus pratique; à transformer l'aviation en «force de première frappe globale»; à révolutionner l'armée et à déployer un système de défense antimissile global («guerre des étoiles») qui conférerait aux États-Unis une capacité de première frappe nucléaire et assurerait «une projection de la puissance états-unienne dans le monde». Le rapport propose également que les troupes états-uniennes accomplissent des tâches «de gendarme» dans le monde, ce qui «suppose une direction politique états-unienne plutôt qu'onusienne». Afin d'atteindre ces objectifs et d'assurer une «expression visible de l'étendue du statut de l'Amérique comme superpuissance», on préconise un élargissement considérable de la présence militaire des États-Unis dans le monde, au-delà des 130 pays dans lesquels des troupes états-uniennes étaient alors déjà déployées. Le rapport propose l'établissement, là où elles étaient absentes, de bases militaires permanentes au Moyen-Orient, dans le sud-est de l'Europe, en Amérique latine et dans le Sud-Est asiatique. Mais le rapport n'était guère optimiste quant aux possibilités de mise en œuvre de ce plan ambitieux et radical: «Faute d'un événement catastrophique et catalyseur – comme un nouveau Pearl Harbor –, ce processus de transformation sera vraisemblablement long, même s'il entraîne des changements révolutionnaires.»

Le 11 septembre 2001 représente cet événement catalyseur. Un peu moins d'un an après le début de la guerre contre le terrorisme, alors que le public s'était largement habitué à l'idée que les actions préventives constituaient une stratégie essentielle pour la sécurité, et alors que la plupart des opposants politiques avaient été réquisitionnés ou intimidés pour obtenir leur coopération avec les plans antiterroristes agressifs de l'administration Bush, c'était pour cette dernière chose relativement facile que de reprendre le mantra antiterroriste de la prévention et, comme le magicien sort un lapin de son chapeau, de le transformer en une doctrine nouvelle permettant de recourir à la force: la doctrine de la guerre préventive prônée depuis une décennie par les néoconservateurs.

Pendant les premiers mois du premier terme de George W. Bush (2001-2005), les points de vue multilatéraux moins agressifs défendus par des républicains comme le secrétaire d'État Colin Powell ont eu le vent en poupe. Toutefois, l'après-midi des attaques du 11 septembre 2001, alors que «la fumée s'élevait encore de la façade ouest du Pentagone», le secrétaire à la Défense Donald Rumsfeld a dit à son personnel «d'aller chercher les documents justifiant une attaque contre l'Irak ("les meilleures informations rapidement... procédez massivement; ramassez tout, que ce soit pertinent ou non")[13]». Quelques jours plus tard, Paul Wolfowitz annonçait que l'objectif du gouvernement ne consistait pas seulement à capturer les terroristes associés à Oussama ben Laden, mais à mener une «guerre globale et à liquider les États qui commanditent le terrorisme[14]». En janvier 2002, George W. Bush a annoncé qu'il embrassait pleinement la doctrine néoconservatrice à l'occasion de son discours sur l'état de l'Union, dans lequel il a qualifié l'Irak, l'Iran, la Corée du Nord et «leurs alliés terroristes (...) d'axe du mal», et dans lequel il a également déclaré qu'il recourrait à la force de manière préventive contre eux: «(...) le temps ne joue pas en notre faveur. Je n'attendrai pas que les événements arrivent pendant que les dangers s'accumulent. Je ne resterai pas là sans intervenir alors que le péril se rapproche de plus en plus[15].»

En juin 2002, dans une allocution prononcée à l'occasion de la collation des grades à l'académie militaire des États-Unis à West Point, Bush a explicité ouvertement sa doctrine d'action préventive: «Notre sécurité exige que tous les Américains soient clairvoyants et résolus, qu'ils soient prêts à des actions préventives lorsque cela sera nécessaire pour défendre notre liberté et pour défendre nos vies.» Il a en outre appelé à l'hégémonie des États-Unis dans le monde. «L'Amérique possède et a l'intention de conserver des capacités militaires qu'on ne saurait contester.» Ces deux objectifs stratégiques font écho aux recommandations faites par Paul Wolfowitz et Lewis Libby dans leur texte controversé de 1992 sur les directives de planification de la défense[16].

---

13. Lewis Lapham, *supra*, chapitre 2, note 15, p. 29.
14. Bruce Murphy, *supra*, chapitre 3, note 11.
15. PBS Frontline, «Chronology: The Evolution of the Bush Doctrine», citant *The National Security Strategy of the United States of America*, septembre 2002 (www.whitehouse.gov/nsc/nss.html), www.pbs.org/wgbh/pages/frontline/shows/iraq/etc/cron.html.
16. *Ibid.*

En septembre 2002, l'administration Bush a dévoilé sa stratégie de sécurité nationale. C'était la première fois que les divers éléments de ce qui devait s'appeler la doctrine Bush étaient formellement articulés dans un document unique. On y lit notamment: « L'Amérique agira contre (...) les menaces émergentes avant qu'elles n'aient entièrement pris forme (...). Nous n'hésiterons pas, si nécessaire, à agir seuls (...). Plus la menace sera grande, plus grand sera le risque de l'inaction – et plus impérieuse sera la nécessité d'entreprendre des actions préventives pour nous défendre, même si le moment et le lieu de l'attaque de l'ennemi restent incertains[17]. »

Le 20 mars 2003, les États-Unis ont attaqué l'Irak.

Pour les néoconservateurs et leur allié britannique, le premier ministre Tony Blair, la question de savoir si Saddam Hussein possédait ou non des armes de destruction massive était moins importante que celle de savoir s'il avait l'intention d'en obtenir. Or les services de renseignements laissaient entendre que la possibilité qu'il s'en procure était, tout au plus, très éloignée. Mais « une fois que les matériaux nucléaires sont là, vous êtes foutu », de déclarer en 2003 le directeur administratif du Project for the New American Century. « Le moment où l'on peut vraiment prévenir, c'est au début[18]. » Au cours d'un discours prononcé après l'invasion pour justifier la participation de son pays à l'agression, Tony Blair s'est fait l'écho de ce point de vue, en affirmant que les nouvelles menaces que présentent le terrorisme et les États voyous « nous [contraignent] à agir même lorsque tant de confort ne semble pas être compromis et que la menace paraît très éloignée, sinon illusoire[19] ». Bien que la Maison Blanche et Downing Street eussent invoqué des raisonnements alambiqués pour faire valoir que l'invasion de l'Irak était licite selon le droit international, le conseiller du Pentagone et néoconservateur Richard Perle a avoué en toute franchise à un auditoire londonien que l'invasion était illicite: « J'estime que, dans le cas présent, le droit international constituait un obstacle à contourner pour faire ce qu'il fallait faire[20]. »

Cette doctrine nouvelle de la guerre préventive est en profonde contradiction avec les contraintes normatives actuelles relatives à

---

17. *Ibid.*
18. Bruce Murphy, *supra*, chapitre 3, note 11.
19. BBC News, « Blair Terror Speech in Full », www.bbc.co.uk.
20. Oliver Burkeman et Julian Borger, « War Critics Astonished as US Hawk Admits Invasion Was Illegal », *Guardian*, 20 novembre 2003.

l'utilisation de la force militaire, contraintes qui avaient été intro-
duites dans la Charte de l'ONU après les horreurs de la Seconde
Guerre mondiale. Ces contraintes interdisent les guerres d'agression
et ne permettent aux États de recourir à la force qu'en cas de légitime
défense ou avec l'autorisation du Conseil de sécurité[21]. Selon le droit
coutumier, l'utilisation de la force par anticipation d'une attaque
dans les cas de légitime défense n'est permise que dans des circonstances très particulières, lorsque la menace d'une attaque armée est
« immédiate, écrasante et n'offre ni alternative, ni possibilité de
délibération[22] ». Les États-Unis, tout comme d'autres pays, ont
souvent eu recours à la force dans des circonstances qui ne relevaient
pas de la légitime défense ou qui ne satisfaisaient pas aux exigences
requises pour l'emploi de la force par anticipation. Toutefois, ils ont
toujours tenté de dissimuler ces agressions sous les habits du droit
et, jusque-là, n'avaient jamais mis de l'avant une doctrine si *crue*
pour excuser leurs guerres d'agression[23].

---

21. Charte de l'ONU, art. 24 et 39; voir également le Statut de Rome de
    la Cour pénale internationale, Doc. ONU A/CONF.183/9 (1998), art.
    5(1)d.
22. Cette formulation, qui a été communiquée par les États-Uniens aux
    Britanniques relativement aux Carolines (affaire datant du XIXe siècle),
    est souvent citée comme faisant autorité. Voir John B. Moore, *Digest
    of International Law*, vol. 2, 1906, p. 412, où sont citées les remarques
    de Daniel Webster, secrétaire d'État des États-Unis, dans une note diplo-
    matique adressée aux Britanniques au sujet de l'affaire des Carolines.
    Le respecté juriste international Oscar Schachter pensait que cette
    formulation relative aux Carolines, en fait, ne reflétait pas fidèlement
    la pratique étatique. Selon lui, toutefois, « on peut affirmer à coup sûr
    qu'elle traduit un désir répandu de restreindre le droit de légitime défense
    en l'absence effective d'attaque ». Schachter était d'avis qu'une meilleure
    formulation consisterait à dire que le droit coutumier international
    reconnaît qu'« il peut fort bien y avoir des situations où l'imminence
    d'une attaque est si manifeste et le danger si considérable qu'une action
    défensive est essentielle pour la conservation de soi. » Oscar Schachter,
    « International Law : The Right of States to Use Armed Force », *Michigan
    Law Review*, vol. 82, 1984, p. 1634-1635.
23. Dans le cas nicaraguayen porté devant la Cour internationale de justice,
    les États-Unis ont soutenu (en vain) qu'ils avaient le droit de définir
    les circonstances dans lesquelles la légitime défense était nécessaire. Au
    Kosovo, à l'instar d'autres États membres de l'OTAN, ils ont eu recours
    à une nouvelle justification juridique appelée intervention humanitaire.

Bien que tout à fait illicite, la doctrine de la guerre préventive est ce dont les néoconservateurs avaient besoin pour faire de l'Irak un exemple pour le reste du Moyen-Orient, voire pour le monde entier. « Le sous-secrétaire d'État John Bolton aurait dit à des responsables israéliens qu'après avoir vaincu l'Irak, les États-Unis "s'occuperaient" de l'Iran, de la Syrie et de la Corée du Nord[24].» À ces États, de proposer Richard Perle, « nous pourrions envoyer (…) un message en quelques mots : "C'est votre tour"[25]. » Donald Kagan, membre originel du PNAC et professeur à Yale, a comparé le nouveau rôle des États-Unis dans le monde à celui de Gary Cooper dans *High Noon*. « Les gens sont très inquiets de la réaction que l'on trouvera dans la rue arabe. Eh bien, je constate que, depuis que nous avons commencé à faire sauter les choses, la rue arabe est devenue très, très tranquille[26]. » C'était en automne 2002 – avant l'insurrection irakienne.

Le 16 mars 2006, l'administration Bush a réaffirmé son engagement à l'égard de la doctrine des frappes préventives, la qualifiant d'« avisée » et menaçant cette fois l'Iran[27]. Dans le document intitulé « National Security Strategy » (« NSS ») de 2006, qui a été rendu public le même 16 mars, l'administration Bush a tenté d'arrondir les angles de sa doctrine en prétendant qu'elle relevait de « principes de légitime défense de longue date » et en affirmant que la diplomatie était « de loin l'option préférée » de l'administration pour affronter la menace des armes de destruction massive. Mais la doctrine des frappes préventives restait une composante essentielle de la politique étrangère de l'administration.

Le détournement de la politique étrangère des États-Unis n'était pas une conspiration. Les néoconservateurs avaient formulé leur politique dans un contexte passé, mais ils n'avaient jamais osé l'exposer honnêtement à l'électorat états-unien, ni avant, ni après leur accession au pouvoir. Ce n'était pas une conspiration ici, mais l'« heureuse » convergence d'événements et d'un opportunisme adroitement mené. Et tout cela a donné libre cours à un délire d'ego et d'orgueil.

---

24. Joshua Micah Marshall, *supra*, chapitre 3, note 9.
25. Bruce Murphy, *supra*, chapitre 3, note 11.
26. Jay Bookman, « The President's Real Goal in Iraq », *Atlanta Journal-Constitution*, 29 septembre 2002.
27. Discours de Stephen J. Hadley à l'Institute of Peace, 17 mars 2006.

CHAPITRE 4

Prévention et surveillance de masse mondialisée

Plus les affaires de l'État sont opaques, plus les affaires de l'individu doivent être transparentes...

MILAN KUNDERA

LA LOGIQUE DE LA PRÉVENTION, qu'elle s'applique à la politique étrangère, au renseignement de sécurité, au maintien de l'ordre ou à l'exercice du pouvoir exécutif, est extrêmement dangereuse parce qu'elle justifie *presque n'importe quoi*.

Dans les domaines du maintien de l'ordre et du renseignement de sécurité, cette logique a engendré le draconien USA Patriot Act[1], ainsi que maintes autres lois sorties du même moule dans d'autres pays. Elle est à l'origine de la résolution 1373 du Conseil de sécurité,

---

1. Pour une excellente analyse du USA Patriot Act, voir le rapport de Nancy Chang en acces libre sur le site Internet du Center for Constitutional Right à l'adresse www.ccr-ny.org/v2/reports/docs/USA-PATRIOT-ACT. pdf, ou son remarquable ouvrage *Silencing Political Dissent: How Post-September 11 Anti-Terrorism Measures Threaten Our Civil Liberties*, New York, Seven Stories Press, 2002.

laquelle appuie, dans ses grandes lignes, le modèle antiterroriste des États-Unis – notamment par des sanctions du Conseil. Elle a été utilisée pour justifier la transformation de l'aide en assistance en matière de sécurité, ce qui a permis la mise sur pied et le renforcement de régimes répressifs. En d'autres termes, elle a rendu possible un détournement de l'aide au développement pour soutenir les appareils sécuritaires. Elle a entraîné une augmentation scandaleuse du recours aux détentions arbitraires, aux transferts extraordinaires et aux exécutions sommaires par les États-Unis et d'autres démocraties occidentales. Enfin, elle a servi à justifier l'idée que la surveillance doit être omniprésente et que tout le monde doit être observé en permanence.

Menés et parfois poussés par les États-Unis, des gouvernements ont repris à leur compte la justification de la prévention et se sont mis discrètement à élaborer quelque chose de quantitativement et qualitativement nouveau dans l'univers du renseignement et du maintien de l'ordre. On compte parmi ces gouvernements des pays membres du G-8 et des pays européens, mais également des pays d'Asie et d'ailleurs (le G-8 comprend l'Allemagne, le Canada, les États-Unis, la France, l'Italie, le Japon, le Royaume-Uni et la Russie). Tous se sont mis, ainsi, à développer une infrastructure visant à faciliter l'enregistrement et la surveillance de masse des populations.

Cette infrastructure comporte des initiatives diverses, certaines de portée nationale et d'autres de portée mondiale. Dans de nombreux cas, les systèmes mondiaux alimentent les systèmes nationaux et inversement. Bien que les médias aient fait état de certaines de ces initiatives, il est difficile de se rendre compte de leur importance si on les considère de manière isolée, comme le font souvent les journalistes. Lorsqu'on les considère globalement en revanche, on constate qu'elles ont pour objectif de veiller à ce que la quasi-totalité de la population humaine soit « enregistrée », que tous les déplacements soient suivis à l'échelle planétaire, que toutes les communications et transactions électroniques soient surveillées ou accessibles à l'État et que la totalité des informations sur les particuliers contenues dans les bases de données des secteurs public et privé soient emmagasinées, reliées, explorées et rendues accessibles aux agents de l'État.

Les gouvernements ne se contentent pas de recueillir des informations personnelles sur des particuliers et de comparer celles-ci à des informations sur des terroristes connus ou sur des personnes soupçonnées de terrorisme selon des « motifs probables » lorsque ces particuliers traversent une frontière, envoient un courriel ou réalisent une transaction. Les gouvernements utilisent ces informations pour évaluer et pour *supprimer préventivement* la menace que chacun d'entre nous est susceptible de représenter pour l'État. L'idée au centre de la chose, c'est que les gouvernements puissent « enregistrer » chacun d'entre nous au moyen d'identificateurs biométriques, de lier des informations à nos identificateurs distinctifs à partir d'un nombre maximal de sources, et d'utiliser les dossiers d'informations personnelles ainsi constitués pour quantifier *de manière continue* la menace que chacun d'entre nous représente pour l'État. En outre, au moyen de puces d'identification par radiofréquence (IRF), il sera peut-être bientôt possible de nous suivre où que nous allions et de nous identifier par balayage, quel que soit notre lieu de rassemblement.

Les gouvernements acquièrent et emmagasinent des informations, non seulement sur leurs propres citoyens, mais également sur chaque étranger qui traverse la frontière nationale, voire sur des étrangers qui ne le font pas. De plus, les gouvernements partagent entre eux des informations sur leur population nationale, souvent avec un droit de regard restreint voire nul sur la façon dont les autres pays utiliseront par la suite ces informations.

Dans un monde de prévention du risque, l'impératif de la surveillance exige, afin de réduire les risques au minimum, que *chacun* soit traité comme un suspect potentiel. Dans ce contexte, sont considérées comme des risques intolérables les protections liées au droit criminel et à l'application régulière de la loi qui ont été élaborées pendant des siècles dans les sociétés démocratiques – notamment la présomption d'innocence, l'*habeas corpus* et les droits contre la détention arbitraire et indéfinie, le secret professionnel, les procès publics, le droit de connaître les preuves contre soi et d'y répondre, le droit de se défendre contre les motifs abusifs de fouille et de saisie, et le droit au silence. Une surveillance judiciaire portant sur les agents du maintien de l'ordre et sur les responsables publics est également considérée comme un risque intolérable, ainsi que les droits accordés par la loi relativement au respect de la vie privée et à la protection des données. Les garanties constitutionnelles, les normes essentielles en matière de droits de la personne, voire la primauté du droit, sont désormais considérées comme étant compromettantes et comme un risque intolérable. Pour les gardiens du risque, ce qui compte, c'est d'éviter le risque du point de vue de l'État[2]. La culpabilité, l'innocence et même la véritable identité des particuliers sont des préoccupations secondaires. La fonction de tels gardiens consiste à distinguer « le risqué du sûr, à partir des meilleures informations fournies par l'ensemble des sources[3] ». Que les « meilleures informations » soient complètes ou même exactes, cela ne les préoccupe guère.

Dans la perspective qui est celle d'un modèle de prévention du risque, l'appétit des États pour les informations devient extensible à l'infini[4] dans la mesure où ils se tournent de plus en plus vers l'avenir et se préoccupent du pouvoir prédictif des informations recueillies[5].

Il y a bien entendu des antécédents historiques de systèmes de ce type – la chasse aux sorcières de l'ère McCarthy aux États-Unis, l'enregistrement des Juifs dans l'Allemagne nazie, les fichiers secrets de la Stasi dans l'Allemagne de l'Est communiste. Mais le système qu'on est présentement en train d'élaborer diffère de tous les précédents, et cela, pour deux raisons. La première, c'est que ses capacités techniques dépassent largement celles de tous les systèmes antérieurs. La seconde, c'est qu'en raison de sa portée mondiale, l'individu doit se préoccuper non seulement de ce que son propre État pourrait faire avec ses informations personnelles, mais encore de ce que pourraient faire tous les autres États.

Aujourd'hui, il est évident que les États-Unis ainsi que d'autres pays agissent de manière agressive sur la base d'informations qu'ils recueillent et partagent, capturant et détenant des personnes sans motifs raisonnables et, dans certains cas, les « transférant » à des pays tiers ou à des camps extraterritoriaux gérés par les États-Unis, où elles font face à la torture et à une détention indéfinie. Car l'épisode Arar n'est pas un incident isolé, mais l'aperçu d'un goulag mondial où croupissent un nombre inconnu de personnes[6]. Ce

---

2. Reg Whitaker, *The End of Privacy,* New York, The New Press, 1999, p. 25.
3. *Ibid.*
4. *Ibid.*, p. 45.
5. *Ibid.*
6. Estanislao Oziewicz, « Shroud Lifting on Global Gulag Set Up to Fight "War on Terror" », *Globe and Mail,* 13 mai 2004.

goulag fait écho au système global d'enregistrement et de surveillance de masse. Il est une composante du monde de la prévention du risque.

S'agissant de la mise en œuvre des projets permettant d'élaborer l'infrastructure d'une surveillance de masse mondialisée, les gouvernements considèrent souvent que les processus démocratiques normaux sont trop hasardeux pour qu'on les laisse intervenir. Plusieurs des initiatives entreprises par les gouvernements ont déjà été « lancées » par le passé, mais elles ont été rejetées par les tribunaux et les législatures parce qu'elles violaient les lois en vigueur, les valeurs démocratiques ou les obligations conventionnelles internationales. Depuis le 11 septembre 2001, certains gouvernements n'ont même pas tenté de rallier leurs adversaires politiques à leurs projets, afin de ne pas paraître « trop indulgents en matière de sécurité ». Ils sont plutôt parvenus à leurs fins en introduisant diverses mesures, progressivement et par la ruse. Souvent, des initiatives sont mises en œuvre par étapes ou en secret, ou sont « blanchies par la politique » au moyen d'accords administratifs, de groupes de travail mixtes internationaux, de réglementations ou de forums internationaux tels que l'Organisation de l'aviation civile internationale (OACI) ou le G-8. Dans de nombreux cas, l'autorité gouvernementale exécutive s'arroge injustement des pouvoirs aux dépens des prérogatives attribuées constitutionnellement aux autorités législative et judiciaire. Les dirigeants de l'exécutif contournent ainsi la nécessité de rendre compte de leurs actes devant les chambres démocratiques du gouvernement (législatures), évitant de la sorte le débat public et la responsabilité démocratique qu'entraîne ce processus. Enfin, lorsque les institutions démocratiques et les organisations de citoyens prennent connaissance des programmes secrets de leurs gouvernements et y mettent le holà, ces programmes sont souvent maquillés ou poursuivis en secret.

Lorsque l'existence du programme de la National Security Agency des États-Unis a été révélée par les médias, bon nombre des pratiques décrites plus haut sont apparues au grand jour. En effet, ce programme comportait la surveillance de masse d'une population, la coopération avec le secteur privé, le contournement des institutions démocratiques et des lois en vigueur et l'accaparement de nombreux pouvoirs par l'exécutif – autant de pratiques caractéristiques du nouveau régime de surveillance. Quant à l'épisode Arar, il met en lumière la portée mondiale de la surveillance, le suivi des déplacements, la coopération du secteur privé, les procédés d'évaluation des dossiers personnels selon le risque et les conséquences humaines d'une évaluation défavorable. Dans ces deux cas se manifestent la manie du secret, le manque de responsabilité démocratique et l'abandon des protections prévues par le droit criminel, de l'application régulière de la loi et de la primauté du droit lui-même.

Encore une fois, il ne s'agit pas d'une conspiration, mais d'une politique basée sur des considérations tactiques et sur l'opportunisme. Les gouvernements justifient leurs diverses initiatives en affirmant qu'il s'agit de solutions techniques à la menace du terrorisme, et peut-être croient-ils vraiment que ces initiatives contribuent à prévenir le terrorisme. Assurément, ils estiment devoir être perçus comme faisant quelque chose pour prévenir les attaques. Si certains gouvernements mettent en œuvre des initiatives uniquement pour apaiser les États-Unis, à des fins économiques, d'autres sont poussés par les intérêts des groupes dirigeants de l'industrie de la sécurité, intérêts liés aux bénéfices des entreprises.

Pour la plupart des gouvernements, le prétexte de la lutte contre le terrorisme leur a fourni, à l'instar de l'administration Bush, une licence nouvelle pour lancer des initiatives qu'ils n'avaient pas réussi à mettre en œuvre antérieurement ni osé entreprendre. Or ces initiatives concrétisent des objectifs qui vont bien au-delà de la protection contre le terrorisme, à savoir: suppression de la dissidence; mise en œuvre de politiques sévères relativement à l'immigration et aux réfugiés; accroissement des pouvoirs pour le maintien de l'ordre; maîtrise accrue de l'accès aux prestations de l'État; concentration du pouvoir dans l'autorité exécutive du gouvernement; réélection; obtention d'avantages politiques au détriment des adversaires; accroissement de la surveillance générale de la population nationale.

Jusqu'ici, les gouvernements ont réussi passablement bien soit à faire accepter par le public leurs projets de surveillance – qui n'ont été dévoilés qu'au compte-gouttes –, soit à éviter de lui en rendre compte. Au besoin, on a expliqué au public qu'il devait être disposé à sacrifier un peu d'intimité et de confort dans l'intérêt de la sécurité générale. Ceux qui n'ont rien à cacher, nous dit-on, n'ont rien à craindre. Ce sacrifice paraît mineur – pourquoi s'en soucier ? Et, de toute façon, que pouvons-nous y faire ? Or, ce qui est réellement en jeu dans ce nouvel ordre mondial, c'est beaucoup plus que la vie privée. En réalité, nous devrions en être très inquiets.

CHAPITRE 5

L'enregistrement biométrique des populations étrangères

Voici la logique de notre époque : peu importent les faits, concentrez-vous uniquement sur la possibilité.

BILL DURODIÉ, directeur, International Centre for Security Analysis, King's College

DANS L'ALLEMAGNE DES ANNÉES 1930, l'Holocauste a commencé simplement par l'enregistrement des personnes d'ascendance juive. On les a d'abord enregistrées, et ensuite l'État a commencé à les dépouiller progressivement de leurs droits civiques. Dans les pays qui ont été envahis par les Nazis, le taux de mortalité des Juifs était étroitement lié aux données de recensement disponibles. Ainsi, en Norvège, où il y avait un registre de la population, 50 % des Juifs ont été tués – comparativement à « seulement » 15 % au Danemark et 0,5 % en Finlande[1]. En outre, la technologie a considérablement accru l'efficacité de l'enregistrement des personnes ciblées. Un système de tri à cartes perforées, qui avait été développé et loué par

---

1. Thomas Mathiesen, *On Globalisation of Control: Towards an Integrated Surveillance System in Europe*, Londres, Statewatch, 1999, p. 3.

IBM aux Nazis, a permis à ces derniers d'enregistrer les caractéristiques de la population et, par la suite, de cibler des groupes au
sein de cette population[2]. Ces cartes perforées ont été utilisées, au
début, « pour mettre en vigueur l'interdiction imposée aux Juifs
d'occuper certains postes universitaires, professionnels ou gouvernementaux et, ultérieurement, pour les expulser en masse de leur
domicile et les rassembler dans les ghettos[3] ».

Point n'est besoin d'établir un parallèle étroit avec les circonstances actuelles pour étayer l'argument que l'enregistrement
des populations selon l'origine ethnique, la race, la religion, les
croyances politiques ou autres caractéristiques personnelles – certes
utilisé à des fins anodines dans certains pays – peut constituer un
procédé dangereux dont abusent facilement les détenteurs du
pouvoir. Et lorsqu'on a recours à des moyens technologiques pour
enregistrer et trier la population, les effets néfastes en sont amplifiés.
Pour démontrer qu'il en est ainsi, il suffit de rappeler quelques
exemples supplémentaires : l'internement des citoyens d'origine
japonaise en Amérique du Nord pendant la Seconde Guerre
mondiale, le génocide rwandais de 1994[4] et les lois sur la mobilité
en Afrique du Sud à l'époque de l'apartheid. L'enregistrement est
l'outil au moyen duquel les détenteurs du pouvoir peuvent facilement

2. Peter Reydt, « How IBM Helped the Nazis », recension critique de
l'ouvrage d'Edwin Black, *IBM and the Holocaust*, parue le 27 juin 2001
sur le World Socialist Web Site, www.wsws.org/articles/2001/jun2001/
ibm-j27.shtml.
3. *Ibid.*
4. « Après qu'ils eurent décidé de réserver les postes administratifs et l'enseignement supérieur aux Tutsis, les Belges ont dû s'atteler au défi de
l'identification exacte des Tutsis. Les caractéristiques physiques permettaient d'en identifier certains, mais pas tous. L'affiliation au groupe étant
en principe héréditaire, la généalogie fournissait le meilleur guide pour
établir le statut d'une personne. Mais retracer les généalogies était une
activité chronophage qui, de plus, était parfois inexacte, puisque les
individus pouvaient changer de statut selon leur destinée. Les Belges ont
alors estimé que le procédé le plus efficace consistait simplement à enregistrer tout le monde en consignant une fois pour toutes l'affiliation au
groupe par écrit. Tous les Rwandais qui naîtraient par la suite seraient
également enregistrés à la naissance comme Tutsi, Hutu ou Twa. Ce
système a été mis en œuvre dans les années 1930. » Human Rights
Watch, *Leave None to Tell the Story : Genocide in Rwanda*, rapport
publié le 1er avril 2004, www.hrw.org/reports/1999/rwanda/.

identifier et cibler des groupes spécifiques de personnes – non pas en vertu de ce qu'ils ont fait, mais en vertu de qui ils sont.

LA DÉTENTION ET L'ENREGISTREMENT DE MASSE DES IMMIGRANTS AU MOYEN DU NATIONAL SECURITY ENTRY-EXIT REGISTRATION SYSTEM (NSEERS)

Une des premières réactions du gouvernement des États-Unis au 11 septembre 2001 a été d'établir le profil ethnique des non-citoyens arabes et sud-asiatiques et de rassembler des centaines d'entre eux. Dans le cadre d'une campagne systématique, des officiers du FBI et de l'INS, parfois avec l'aide du département de police de la Ville de New York (NYPD), ont balayé les quartiers d'immigrants des arrondissements extérieurs de New York et y ont cueilli des centaines d'hommes[5]. D'autres villes ont également été le théâtre de rafles semblables. Or, lorsque des organisateurs communautaires et des avocats ont tenté de vérifier le nombre et l'identité des détenus, on leur a répondu que de telles arrestations n'avaient pas eu lieu ou qu'on ne disposait pas d'informations sur les personnes recherchées[6]. Dans bien des cas, les familles des détenus se sont retrouvées dans des situations désespérées, sans revenus et dans l'ignorance, pendant des semaines ou des mois, de ce qu'étaient devenus maris, pères, fils ou frères.

Ces arrestations de masse ont été autorisées quelques jours après le 11 septembre 2001 par John Ashcroft, qui a donné pour instruction à tous les procureurs généraux d'État d'utiliser « tous les outils d'application de la loi disponibles » pour rassembler les individus susceptibles d'être liés au terrorisme[7]. En outre, le gouvernement a encouragé les citoyens ordinaires à dénoncer leurs collègues de travail, leurs clients, leurs amis et leurs voisins. Selon des organisateurs et des militants des libertés civiques de la base, quelque 2 000 personnes ont ainsi été appréhendées dans ce coup de filet[8]. Elles ont

---

5. Deepa Fernandes, *Targeted: National Security and the Business of Immigration*, New York, Seven Stories Press, 2006, p. 99 (pagination du manuscrit).

6. *Ibid.*, p. 102 (pagination du manuscrit).

7. Rachel Meerpol, « The Post 9-11 Terrorism Investigation and Immigration Detention », dans Rachel Meerpol (dir.), *America's Disappeared*, New York, Seven Stories Press, 2005.

8. *Ibid.* Selon le rapport de l'inspecteur général, 762 personnes ont été

été détenues dans des conditions déplorables pendant des périodes prolongées et indéfinies. Le gouvernement des États-Unis les a privées de leur droit légal à l'*habeas corpus* et à une communication rapide des accusations, de leur droit à un avocat et de contacts avec le monde extérieur, et il a cassé les ordonnances de libération sous caution[9].

Selon le rapport de l'inspecteur général du ministère de la Justice sur ces détentions, rapport qui a été rédigé ultérieurement, « on n'a guère tenté de faire la distinction entre ceux qui étaient légitimement soupçonnés de terrorisme et ceux qui ont été cueillis par hasard[10] ». Ainsi, un homme qui, peu de temps avant le 11 septembre 2001, avait réglé un achat avec une carte « air miles » et qui, au cours d'une conversation banale, avait dit qu'il aimerait apprendre un jour à piloter un avion, a été dénoncé par son interlocuteur après les attentats et arrêté. Un autre, qui était propriétaire d'une épicerie et qui l'avait fermée le lendemain des attentats, a été dénoncé par un de ses clients et arrêté[11].

L'enquête du bureau de l'inspecteur général a également révélé qu'il y a eu des abus systématiques dans certains des centres de détention. Au Metropolitan Detention Center (MDC) de Brooklyn, à New York, où Maher Arar a passé les premiers jours de sa détention, « presque tous les détenus ont été poussés violemment contre le mur (...), un des officiers tordait systématiquement les mains des détenus » ; certains officiers marchaient sur les chaînes aux jambes des détenus « chaque fois qu'ils s'arrêtaient ». De nombreux détenus se sont plaints de ce qu'à leur arrivée au centre, des gardiens leur ont poussé le visage contre un tee-shirt qui était accroché à un mur près de l'entrée et dont l'imprimé arborait une photo du drapeau

---

arrêtées pendant les rafles initiales, mais ce nombre est peut-être fondé sur des données incomplètes. Office of the Inspector General, United States Department of Justice, *The September 11 Detainees: A Review of the Treatment of Aliens Held on Immigration Charges in Connection With the Investigation of the September 11 Attacks*, juin 2003, www. usdoj.gov/oig/special/0306/index.htm. [Office of the Inspector General, *Report on Detainees*]

9. *Ibid.*
10. Nina Bernstein, « US Is Settling Detainee's Suit in 9/11 Sweep », *New York Times*, 28 février 2006.
11. Tim Harper, « US "Mistreated" Immigrants in 9/11 Roundup », *Toronto Star*, 3 juin 2003.

états-unien flanqué d'une vignette : « Ces couleurs ne déteignent pas » (*These colors don't run*)[12].

Ehab Elmaghraby, un Égyptien qui avait été gérant d'un restaurant sur Times Square à Manhattan, et Javaïd Iqbal, immigrant pakistanais aux États-Unis, comptent parmi les détenus qui ont ultérieurement intenté des poursuites contre les autorités états-uniennes en raison de leur détention. Ils soutiennent que, enchaînés dans les locaux du MDC, ils ont essuyé des coups de pied et des coups de poing jusqu'à ce qu'ils en saignent, ont été traités de terroristes et ont subi de nombreux examens dans les cavités corporelles. Au cours d'un de ces examens, on a introduit une lampe de poche dans le rectum d'Elmaghraby, provoquant ainsi des saignements. Le gouvernement fédéral a réglé l'affaire en lui versant la somme de 300 000 $ US[13].

En définitive, pas un seul des immigrants qui ont été détenus à la suite de ces rafles « n'a été accusé de quelque infraction criminelle liée aux attentats que ce soit, et on n'a pu confirmer l'existence de liens avec Al-Qaïda dans aucun des cas[14] ».

À la suite des premières rafles et arrestations de masse, le gouvernement des États-Unis a systématiquement enregistré et fiché la quasi-totalité des mâles âgés de plus de 16 ans ayant des liens avec une liste de pays spécifiques (surtout musulmans) et séjournant en tant que visiteurs aux États-Unis, ou voyageant dans le pays, ou le traversant[15]. Cette mesure a été mise en œuvre dans le cadre d'un

---

12. Rachel Meerpol, *supra*, chapitre 5, note 7, p. 153-154, où est cité le rapport complémentaire (Supplementary Report) de l'inspecteur général, p. 10-11, p. 17, p. 21, p. 26.
13. Nina Bernstein, *supra*, chapitre 5, note 10.
14. Tim Harper, « US "Mistreated" Immigrants in 9/11 Roundup », *supra*, chapitre 5, note 11.
15. Voir *Federal Register*, vol. 67, n° 155, 12 août 2002, p. 52584 (codifié à 8CFR 264.1(f)) ; et *Federal Register*, vol. 67, n° 215, 22 novembre 2002, p. 67766, où il est exigé des citoyens et ressortissants de l'Iran, de l'Irak, de la Libye, du Soudan et de la Syrie qu'ils se présentent pour un enregistrement spécial ; *Federal Register*, vol. 67, n° 215, 22 novembre 2002, p. 70525, où il est exigé des citoyens et ressortissants de l'Afghanistan, de l'Algérie, de Bahreïn, de la Corée du Nord, des Émirats arabes unis, de l'Érythrée, du Liban, du Maroc, d'Oman, du Qatar, de la Somalie, de la Tunisie et du Yémen qu'ils se présentent pour un enregistrement spécial ; et *Federal Register*, vol. 67, n° 243,

programme appelé National Security Entry-Exit Registration System (NSEERS). Outre leur enregistrement à l'arrivée aux États-Unis, les visiteurs devaient se rendre à des points désignés pour signaler leur départ du pays et le quitter effectivement, se soumettre à une entrevue et à la prise d'empreintes digitales lors de chaque entrée aux États-Unis, se présenter au Bureau de la citoyenneté et de l'immigration (Bureau of Citizenship and Immigration) s'ils séjournaient dans le pays plus de 30 jours et/ou plus d'un an, et avertir le bureau au moins 10 jours à l'avance en cas de changement relatif à leur lieu de résidence, à leur emploi ou à leur établissement d'enseignement. Le non-respect d'une quelconque exigence du programme pouvait entraîner le refus de l'entrée aux États-Unis.

Les quelque *80 000 personnes* et plus qui ont été enregistrées dans le cadre du NSEERS pendant les premières années de sa mise en œuvre ont fait état de nombreux cas de harcèlement, de violence verbale et de traitements brutaux[16]. Des milliers d'hommes qui se sont présentés à des bureaux aux États-Unis ne sont jamais rentrés à leur domicile. Ils ont été enchaînés et mis sous les verrous dès leur arrivée au bureau d'enregistrement. Il ne s'était rien produit de tel aux États-Unis depuis les rafles massives d'États-Uniens et d'immigrants d'ascendance japonaise pendant la Seconde Guerre mondiale.

Mohamed Hassan Mohamed était un jeune professeur canadien d'origine soudanaise[17]. Ses péripéties sont dans les premières à avoir émergé parmi celles des Canadiens originaires de pays musulmans ayant eu des difficultés aux États-Unis. Elles préfiguraient celles de Maher Arar, qui ont fait les gros titres des journaux peu de temps après. Mohamed et sa famille habitaient Saint Catharines, en Ontario. Chaque semaine, il traversait la frontière pour aller travailler dans

---

18 décembre 2002, p. 77 642, où il est exigé des citoyens et ressortissants de l'Arabie saoudite et du Pakistan qu'ils se présentent pour un enregistrement spécial. Voir également la charte résumée (Summary Chart) de la National Security Entry-Exit Registration (NSEERS), datée du 25 février 2003, www.egr.uh.edu/admin/forms/NSEERS.pdf.

16. Asian American Legal Defense and Education Fund (AALDEF), *Special Registration: Discrimination and Xenophobia as Government Policy*, 2004, p. 1 www.aaldef.org/images/01-04-registration.pdf.

17. Toutes les citations et informations sur la question sont tirées de Paula Simons, « Canadian Citizenship Proves Worthless at the US Border: Security Concerns Shouldn't Override Human Rights », *Edmonton Journal*, 6 novembre 2002.

une université états-unienne. En septembre 2002, à son arrivée au point de passage du Peace Bridge («pont de la paix»), par lequel il entrait généralement aux États-Unis, on lui a dit qu'il fallait qu'il donne ses empreintes digitales, se fasse photographier et interroger. Mohamed a répondu: «je leur ai dit que je voyageais avec un passeport canadien en vertu d'un visa de l'ALÉNA et que je ne voyais pas pourquoi je devais être traité comme un citoyen du Soudan, puisque je suis un Canadien. On m'a répondu qu'en raison de ma double nationalité, je serais traité comme un citoyen du Soudan.»

Mohamed ne voulait pas qu'on prenne ses empreintes digitales, car il craignait d'être, d'une façon ou d'une autre, enregistré comme citoyen soudanais et de perdre son visa états-unien. «Je ne comprenais rien à toute cette affaire. On m'a dit que je n'irais nulle part tant que je ne me serais pas conformé aux règlements de l'Immigration and Naturalization Service (INS). On m'a amené vers l'arrière dans une pièce exiguë et l'on m'a dit d'attendre là jusqu'à ce que je sois disposé à obtempérer. Je leur ai demandé: "Suis-je détenu?" On m'a répondu que oui. J'ai fait remarquer que j'aurais peut-être besoin d'une assistance quelconque, soit celle du consulat canadien, soit celle d'un avocat. J'ai demandé si je pouvais me servir du téléphone pour solliciter de l'aide.»

«Non», lui a-t-on répondu. Un officier de l'INS l'a informé qu'il pourrait contacter le consulat canadien après six heures de détention. Mais, le moment venu, quand Mohamed a demandé qu'on avertisse le consulat, on lui a répondu qu'il «était dans les limbes juridiques et ne disposait donc d'aucun droit, et qu'on pouvait le détenir indéfiniment». Il était alors 22 heures passées. Il était en détention depuis 16 heures. Il a demandé de l'eau et de la nourriture, mais les officiers de l'INS ont refusé de lui en donner. Enfin, à environ 1 heure le lendemain matin, après un changement de quart des officiers, on a fait venir un taxi. On a donné pour instructions au chauffeur de laisser Mohamed du côté canadien du pont, où il a passé la nuit dans le froid et l'inquiétude.

Faramarz Farahani[18] est un citoyen canadien d'origine iranienne qui a été attiré aux États-Unis par le salaire annuel supérieur à

---

18. Toutes les citations et informations sur la question sont tirées de CBC News, «Canadian Passport "Meant Nothing" to US Immigration Officials», CBC.ca, 13 janvier 2003.

100 000 $ que lui avait offert une grande société de génie logiciel. Il a décidé un jour de vérifier s'il devait s'enregistrer dans le cadre du programme du NSEERS, car, en tant que citoyen canadien, il n'était pas certain d'être concerné par ce nouveau programme. Aussi, en se rendant à son travail, s'est-il présenté à un bureau de l'INS à San Jose, en Californie. À son arrivée, on l'a informé qu'il avait dépassé la date limite de deux jours. On l'a menotté et enchaîné et on l'a envoyé par avion dans une prison à San Diego. Là, il a été détenu en compagnie d'une douzaine d'autres prisonniers dans une cellule minuscule, où il était alimenté chichement et privé de sommeil. Lorsqu'il a finalement pu téléphoner à sa femme, celle-ci n'en a pas cru ses oreilles. Elle devait déclarer ultérieurement à un journaliste : « J'ai vu des choses de ce genre ailleurs, il y a 20 ans, dans des régimes répressifs. Pour moi, cela était tout à fait choquant. »

Les avocats de Farahani sont parvenus à le faire libérer cinq jours plus tard, mais l'INS a introduit des procédures d'expulsion contre lui pour avoir omis de s'inscrire avant la date limite. Dans le sud de la Californie, plusieurs centaines d'hommes et de garçons ont été menottés et détenus comme l'avait été Farahani, et ont été accusés d'avoir violé les lois sur l'immigration. Nombre d'entre eux avaient sollicité le statut de résident permanent et avaient donc le droit de séjourner aux États-Unis[19].

Pendant les premières années, la mise en œuvre du NSEERS a entraîné la détention de plus de *13 000 personnes* et l'introduction de procédures d'expulsion contre beaucoup d'entre elles pour des infractions mineures au Code de l'immigration des États-Unis[20]. Des milliers d'autres ont quitté le pays dans la peur, détruisant ainsi leurs communautés[21]. À Brooklyn, la moitié d'une prospère

19. « Registration of Residents From Terrorist States is INS Fiasco », éditorial, *Guardian Weekly*, 16-22 janvier 2003.
20. *Ibid.*
21. Immigration Policy Center, « Targets of Suspicion : The Impact of Post-9/11 Policies on Muslims, Arabs and South Asians in the United States », *Immigration Policy in Focus*, vol. 3, n°2, mai 2004, p. 7, www.ailf.org/ipc/ipf051704.pdf. Voir également Flynn McRoberts, « Muslim Exodus From US Unravels Tight Knit Enclaves », *Chicago Tribune*, 18 novembre 2003.

communauté pakistanaise forte de 120 000 personnes – la plus
grande du pays – a fui dans la peur ou a été déportée[22]. À Chicago,
où quelque 20 000 Pakistanais se massaient généralement des deux
côtés de Devon Avenue tous les mois d'août pour célébrer
l'indépendance du Pakistan, pas plus de 8 000 s'y sont rendus en
2003. De même, là où des centaines de Bangladais se regroupaient
le long de la même avenue pour célébrer l'indépendance de leur
mère patrie, seuls quelques dizaines d'entre eux se sont manifestés
en 2003[23]. Partout aux États-Unis des familles d'immigrants de
pays arabes, africains ou sud-asiatiques ont abandonné « tout ce
qu'elles avaient construit en Amérique – bradant pratiques médicales, stations-service, restaurants, maisons et meubles[24] ».

« Beaucoup d'entre elles sont retournées dans leur pays d'origine.
Mais beaucoup d'autres, qui redoutaient terriblement de retourner
dans leur patrie, ont rempli voitures et camions de leurs biens et
sont allées au Canada[25]. » Toutefois, à partir de décembre 2002,
lorsque le Canada a signé avec les États-Unis un accord dit de « tiers
pays sûr » en vertu duquel ces derniers étaient reconnus comme un
endroit sûr où les réfugiés pouvaient présenter des demandes
d'indemnisation, toutes ces personnes ont été refoulées aux États-
Unis pour remettre leur sort entre les mains du système d'immigration
états-unien. Il s'agissait presque d'une espèce de nettoyage ethnique
des immigrants musulmans du continent nord-américain – tous
ceux qui étaient susceptibles d'être déportés l'ont été.

Le programme du NSEERS est toujours en vigueur. Au moment
de la rédaction de cet ouvrage figuraient sur la liste d'« inscription
spéciale » les pays suivants : Afghanistan, Algérie, Arabie saoudite,
Bahrein, Corée du Nord, Égypte, Émirats arabes unis, Érythrée,
Indonésie, Iran, Irak, Jordanie, Koweït, Liban, Libye, Maroc,
Oman, Pakistan, Qatar, Somalie, Soudan, Syrie, Tunisie et Yémen[26].
Dans de nombreux États, la police locale a été mandatée pour

---

22. Andrea Elliot, « In Brooklyn, 9-11 Damage Continues », *New York
Times*, 7 juin 2003.
23. Flynn McRoberts, *supra*, chapitre 5, note 21.
24. *Ibid.*
25. *Ibid.*
26. Voir le site Internet des services consulaires de la mission états-unienne
au Canada, www.amcits.com/nseers.asp.

arrêter les immigrants et vérifier leur statut. On peut donc supposer que les déportations se poursuivront[27].

LES VISAS BIOMÉTRIQUES : US-VISIT ET LE SYSTÈME DE RENSEIGNEMENTS POUR L'ATTRIBUTION DES VISAS DE L'UNION EUROPÉENNE

Sous l'égide du programme U.S. Visitor and Immigration Status Indicator Technology (US-VISIT), en vigueur depuis janvier 2004, le processus d'enregistrement qui a été mis en place dans le cadre du NSEERS est en passe d'être appliqué à la plupart des visiteurs aux États-Unis[28]. Les personnes qui font la demande d'un visa pour voyager aux États-Unis sont désormais enregistrées au moyen de la prise de photographies et de leurs empreintes digitales au niveau de « frontières virtuelles » à l'extérieur du pays. S'agissant des citoyens de pays dont les ressortissants n'ont pas besoin d'un visa, on les photographie et on prélève leurs empreintes digitales à leur arrivée aux États-Unis. Photographies et empreintes digitales sont emmagasinées aux États-Unis dans une banque de données centrale, ainsi qu'à l'intérieur d'une puce sur le visa de chaque visiteur[29]. La technologie utilisée à cette fin s'appelle la « biométrie » : elle enregistre et encode sur une puce électronique ou dans une base de données les caractéristiques physiques d'un individu – par exemple les dimensions du visage et les empreintes digitales, rétiniennes ou vocales – de manière à ce que puisse être confirmée l'identité d'une personne se présentant quelque part au moyen des informations contenues sur la puce et/ou dans la base de données.

27. Lynn Waddell, *Special Report: Immigration Law Elusive Refuge: Detention Rates Increase in Name of Homeland Security, but Advocates on Both Sides Worry about Tactics*, Florida Immigrant Advocacy Center (FIAC), 27 janvier 2005.

28. Les exigences du programme US VISIT s'appliquent à tous les visiteurs, sauf (à partir de décembre 2004) aux citoyens mexicains qui détiennent des « cartes de traversée de la frontière » (« border crossing cards ») ou des « visas laser », et à la plupart des citoyens canadiens. Voir US Department of Homeland Security, *US VISIT Fact Sheet: US-Canada Land Borders*, et *US VISIT Fact Sheet: US-Mexico Land Borders*, www. dhs.gov/dhspublic/interapp/editorial/editorial-0435.xml.

29. Associated Press, « US Eye Scan Plan Under Scrutiny: US Demanding Biometric Technology in Passports; World May Not Be Ready », *The Okanogan*, 24 août 2003.

En septembre 2006, à la suite de la prise d'une décision-cadre du Conseil européen en juin 2004, un programme semblable (le Système d'information sur les visas) a été développé dans l'Union européenne. Il saisit et emmagasine l'ensemble des renseignements (et notamment les données biométriques) contenus dans les demandes de visas pour chacun des 27 États membres de l'Union – soit environ 15 millions par année[30].

LES VISAS BIOMÉTRIQUES MUNIS DE PUCES IRF

Le ministère de la Sécurité intérieure (Department of Homeland Security), dans le cadre du programme US-VISIT, a testé et mis en œuvre depuis 2005 un plan visant à insérer des puces IRF dans les documents d'entrée[31]. Les puces IRF sont de minuscules puces électroniques munies d'antennes que l'on peut insérer dans des objets physiques. Lorsqu'un lecteur IRF émet un signal, les puces IRF situées à proximité transmettent leurs données emmagasinées au lecteur. Les puces « passives », qui sont dépourvues de pile, peuvent être lues d'une distance allant de 2,5 centimètres à un peu plus de 20 mètres[32]. Les puces « actives », c'est-à-dire autonomes, peuvent être lues sur une distance nettement supérieure. Parmi les technologies qui sont présentement mises à l'essai par le ministère de la Sécurité intérieure figure un dispositif qui permettrait de passer au crible jusqu'à 55 passagers assis dans un autobus traversant un point frontalier à environ 80 km/h[33].

Bien entendu, toute personne équipée d'un lecteur pourrait, secrètement si elle le voulait, lire la puce dans un porte-monnaie, une poche ou un sac à dos. Ainsi, non seulement les fonctionnaires des douanes états-uniens auraient-ils accès aux informations contenues dans les visas des particuliers, mais les commerçants, les

---

30. Voir Statewatch, « Biometrics – the E.U. Takes Another Step Down the Road to 1984 », *Statewatch News Online*, septembre 2003.
31. Alloire Gilbert, « States to Test ID Chips on Foreign Visitors », Cnet News.com, 26 janvier 2005. Voir également Office of the Inspector General, *Enhanced Security Controls Needed for US VISIT'S System Using RFID Technology*, juin 2006.
32. Bruce Schneier, « RFID Passport Security Revisited », entrée du 9 août 2005 sur www.schneier.com.
33. Wilson P. Dizard III, « Special Report : DHS's Double Duty », *Government Computer News*, 13 décembre 2005.

voleurs d'identité et les agents d'autres gouvernements y auraient également accès. Les agents gouvernementaux pourraient utiliser des technologies de ce genre pour examiner l'identité de tous les détenteurs de visa sur une place publique. Il est en outre possible d'«écrire» sur des puces IRF, de sorte que les institutions gouvernementales pourraient y insérer des informations secrètes sur des «autorisations de sécurité».

LES INFORMATIONS BIOMÉTRIQUES SONT RELIÉES À UN RÉSEAU MONDIAL DE BASES DE DONNÉES

L'objectif du programme US-VISIT[34] ne consiste pas uniquement à vérifier que la personne détenant un visa quelconque est bel et bien la personne qu'elle prétend être, ni même à corréler ses photographies et empreintes digitales avec celles de terroristes connus ou de personnes soupçonnées de terrorisme suivant des «motifs raisonnables».

Le *plan* consiste à créer des fichiers de renseignements sur toutes les personnes entrant aux États-Unis, à conserver ces fichiers pendant un siècle[35] et à recouper les données biométriques sur ces personnes avec celles contenues dans un réseau de bases de données comprenant plus de 20 bases du gouvernement fédéral des États-Unis ainsi que des bases de données commerciales états-uniennes[36]. En outre, des indices laissent penser qu'US-VISIT sera tôt ou tard lié à d'autres programmes – ainsi, le réseau de bases de données à partir duquel sont compilés les fichiers serait encore plus étendu, voire de portée mondiale. On rapporte ainsi, dans un avis du registre fédéral (Federal Register) publié le 1er août 2003 par la Transportation Security Administration (TSA) («administration de la sécurité des transports»), que cette dernière envisageait de relier le programme US-VISIT à un programme décrit au chapitre 10 de ce livre (le CAPPSII), lorsque ces deux programmes seront «pleinement opérationnels[37]». CAPPSII est l'acronyme d'un système

---

34. Voir la page du site Internet du Department of Homeland Security sur le programme US VISIT: www.dhs.gov/files/programs/usv.shtm.
35. Ryan Singel, «CAPPS II Stands Alone, Feds Say», *Wired News*, 13 janvier 2004, www.wired.com/politics/security/news/2004/01/61891.
36. Eric Lichtblau et John Markoff, «US Nearing Deal on Way to Track Foreign Visitors», *New York Times*, 24 mai 2004.
37. Le *Federal Register Notice* affirme qu'«on (...) anticipe que CAPPSII sera lié aux programmes US Visitor et Immigrant Status Indicator

controversé de profilage des passagers qui relierait un nombre pratiquement illimité de bases de données des secteurs public et privé. Ce système a été remplacé par un autre, légèrement modifié, appelé Secure Flight. Mais l'objectif reste apparemment le même : mettre en réseau un maximum de bases de données afin de pouvoir mieux surveiller et mieux évaluer le niveau de risque que les individus représentent pour les États-Unis.

Parmi les données auxquelles les États-Unis pourraient avoir accès dans le cadre d'US-VISIT et d'autres programmes décrits dans le présent ouvrage, figurent des renseignements personnels relatifs à l'historique médical, aux prestations sociales, aux dossiers de conduite automobile, au statut d'immigrant, aux formulaires de demande de passeport, au casier judiciaire, aux fichiers de renseignements de sécurité, aux informations fournies pour les recensements, aux déclarations de revenu, aux antécédents professionnels, à l'historique des lieux de résidence, aux dossiers bancaires, aux achats effectués sur carte de crédit et aux itinéraires des voyages par avion – outre le contenu des courriels, l'identité des correspondants électroniques, les configurations d'utilisation d'Internet, les achats en ligne et sélections de musique sur Internet, les appels par téléphone cellulaire et les sélections dans les bibliothèques, les librairies et les vidéoclubs.

Les initiés appellent la base de données qui est présentement en voie d'élaboration aux États-Unis la *boîte noire* (*black box*). Car personne ne connaît l'étendue de ce qu'elle renfermera en fin de

---

Technology (US VISIT) lorsque ces deux programmes seront pleinement opérationnels, de telle sorte que les procédés aux points d'entrée et de sortie frontaliers et aéroportuaires soient compatibles ». Voir également « Questions Submitted for the Record by Senator Ron Wyden », Oversight Hearing for Transportation Security, 9 septembre 2003, www.eff. org/Privacy/cappsii/20030909-wyden-questions.php. Voir aussi Sara Kehaulani Goo, « US to Push for Passenger Records : Travel Database to Rate Security Risk Factors », *Washington Post*, 12 janvier 2004 (« Des responsables états-uniens ont affirmé qu'ils envisagent de fusionner les deux programmes ») ; et la notice « Interim Final Rule and Notice » du *Federal Register*, vol. 69, n°2, 5 janvier 2004, p. 467, http://a257.g.akamaitech.net/7/257/242/05jan20040800/edocket. access.gpo.gov/2004/pdf/03-32331.pdf. Ce dernier règlement « exige l'intégration de toutes les bases de données qui traitent ou contiennent des informations sur les étrangers » – à comparer avec Ryan Singel, *supra*, chapitre 5, note 35.

compte[38]. Tout ce que l'on sait, c'est qu'elle sera aussi complète que possible.

Bien entendu, on procédait déjà, dans une certaine mesure, à la convergence des bases de données avant le 11 septembre 2001. Mais, depuis cette date, on a assisté à une accélération radicale de cette tendance. Dans le monde post-11-Septembre, le public ne peut plus se fier aux pare-feu entre bases de données qui, jusqu'à un certain point, protégeaient antérieurement la vie privée. Si, dans le passé, on pouvait être relativement assuré qu'aucune entreprise commerciale ou organisation gouvernementale n'était à même de tout savoir sur nous, aujourd'hui cela n'est tout simplement plus le cas.

L'ACQUISITION PAR LES ÉTATS-UNIS DE BASES DE DONNÉES VENANT DE L'INTÉRIEUR ET DE L'ÉTRANGER

Un des aspects scandaleux de la convergence croissante des bases de données depuis le 11 septembre 2001 est l'acquisition agressive, par le gouvernement des États-Unis, de bases de données étrangères autant qu'intérieures.

---

38. Lynda Hurst, « Bio-Security Still a Fantasy; Airport Screening Won't Work: Experts; No Information to Identify Terrorists », *Toronto Star*, 24 janvier 2004. Voir également le communiqué du 12 janvier 2004 de l'American Civil Liberties Union, « ACLU Criticizes Plans to Go Forward With CAPPS II, Calls Dragnet Profiling Approach Fake Security on the Cheap », www.aclu.org/Safeandfree/Safeandfree.cfm?ID=14699&c=206. On utilise également le terme « boîte noire » pour désigner des dispositifs de surveillance Internet sur réseau ISP utilisés pour surveiller les communications des utilisateurs. Le fonctionnement de ces dispositifs n'est guère connu du public, sinon que ceux-ci ressemblent aux « renifleurs de paquet » qui sont couramment utilisés par les exploitants de réseaux informatiques à des fins de sécurité et d'entretien. Les renifleurs de paquet sont des programmes spécialisés installés dans un ordinateur branché dans un réseau à une localisation à partir de laquelle on peut surveiller les communications entrantes et sortantes de divers systèmes. Les renifleurs peuvent surveiller un train de données entier en cherchant des mots, des expressions ou des enchaînements clés, tels qu'adresses Internet ou comptes de courriel. Ils peuvent ensuite enregistrer ou transmettre pour analyse ultérieure tout ce qui correspond à leurs critères de recherche. Quant aux boîtes noires, dans certains pays elles sont apparemment reliées directement aux organismes gouvernementaux au moyen de liaisons rapides. Voir Privacy International, *Privacy and Human Rights 2003: Threats to Privacy*, www.privacyinternational.org/survey/phr2003/threats.htm.

Cette acquisition s'est faite partiellement en vertu du USA Patriot Act. En effet, celui-ci met à la disposition du FBI une procédure lui donnant accès à tous les documents commerciaux détenus par les sociétés dont le siège social est aux États-Unis et par leurs filiales – que ces données portent sur des résidents des États-Unis ou sur des résidents d'autres pays[39]. Parmi ces documents peuvent figurer notamment les fichiers de renseignements personnels détenus par les sociétés émettrices de cartes de crédit, les compagnies informatiques et les fournisseurs d'accès Internet, ainsi que par les librairies et les vidéoclubs. Peuvent aussi figurer des renseignements sur les personnes travaillant pour ces entreprises, relatifs à leur parcours professionnel. En outre, dans la mesure où les autres gouvernements sous-traitent de plus en plus leurs services à des sociétés états-uniennes et à leurs filiales, des informations du secteur public portant sur des ressortissants de pays autres que les États-Unis peuvent également être obtenues.

Ainsi, le gouvernement fédéral canadien a sous-traité une partie du recensement de l'année 2006 à Lockheed Martin Canada – unité de Lockheed Martin Corporation, dont le siège social est aux États-Unis[40]. Le gouvernement provincial de Colombie-Britannique a sous-traité la gestion de ses régimes de services médicaux et d'assurance-médicaments à Maximus BC, qui est la propriété de la filiale canadienne de Maximus, autre société dont le siège social est aux États-Unis[41]. Divers services de BC Hydro – notamment la gestion des relations avec la clientèle, les ressources humaines, les

---

39. *Uniting and Strengthening America by Providing Appropriate Tools Required to Intercept and Obstruct Terrorism (USA Patriot Act) of 2001*, Public Law n°107-56, sec. 215 (Washington, GPO 2001), http://epic.org/privacy/terrorism/hr3162.html
40. En raison des inquiétudes du public relatives à la vie privée, on a finalement accordé un contrat au groupe Lockheed Martin pour qu'il contribue au recensement par l'apport de systèmes et de technologies de traitement avancés. Statistiques Canada, « Role of Private Contractors in the Census », www12.statcan.ca/english/census06/info/outsource/outsourcing.cfm.
41. Voir le communiqué du 4 novembre 2004 du ministre de la Santé de Colombie-Britannique, « Government Moves to Improve MSP and Pharmacare Services » ; et « Backgrounder : Maximus BC/Alternative Service Delivery », tous deux accessibles à l'adresse www. Healthservices.gov. bc.ca/msp/.

services d'approvisionnement financier et les technologies de l'information (TI) – sont gérés par une filiale canadienne d'Accenture, société bermudienne dont le siège social est également aux États-Unis[42]. En vertu du USA Patriot Act, le FBI n'a qu'à soumettre une demande pour obtenir la saisie des documents commerciaux de ces entreprises. Comme je l'ai noté plus haut au sujet du programme secret de l'Autorité nationale de sécurité (NSA) du président Bush, le tribunal spécial mis en place dans le cadre du Foreign Intelligence Surveillance Act n'a rejeté, entre 1978 (année de sa création) et 2004, que cinq demandes de mandats sur un total de 18 748[43]. Lorsque la saisie est accordée, la société concernée s'engage au silence et à ne pas en faire part à qui que ce soit.

Les États-Unis ont également obtenu l'accès aux informations du secteur privé en vertu de l'Enhanced Border Security and Visa Entry Reform Act de 2002 («Loi de resserrement des mesures de sécurité à la frontière et de réforme des entrées par visa»). Conformément à cette loi, les États-Unis ont exigé que toutes les compagnies d'aviation dont les avions volent aux États-Unis ou y font escale fournissent aux autorités états-uniennes l'accès à leurs bases de données sur les passagers.

Outre cet accès statutaire, les organismes gouvernementaux des États-Unis se sont vu offrir *volontairement* par le secteur privé l'accès aux renseignements personnels sur les particuliers. Rappelons que, dans le cas de Maher Arar, la société immobilière qui détenait son bail a fourni celui-ci volontairement à la GRC. Dans le cas du programme de la NSA, les entreprises de télécommunications états-uniennes auraient fourni à cette dernière l'accès direct à leurs systèmes. De nombreuses autres sociétés, institutions et organisations se sont montrées également disposées à remettre tout simplement à d'autres organismes des renseignements privés sur leurs clients et leurs membres. Certains estiment que le patriotisme réclame d'agir ainsi. D'autres agissent peut-être ainsi par crainte ou par empressement de plaire au gouvernement. En voici plusieurs autres exemples:

---

42. Voir le communiqué du 20 février 2003 de BCHydro, «BC Hydro and Accenture Agreement Designed to Save $250 Million in Costs», www.bchydro.com/news/articles/press_releases/2003/agreement_signed.html.
43. Carol D. Leonnig, «Secret Court's Judges Were Warned About NSA Spy Program», *supra*, chapitre 2, note 24.

- En 2001, 195 universités et collèges états-uniens ont volontairement remis à des organismes gouvernementaux des renseignements personnels sur leurs étudiants – 172 de ces institutions n'ont pas attendu de recevoir une assignation[44].

- En 2001, 64 % des sociétés de voyage et de transport ont volontairement remis des renseignements sur leurs clients et leurs employés[45].

- En 2002, l'American Professional Association of Driving Instructors a volontairement remis au FBI un CD-rom contenant des renseignements sur quelque 2 millions de personnes[46].

- Dans le cadre du programme InfraGuard, plus de 10 000 entreprises privées états-uniennes échangent volontairement des informations avec le gouvernement[47] à des fins de vérification de la sécurité en cas d'alerte et de surveillance des activités informatiques de leurs clients et employés[48].

---

44. Voir Patrick Healy, « Colleges Giving Probers Data on Foreign Students' Finances », *Boston Globe*, 3 octobre 2001; et American Association of Collegiate Registrars and Admissions Officers, « Preliminary Results of the AACRAO Survey on Campus Consequences of the September 11 Attacks », 4 octobre 2001, www.aacrao.org/transcript/index.cfm, tous deux cités dans Jay Stanley, *The Surveillance-Industrial Complex: How the American Government is Conscripting Business and Individuals in the Construction of a Surveillance Society*, New York, ACLU, 2004, p. 14, www.aclu.org/SafeandFree/SafeandFree.cfm?ID=16226&c=207.
45. Stephanie Stoughton, « Poll: Firms Relaxed Privacy Rules », *Boston Globe*, 8 octobre 2001, cité dans Jay Stanley, *The Surveillance Industrial Complex*, *supra*, chapitre 5, note 44.
46. Eunice Moscoso, « Demand for Data by Feds on Fise », Cox Washington Bureau, 17 août 2003, www.federalobserver.com/print.php?aid=6378, cité dans Jay Stanley, *The Surveillance Industrial Complex*, *supra*, chapitre 5, note 44.
47. Voir le site Internet d'InfraGard: Guarding the Nation's Infrastructur, www.infragard.net. À la date du 22 novembre 2004, InfraGard aurait compté 14 536 membres.
48. Chris Seper, « Combating Cybercrime: FBI's InfraGard Program Promotes Security Awareness », *Cleveland Plain Dealer*, 4 novembre 2002, www.infragard.net, cité dans Jay Stanley, *The Surveillance Industrial Complex*, *supra*, chapitre 5, note 44.

- La compagnie d'aviation JetBlue a fourni volontairement à l'administration de la sécurité des transports (TSA) plus de 5 millions d'itinéraires de passagers, qui ont ensuite été remis au Pentagone et corrélés avec des profils de données sur ces passagers obtenus d'Axciom, grande entreprise de collecte de données[49].

- Lorsque la collaboration de JetBlue a été rendue publique, la compagnie Northwest Airlines a nié avoir partagé avec le gouvernement des fichiers sur ses passagers, mais on a ultérieurement découvert qu'elle avait remis volontairement à la National Aeronautics and Space Administration (NASA) des millions de fichiers sur ses passagers[50].

- En avril 2004, la compagnie American Airlines a admis avoir partagé 1,2 million de fichiers avec la TSA et avec quatre sociétés de recherche soumissionnant pour un contrat gouvernemental d'exploitation de données[51].

- En mai 2004, les plus grandes compagnies d'aviation états-uniennes, notamment American, United et Northwest, ont admis avoir volontairement remis au FBI, après les attentats du 11 septembre 2001, des millions de fichiers sur leurs passagers[52].

---

49. Ryan Singel, « JetBlue Shared Passenger Data », *Wired News*, 18 septembre 2003 ; Ryan Singel et Noah Schachtman, « Army Admits to Using JetBlue Data », *Wired News*, 23 septembre 2003, http://www.wired. com/news/privacy, tous deux cités dans Jay Stanley, *The Surveillance Industrial Complex*, *supra*, chapitre 5, note 44.

50. Electronic Privacy Information Center, « Northwest Airlines gave NASA Personal Info on Millions of Passengers ; Disclosure Violated Privacy Policy », communiqué, 18 janvier 2004, www.epic.org/privacy/airtravel/ nasa/pr1.18.04.html. Voir également Sara Kehaulani Goo, « Northwest Gave US Data on Passengers », *Washington Post*, 18 janvier 2004, tous deux cités dans Jay Stanley, *The Surveillance Industrial Complex*, *supra*, chapitre 5, note 44.

51. Sara Kehaulani Goo, « American Airlines Revealed Passenger Data », *Washington Post*, 10 avril 2004, cité dans Jay Stanley, *The Surveillance Industrial Complex*, *supra*, chapitre 5, note 44.

52. John Schwartz et Micheline Maynard, « FBI got Records on Air Travelers », *New York Times*, 1er mai 2004, cité dans Jay Stanley, *The Surveillance Industrial Complex*, *supra*, chapitre 5, note 44.

Tous ces agissements sont survenus sans le consentement des personnes figurant sur les fichiers concernés et, dans la plupart des cas, en violation directe des politiques relatives à la vie privée des entités ayant fourni les informations.

Chose alarmante, le gouvernement des États-Unis a également *acheté* des données personnelles sur des États-Uniens et des ressortissants d'autres pays auprès d'entreprises de collecte de données. À l'intérieur des États-Unis, des sociétés comme DoubleClick se targuent de détenir des informations provenant de plus de 1 500 entreprises, soit au total des renseignements portant sur 90 millions de foyers et 4,4 milliards de transactions[53]. À l'extérieur des États-Unis, la société ChoicePoint a obtenu des renseignements sur des centaines de millions d'habitants de l'Amérique latine à leur insu, et donc sans leur consentement, et les a vendus à des fonctionnaires du gouvernement états-unien travaillant pour une trentaine d'organismes différents[54].

Au Mexique, ChoicePoint a acheté les dossiers de conduite de 6 millions d'habitants de la ville de Mexico et la totalité du registre d'électeurs du pays et les a vendus au gouvernement des États-Unis. En Colombie, ChoicePoint a acheté la totalité de la base de données sur l'identité des citoyens du pays, laquelle comprend notamment la date et le lieu de naissance, le numéro de passeport et de carte d'identité nationale, la filiation et la description physique. Elle a également acheté des renseignements personnels au Venezuela, au Costa Rica, au Guatemala, au Honduras, au Salvador et au Nicaragua[55]. La société refuse de dévoiler l'identité de ceux qui lui vendent ces informations, mais des experts en matière de vie privée affirment que des données gouvernementales sont souvent vendues à des sociétés comme ChoicePoint par des employés gouvernementaux[56].

---

53. DoubleClick, l'Abacus B2C Alliance.
54. Jim Krane (Associated Press), « Information Bank Reaches into Latin America : US Buys Access to Personal Data », *Daily News* (éd. de Los Angeles), 20 avril 2003.
55. *Ibid.* Selon les chercheurs de l'ACLU, aucun pays d'Amérique latine n'a installé de dispositif contre l'exportation de données.
56. *Ibid.*

LE MODÈLE DU SYSTÈME GLOBAL D'ENREGISTREMENT ET DE SURVEILLANCE DE MASSE

Un examen du programme US-VISIT et des procédés d'acquisition de données par les États-Unis révèle bien des aspects de la structure du projet de surveillance de masse mondialisée. Mû et conçu essentiellement par les États-Unis, l'objectif du projet, comme je l'ai indiqué plus haut, consiste à enregistrer les individus au moyen d'identifiants biométriques et à associer ces données biométriques, qui sont consignées dans une pièce d'identité lisible par IRF et/ou emmagasinées dans une base de données, à un réseau de bases de données, de manière à pouvoir compiler des dossiers de renseignements sur chaque individu et à pouvoir les passer au crible afin d'évaluer leur niveau de « risque » – sur-le-champ, le cas échéant.

Dans ce « meilleur des mondes[57] », le gouvernement des États-Unis et ceux d'autres pays compileront le plus grand nombre possible de fichiers de renseignements personnels et créeront une infrastructure informationnelle de portée non seulement nationale mais, autant que possible, planétaire.

---

57. Dans le roman *Le Meilleur des mondes* (*Brave New World*), un gouvernement totalitaire contrôle la société au moyen de la science et de la technologie. Aldous Huxley, *Le Meilleur des mondes*, Paris, Pocket, 2002 [1932].

CHAPITRE 6

La création d'un système d'enregistrement mondial

PASSEPORTS BIOMÉTRIQUES

CES DERNIÈRES ANNÉES, de nombreux pays asiatiques ont réalisé ou développé des programmes pour mettre en place un système de cartes d'identité nationales biométriques – notamment l'Inde, la Chine, Hong Kong (la région administrative spéciale de la Chine), le Bhoutan, la Malaisie, la Corée du Sud, la Thaïlande, les Philippines, l'Indonésie et le Vietnam[1]. Dans l'hémisphère occidental, le Mexique projette d'introduire une carte d'identité nationale, alors que le Chili et le Pérou en possèdent déjà une. La plupart des pays de l'Union européenne en possèdent également une ; cependant, dans la plupart des cas, les informations consignées sur la carte sont limitées et seuls y ont accès des fonctionnaires nationaux, et à des

---

1. « Smart Cards Make Inroads in Asia », *Asian Times*, octobre 2004.

fins spécifiques[2]. Toutefois, dans les démocraties où l'on applique le système du droit coutumier, on tient en abomination l'idée d'une carte d'identité nationale, car celle-ci est associée aux États policiers et rendue politiquement inacceptable par ses effets potentiellement corrosifs sur les libertés civiques.

L'imposition d'un passeport biométrique obligatoire à l'échelle internationale constituerait un moyen politiquement acceptable d'imposer *de facto* une pièce d'identité aux citoyens de pays qui n'en ont pas déjà une, et de rendre les informations liées à un tel document accessibles à l'échelle planétaire.

LE « BLANCHIMENT DES POLITIQUES »

Comme bien d'autres outils de surveillance globale, les passeports biométriques sont depuis quelque temps l'objet de discussions entre les États. L'Organisation de l'aviation civile internationale (OACI), organisme qui régit l'aviation civile internationale, fait des recherches sur les passeports biométriques depuis 1995, mais les lois nationales et régionales protégeant la vie privée et les libertés civiques faisaient obstacle jusqu'à récemment à l'adoption de la plupart des schémas établis pour leur mise en usage. Or la « guerre contre la terreur » menée par les États-Unis a insufflé une force nouvelle à ces initiatives.

Le USA Patriot Act, qui a été adopté en 2001, exigeait du président des États-Unis qu'il adopte dans un délai de deux ans une norme biométrique pour l'identification des étrangers entrant aux États-Unis. En outre, tous les pays qui voulaient conserver auprès des États-Unis leur statut de « dispensé de visa » étaient tenus, en vertu de l'U.S. Enhanced Border Security and Visa Entry Reform Act de 2002, de mettre en œuvre la technologie nécessaire pour satisfaire à cette norme au plus tard en octobre 2004[3] – ladite

---

2. Chambre des communes du Canada, *Une carte d'identité nationale au Canada ?* [*A National Identity Card for Canada ?*], rapport intérimaire du Comité permanent de la citoyenneté et de l'immigration, octobre 2003, p. 16-23, www.oipc.bc.ca/pdfs/public/cimmrp06-e.pdf. Voir également Julian Ashbourn, « Background Paper for the Institute », DG JRC-Séville, Commission européenne, janvier 2005, p. 27.
3. Au début, les États-Unis ont exempté 28 pays dispensés de visa des exigences du programme états-unien US VISIT à condition qu'ils mettent en place des passeports biométriques au plus tard en octobre 2004. Toutefois, lorsqu'il est apparu clairement que ces pays ne seraient pas en mesure de se plier à cette échéance, le programme US VISIT a été

norme devant être établie par l'OACI. Confier la chose à cet organisme était une manière de s'assurer qu'il élabore enfin un cahier des charges pour les passeports biométriques et que tous les pays, États-Unis compris, soient finalement contraints de les adopter.

La perspective que des «normes internationales» leur soient imposées par l'OACI a sans doute incité les gouvernements à se délester de leurs préoccupations antérieures au sujet des passeports biométriques: l'OACI les déchargerait de leurs responsabilités politiques en la matière. En mai 2003, le Canada, le Royaume-Uni, la France, le Japon, l'Italie, la Russie et l'Allemagne ont pris en marche le train biométrique conduit par les États-Unis, leur partenaire du G-8, et ont accepté d'instituer un système de passeports biométriques[4].

Les normes qui furent arrêtées ultérieurement par l'OACI étaient des normes minimales, ce qui laissait aux gouvernements une marge de manœuvre suffisante pour adopter pratiquement le modèle de mise en œuvre de leur choix.

LE MODÈLE: CARTE BLANCHE

À l'occasion de sa réunion du printemps 2004 au Caire, l'OACI a adopté, pour les passeports biométriques, des spécifications universellement compatibles et lisibles par machine: la reconnaissance faciale était une norme biométrique obligatoire, les empreintes digitales et rétiniennes étaient des normes facultatives complémentaires.

Les spécifications de l'OACI exigent uniquement que les États mettent en œuvre des systèmes qui permettent de corroborer l'identité des détenteurs de passeport au moyen des renseignements biométriques contenus dans la puce électronique, et de comparer ces derniers aux renseignements biométriques relatifs à des individus

---

appliqué à tous les pays, y compris au Canada. Une fois que les pays à dispense de visa auront mis en œuvre des passeports biométriques lisibles à la machine, on mettra peut-être un terme à la prise d'empreintes digitales de leurs ressortissants conformément au programme US VISIT. Mais cette pratique pourrait être maintenue si les nouveaux passeports n'incorporent pas des données biométriques digitales. Voir notamment Tim Harper, «US to Screen Canadians», *Toronto Star*, 6 janvier 2004.

4. Voir Statewatch, «EU Summit: Agreement on "Harmonised" Biometric Identification Linked to EU Databases», *Statewatch News online*, juin 2003, www.statewatch.org/news/2003/jun/22bio.htm.

jugés « d'intérêt » – par exemple figurant sur une liste de personnes soupçonnées de terrorisme.

Or, les normes de l'OACI laissent entièrement à la discrétion des États la possibilité d'utiliser les passeports biométriques à d'autres fins[5]. Les États peuvent en toute liberté créer des bases de données centrales contenant les renseignements biométriques relatifs aux voyageurs, emmagasiner sur les puces des renseignements non bio-métriques, utiliser les passeports biométriques comme des « clés » pour diverses bases de données étatiques et privées et utiliser les passeports biométriques à d'autres fins que la lutte contre le terro-risme. Dans l'Union européenne, où une base de données centralisée est déjà en voie d'élaboration pour le stockage des empreintes digitales des demandeurs de visas, la Commission européenne a pro-posé la création d'une base de données centralisée pour les empreintes digitales des demandeurs de passeports, c'est-à-dire des simples citoyens[6] (en septembre 2006, celle-ci n'avait pas encore été mise sur pied). Si le programme US-VISIT en ce qui a trait aux visas biomé-triques et les procédés états-uniens d'acquisition de données sont de quelque manière représentatifs, les États-Unis emmagasineront les renseignements contenus sur les passeports biométriques – sur leurs ressortissants et les voyageurs – et les relieront à toutes les bases de données accessibles dans le monde afin de créer des fichiers sur ces personnes. En fait, tous les pays pourraient conserver les renseigne-ments biométriques et personnels qu'ils recueillent sur les passeports des voyageurs et de leurs ressortissants, aussi longtemps qu'ils le veulent et les utiliser à des fins multiples.

LES PUCES D'IDENTIFICATION PAR RADIO-FRÉQUENCE (IRF)

La possibilité que les États emmagasinent, mettent en rapport et utilisent les données de passeports biométriques à d'autres fins que

---

5. Au début de ses délibérations, l'OACI s'était engagée à élaborer des normes qui respectent les lois nationales de protection des données et les pratiques culturelles en matière d'utilisation intérieure et transfrontalière des informations, mais elle n'en fit rien. Voir « Open Letter to ICAO », 30 mars 2004, www.privacyinternational.org/issues/terrorism/rpt/icao letter.pdf
6. Bruno Waterfield, « EU Passport to European Fingerprint Database », Theparliament.com, 18 février 2004, www.eupolitix.com/EN/News/ 200402/ic70db13-14e7-4a32-af69-ib26c445e804.htm.

l'antiterrorisme après l'introduction du passeport biométrique exigé par l'OACI n'est pas la seule raison pour laquelle cette nouvelle initiative mondiale devrait susciter l'inquiétude. Conformément aux spécifications de l'OACI, les États sont tenus d'insérer dans leur passeport biométrique des « circuits intégrés sans contact » – technologie semblable à l'IRF et parfois désignée par le même vocable[7].

Les puces sans contact, tout comme les puces IRF, permettent l'identification à distance. Bien qu'actuellement la norme de l'OACI exige seulement une identification à 10 centimètres, rien n'empêche les États d'adopter une technologie qui permette une plus grande portée, d'autant que la technologie des lecteurs de puce progresse constamment. Comme les puces IRF, les puces sans contact mettent leur contenu (l'identité d'une personne) en permanence à disposition de quiconque est muni d'un lecteur. En août 2006, Lukas Grünwald, conseiller allemand en sécurité, a déclaré à l'occasion d'une conférence sur la sécurité tenue à Las Vegas qu'il ne lui avait fallu que deux semaines pour trouver un moyen de copier la puce d'un passeport sur une pièce vierge. Bien qu'il ait admis ne pas savoir comment modifier l'information sur la puce, il a déclaré à un journaliste que « l'ensemble du processus de conception des passeports est tout à fait inepte. De mon point de vue, tous ces passeports IRF sont un gaspillage énorme d'argent. Ils n'améliorent pas du tout la sécurité[8]. »

L'expérience de Grünwald démontre que si les passeports étaient munis de telles puces, les terroristes pourraient facilement utiliser les renseignements contenus dans les passeports pour contrefaire des pièces d'identité. En outre, à l'aide d'un scanner leur permettant de lire les informations sur les passeports des autres, les terroristes pourraient facilement choisir des États-Uniens pour cibles. En août 2006, le gouvernement des États-Unis a instauré l'inclusion de

---

7. Organisation de l'aviation civile internationale, « Technologie biométrique dans les documents de voyage lisibles à la machine – le plan de l'OACI », note présentée à la douzième réunion de la division de la facilitation de l'Organisation de l'aviation civile internationale, 22 mars-2 avril 2004, Le Caire, Égypte, www.icao.int/icao/en/atb/fal/fal12/documentation/fal12wp004_fr.pdf.

8. Tom Young, « Biometric Passports Get Cracked », Vnunet.com, 7 août 2006, www.vnunet.com/computing/news/2161836/kacers-crack-biometric.

puces sans contact dans les nouveaux passeports états-uniens[9]. Celui-ci a déclaré que ces passeports comporteront une pellicule protectrice de manière à ce qu'on ne puisse pas les lire fermés et qu'on ne puisse les lire que scannés de près[10]. Toutefois, s'il est prévu qu'on les lise de près, on se demande bien pourquoi on n'utilise pas des puces à contact – à moins, comme l'a supposé un analyste, que le gouvernement ne se réserve l'option d'un accès subreptice[11]. Comme dans le cas des puces IRF, il est possible d'« écrire » sur les puces intégrées sans contact. Celles-ci pourraient ainsi contenir des renseignements du type « autorisation de sécurité » insérés par des organismes gouvernementaux, renseignements susceptibles d'être lus par les fonctionnaires des douanes et les responsables de la sécurité de tous les pays.

Si nous sommes tenus de porter des pièces d'identité en tout temps, ce qui est une possibilité si les contrôles biométriques de l'identité se mettent à s'appliquer, en plus des voyages internationaux par avion, aux vols intérieurs et à d'autres modes de transport, nous serons extrêmement vulnérables à la lecture subreptice de notre identité. À l'avenir, des agents gouvernementaux pourraient utiliser des technologies de ce genre pour prendre connaissance de l'identité de tout un chacun lors d'une réunion politique, d'une manifestation ou d'une réunion de prière musulmane, par exemple. Ils pourraient même installer un réseau de lecteurs automatisés sur les trottoirs et les rues afin de suivre les déplacements des personnes.

PASSEPORTS BIOMÉTRIQUES, PIÈCES D'IDENTITÉ ET DÉFICIT DÉMOCRATIQUE

La manière dont les passeports biométriques sont introduits dans le monde – et la façon dont ils ont pavé la voie à l'introduction des cartes d'identité nationales, pourtant longtemps refusées, dans les pays de droit coutumier – offre de très bons exemples de la façon dont les gouvernements ont procédé pour développer une infra-structure de surveillance : à la dérobée, en contournant le processus démocratique.

9. John Oates, « US Gets RFID Passports », *Register*, 15 août 2006.
10. « RFID Passports: Not Dead Yet: State Department Adds Protections But Still Clings to RFID Fantasy », RFIDkills.com.
11. Bruce Schneier, « RFID Passports », entrée du 14 octobre 2004 sur www.schneier.com.

Au Canada, la proposition d'introduire une carte d'identité biométrique nationale a été lancée en automne 2002. À l'automne 2003, elle a été résolument rejetée par un comité parlementaire[12] et par le forum de l'opinion publique[13]. Officiellement, on a renoncé à la proposition. Toutefois, après la refonte du gouvernement en 2004, le comité qui avait examiné la question a été déchargé de ses obligations avant la diffusion de son rapport final. Aussi, a-t-on annoncé l'introduction d'un passeport biométrique (à partir de 2005)[14]. Ces développements sont survenus à la grande surprise de la plupart des institutions et organisations qui avaient participé au débat antérieur sur une pièce d'identité biométrique : elles n'avaient pas entendu parler du consentement du Canada à l'introduction d'un passeport biométrique, au sommet du G-8. En outre, aucun débat public n'a précédé cette initiative. Lorsque ce plan a été annoncé, le gouvernement a prétendu qu'il n'avait pas d'autre option : si les Canadiens voulaient profiter des transports internationaux, ils devaient se conformer à cette mesure[15].

Aux États-Unis, l'idée d'une carte d'identité nationale a toujours été rejetée. Lorsque le numéro de sécurité sociale (Social Security Number) a été introduit en 1936, il ne devait être utilisé que pour l'administration du système de sécurité nationale. On s'est systématiquement opposé aux diverses initiatives visant à faire de ce numéro ou de tout document un identificateur universel. L'Electronic Privacy Information Center résume ainsi la chronique des événements :

---

12. Voir *Une carte d'identité nationale au Canada?*, *supra*, chapitre 6, note 2.

13. Dès la parution au début d'octobre du rapport du comité de la Chambre, le ministre de la Citoyenneté Denis Coderre a été mis sur la défensive. Voir, par exemple, Tyler Hamilton, « Security-as-Theatre, Intrusive, Ineffective Smoke and Mirrors Security Fails », *Toronto Star*, 1er septembre 2003. À l'occasion d'un forum public sur les cartes d'identité nationales organisé par le ministère de Coderre et tenu les 7 et 8 octobre 2003, des organisations de la société civile et des commissaires à la protection de la vie privée ont critiqué la proposition de Coderre d'introduire une carte d'identité nationale ainsi que l'importante participation de l'industrie au forum.

14. Presse canadienne, « Ottawa to Introduce Biometric Passports », *Toronto Star*, 18 juillet 2004.

15. *Ibid.*

L'administration Carter a réitéré que le numéro de sécurité sociale ne devait pas devenir un identificateur et, en 1981, l'administration Reagan a affirmé qu'elle était «explicitement opposée» à la création d'une carte d'identité nationale. En 1993, l'administration Clinton a préconisé une «carte de sécurité-santé» et a assuré le public que cette carte, qui serait délivrée à chaque États-Unien, garantirait «l'entière protection de la vie privée et de la confidentialité». L'idée a pourtant été rejetée et la «carte de sécurité-santé» n'a jamais vu le jour. En 1999, le Congrès a abrogé une disposition controversée de l'Illegal Immigration Reform and Immigrant Responsibility Act qui autorisait l'inscription du numéro de sécurité sociale sur le permis de conduire[16].

En outre, lorsque le Congrès a créé le département de la Sécurité intérieure (Department of Homeland Security), il a précisé clairement dans la loi habilitante que cette instance n'avait pas pour mandat de créer un système national d'identification. Tom Ridge, directeur du département, a souligné à l'époque que «la loi qui a créé le département était très précise sur la question d'une carte d'identité nationale. Elle stipule qu'il n'y aura pas de carte d'identité nationale[17].» Et pourtant, le gouvernement fédéral a rendu obligatoire l'utilisation d'un passeport biométrique pour les États-Uniens par le biais d'un forum international, sans que beaucoup d'entre eux en soient même conscients[18]. De plus, il a réussi à imposer en mai 2005 le REAL ID Act, qui crée de facto une carte d'identité nationale en imposant des normes nationales pour les permis de conduire des États et en contraignant ces derniers à relier entre elles leurs bases de données sur les conducteurs. Ce projet de loi avait été rejeté à l'automne 2004, mais il a été déposé de nouveau et incorporé à un projet de loi où l'on sollicitait de l'argent pour des

16. National ID Cards and REAL ID Act, Electronic Privacy Information Center, www.epic.org/privacy/id_cards/.
17. *Ibid.*
18. Le Congrès des États-Unis a fixé le 26 octobre 2004 comme date limite pour l'inclusion de l'identification biométrique dans les passeports tant états-uniens qu'étrangers, mais les États-Unis, ainsi que d'autres pays, n'ont pu respecter cette échéance. Voir «Iris-Recognition Will Become Common at Border Crossings Into the United States by the End of the Year», *National Post*, 28 août 2004, p. FP7 et Tyler Hamilton, *supra*, chapitre 6, note 13.

actions militaires en Irak. En qualité de « loi impérative », le REAL ID Act a été adopté sans auditions ni débats en comité, et sans débats sur le plancher de la Chambre ou du Sénat[19].

L'*Intelligence Reform and Terrorism Prevention Act*, adopté en octobre 2004, avait déjà mis en œuvre les mesures sécuritaires pour les permis de conduire qui avaient été recommandées par la Commission du 11 septembre 2001. Le REAL ID Act allait encore plus loin, puisqu'il exigeait la mise en réseau des bases de données et la vérification de la légalité du statut, sur le sol états-unien, des demandeurs de permis. Il semble en outre que le gouvernement projetait d'exiger des États qu'ils incorporent une puce IRF au permis de conduire : la spécification gouvernementale pour l'inclusion de puces IRF dans les passeports biométriques comprenait en effet des précisions sur leur insertion dans les permis de conduire[20]. Mais la mise en œuvre du REAL ID Act s'est avérée être un véritable casse-tête pour les autorités des États. Une administratrice de l'Illinois décrivait en particulier la nouvelle disposition sur la mise en réseau des bases de données comme « un cauchemar de cauchemars ». « Pouvons-nous rentrer à la maison, maintenant ? », écrivait-elle[21].

D'aucuns redoutent vraiment que ce nouveau permis de conduire à identité universelle n'entraîne la multiplication des vérifications du type « montrez-moi vos papiers » par les agents gouvernementaux, d'autant plus que la Cour suprême des États-Unis a statué en 2004 que la police pouvait exiger des citoyens respectueux de la loi qu'ils présentent leur identité sans motif raisonnable[22].

Au Royaume-Uni, la proposition d'introduire une carte d'identité nationale a été l'objet d'un débat houleux. Aussi le gouvernement a-t-il renoncé au projet en octobre 2003, sous la pression de la critique[23]. Toutefois, plusieurs mois auparavant, en mai 2003 à l'occasion d'un forum du G-8, le gouvernement du Royaume-Uni avait déjà accepté de développer un système de passeports

---

19. Bruce Schneier, « REAL ID », entrée du 9 mai 2005 sur www.schneier. com.
20. *Ibid.*
21. Brian Bergstein, « National ID, State Nightmare », *The Guardian*, 12 janvier 2006.
22. *Hibel v. Sixth Judicial District Court*, 124 S. Ct. 2451 (2004).
23. Kamal Ahmed, « Ministers to Dump "Useless" Identity Card », *The Observer*, 12 octobre 2003.

biométriques[24]. De même, l'Union européenne a annoncé en décembre 2004 l'introduction de passeports biométriques obligatoires, la lecture faciale étant exigée à partir de 2006 et les empreintes digitales à partir de 2007.

Le gouvernement du Royaume-Uni a ultérieurement déposé un projet de loi sur les cartes d'identité, où l'on proposait que les mêmes données biométriques soient incluses dans une nouvelle carte d'identité nationale qui serait délivrée à tous ceux qui renouvellent leur passeport et à tous les immigrants et réfugiés. Conformément à ce projet de loi, ces cartes deviendraient par la suite obligatoires dès lors que les trois quarts de la population en posséderaient une. En outre, une nouvelle base de données nationale sur la population est en voie d'élaboration. Parmi les données que le gouvernement projette de recueillir figurent les adresses antérieures, les informations sur les voyages à l'étranger et celles sur les occasions où divers renseignements personnels ont été fournis à des organismes gouvernementaux. Selon un comité parlementaire conjoint qui a examiné ce projet de loi, de tels renseignements, qui pourraient remonter jusqu'à un passé indéterminé, seraient en mesure de fournir « une image détaillée d'une vie » et d'ainsi violer la Convention européenne des droits de l'homme[25].

Le projet de loi sur la carte d'identité a été adopté par la Chambre des communes du Royaume-Uni le 10 février 2005, par 224 voix contre 64. Le nombre des abstentions était supérieur à celui des votes inscrits[26]. La Chambre des lords a par la suite rejeté le projet de loi tel que formulé, en insérant des dispositions qui auraient rendu une telle carte facultative. Mais la Chambre des communes a ultérieurement rejeté cet amendement, ce qui menaçait de provoquer une impasse constitutionnelle, car en vertu du projet de loi originel,

24. À l'occasion de la réunion du G-8, le secrétaire de l'Intérieur du Royaume-Uni a affirmé que les passeports britanniques comprendraient des données biométriques à partir de 2006. Kristina Merkner et Elise Kissling, « Germany to Shape EU Passport Rules », *Frankfurter Allgemeine Zeitung (F.A.Z.)*, 27 juin 2003.

25. Phillip Johnston, « ID cards "Could Fall Foul of Human Rights Law" », *Daily Telegraph*, 3 février 2005.

26. Tanya Branigan, « Lords Could Sink ID Bill Admits Clarke », *The Guardian*, 11 février 2005, www.guardian.co.uk/idcards/story/0,15642, 1410578,00.html.

celui-ci devait être approuvé par les deux Chambres[27]. À l'issue des délibérations finales de mars 2006, les lords ont avalisé un compromis selon lequel la mise en place de la carte d'identité serait retardée jusqu'en 2010, après l'élection générale suivante. Cela permettait à un éventuel gouvernement conservateur de supprimer cette carte[28]. En tout cas, si une carte d'identité nationale était introduite en Grande-Bretagne, elle serait vraisemblablement munie d'une puce IRF – d'ailleurs, en janvier 2006, une fuite émanant du Home Office (ministère de l'Intérieur) a révélé l'existence d'un plan gouvernemental allant en ce sens[29].

Malgré que les Canadiens aient échappé à l'imposition d'une carte d'identité nationale la première fois que l'idée a été lancée, il est possible qu'ils se la voient imposer dans un avenir proche. Jusqu'à très récemment, le Canada était exempté de l'exigence états-unienne de présenter un visa biométrique ou un passeport biométrique à l'entrée du pays. Cette exemption a toutefois été supprimée par l'*Intelligence Reform and Terrorism Prevention Act*. En vertu de celui-ci, les Canadiens sont tenus de présenter à la frontière états-unienne un passeport biométrique ou quelque autre document biométrique approuvé. Les négociations sur ce que devrait être cet autre document approuvé pourraient fournir le « catalyseur » permettant de ranimer l'idée d'une carte d'identité nationale canadienne. Les États-Unis sont en train de développer une carte biométrique pour les voyageurs états-uniens retournant dans leur pays à partir du Canada[30] et souhaitent que le Canada en fasse autant[31]. Il est également question de partager des bases de données liées à une carte harmonisée[32]. L'accord et le plan d'action Canada-États-Unis pour la création d'une frontière sûre et intelligente, qui ont été négociés peu de temps après le 11 septembre 2001, visaient la mise

27. Alan Cowell, « A Bit of Good News », *New York Times*, 14 février 2006.
28. BBC, « Deal Paves the Way for ID Cards », 30 mars 2006, http://news.bbc.co.uk/1/hi/uk_politics/48560764.stm.
29. George Monbiot, « The Perpetual Surveillance Society », *Alternet*, 23 février 2006, www.alternet.org/rights/32645.
30. Tim Harper, « US Opts For Security Card », *Toronto Star*, 18 janvier 2006.
31. Beth Gorham, « Wilson Fears "Invisible Barrier" », *Toronto Star*, 6 avril 2006.
32. *Ibid.*

en œuvre de plusieurs des initiatives décrites dans le présent ouvrage. Une des dispositions du plan d'action prévoit l'utilisation, pour divers modes de transport, de cartes d'identité biométriques basées sur des normes communes. Compte tenu de toutes ces pressions, on se demande comment les Canadiens pourront éviter de se voir imposer une carte d'identité nationale biométrique.

DES TECHNOLOGIES ET DES POSTULATS IMPARFAITS

Une fois achevée l'implantation des passeports biométriques, ceux-ci rendraient possible la surveillance de·plus de 1 milliard de personnes dans le monde[33].

Bien que l'on ait prétendu que la technologie biométrique soit le seul moyen de garantir des documents d'identité sûrs, il est néanmoins bien connu que cette technologie est très imparfaite. En particulier, la reconnaissance faciale est entachée par un taux élevé de « faux négatifs » (où la technologie ne reconnaît pas les individus) et de « faux positifs » (où la technologie, à tort, identifie un individu à un autre). Des tests effectués par le gouvernement des États-Unis ont montré que même lorsque l'identité du détenteur du document n'est comparée, au moyen de photographies récentes, qu'à l'information biométrique contenue dans ce même document (comparaison « un contre un », par opposition à une comparaison « un contre plusieurs »), on note des taux de 5 % de faux négatifs et de 1 % de faux positifs. En outre, les taux de fiabilité diminuent rapidement à mesure que vieillissent les photographies, atteignant 15 % d'erreurs après seulement trois ans avec les meilleurs systèmes mis à l'essai[34].

Quinze pour cent de 1 milliard de personnes, cela signifie que 150 millions de personnes seraient mal identifiées ! Même les inventeurs de la technologie biométrique admettent qu'elle est dangereusement défectueuse. Ainsi, George Tomko, considéré comme l'un des pères de cette technologie, affirme que même un taux de fiabilité

---

33. BBC News, « Concern Over Biometric Passports », 30 mars 2004, http://newsvote.bbc.co.uk/mpapps/pagetools/print/news.bbc.co.uk/1/hi/technology/3582461.stm.

34. Gouvernement des États-Unis, « Reconnaissance faciale pour la confirmation d'identité – inspection des documents de voyage ». Présenté à la douzième réunion de la division de la facilitation de l'Organisation de l'aviation civile internationale, 22 mars-2 avril 2004, Le Caire, Égypte, www.icao.int/icao/en/atb/fal/fal12/documentation/fal12wp063_fr.pdf.

de 99,99 % – que n'atteint aucun des appareils de détection – laisserait des millions de personnes vulnérables à une erreur d'identification[35].

Qui plus est, les ennemis de l'État les plus résolus pourraient utiliser de fausses identités pour obtenir des documents d'identité biométriques. Ainsi, une atteinte à la sécurité comme celle qu'a subie récemment la société de collecte de données ChoicePoint (qui a permis à des voleurs d'avoir accès à des données personnelles relatives à 145 000 personnes) pourrait permettre à des terroristes de faire de faux documents[36]. Les ennemis de l'État peuvent également parvenir à leurs fins avec leur propre identité. Tous les pirates de l'air connus du 11 septembre 2001, sauf deux, sont entrés aux États-Unis et ont quitté le pays en utilisant leur propre identité[37]. Au moment de l'attentat ferroviaire de Madrid en mars 2004, l'Espagne possédait un système de cartes d'identité nationales, mais les cartes d'identité n'ont pas permis aux autorités d'empêcher l'attentat.

L'EXTENSION À D'AUTRES SYSTÈMES DE TRANSPORT

Les gouvernements envisagent depuis peu de temps d'étendre à d'autres modes de transport les mesures de sécurité qu'on est en train de mettre en œuvre pour l'aviation civile[38]. Si tel devait être le cas, l'usage de documents d'identité biométriques s'accroîtrait de manière exponentielle et les systèmes de transport pourraient devenir des postes de contrôle internes comparables à ceux qu'on associe généralement aux États policiers.

---

35. Lynda Hurst, *supra*, chapitre 5, note 38.
36. David Colker et Joseph Menn, « ChoicePoint CEO Had Denied Any Earlier Breach of Database », *Los Angeles Times*, 3 mars 2005.
37. Lynda Hurst, *supra*, chapitre 5, note 38.
38. Voir, par exemple, Gouvernement du Canada, « Programme canadien d'information préalable sur les voyageurs », note présentée à la douzième réunion de la division de la facilitation de l'Organisation de l'aviation civile internationale, 22 mars-2 avril 2004, Le Caire, Égypte, point 1.3, www.icao.int/icao/en/atb/fal/fal12/documentation/fal12wp038_fr.pdf. Cette note correspond à la présentation du Canada à l'OACI sur les DP. Voir également Tonda McCharles, « Air Travelers Face Screening : Canadian Program Aims at Terrorist "Risk Scoring" System ; Information Could Be Shared With US, Documents Show », *Toronto Star*, 17 janvier 2004.

L'INSTITUTIONNALISATION DU STATUT DE « NON-PERSONNE »

Bien entendu, dans un système d'identité global fondé sur l'évitement du risque, le fait de ne *pas* être inscrit ou de ne *pas* avoir de profil personnel équivaut à être une « non-personne ». En créant l'inclusion, le système crée également l'exclusion[39]. En fait, une personne dépourvue de document d'identité obligatoire n'existera pas – ou n'existera qu'en tant que risque pour l'État.

Si quelqu'un ne possède pas de document d'identité (parce qu'il a été perdu ou volé ou n'a pas été émis en raison d'une erreur bureaucratique) ou de profil de données (parce qu'il est pauvre ou qu'il est un objecteur de conscience, ou encore qu'il ne participe pas aux activités par le biais desquelles les données sont recueillies) – il sera considérée, par définition, comme un risque. Et il sera *lui-même* menacé, car l'État le traitera de manière agressive, ne lui accordant que peu de sauvegardes juridiques, voire aucune.

---

39. Remarque de Brian Murphy, Interpares.

CHAPITRE 7

La création d'une infrastructure pour la surveillance globale des déplacements

La liberté de circulation est essentielle à notre conception des valeurs.

JUGE WILLIAM O. DOUGLAS, Cour suprême des États-Unis

LE PASSEPORT ET LE VISA biométriques sont des éléments d'une infrastructure plus vaste qui est présentement en voie d'élaboration pour surveiller les personnes et leurs déplacements dans le monde entier. Cette infrastructure comprend une initiative supplémentaire : le partage des informations préalables sur les voyageurs (IPV) et le partage des dossiers passagers (DP). Maher Arar a vraisemblablement été signalé et ensuite détenu aux États-Unis parce que son transporteur aérien avait communiqué ses IPV et ses DP aux responsables états-uniens avant l'atterrissage.

Les IPV sont la transcription de la liste des passagers inscrits au manifeste de bord de l'avion. Les renseignements des DP sont les données conservées dans les systèmes de réservation des transporteurs aériens. Les DP peuvent comporter plus de 60 champs d'information, notamment le nom et l'adresse du voyageur, l'adresse de la personne chez qui il séjournera, l'itinéraire du voyage, la date d'achat du billet, des informations sur la carte de crédit, le numéro du siège, le choix de repas (qui peut fournir des indices sur l'affiliation religieuse ou ethnique), des renseignements médicaux, des renseignements comportementaux, ainsi que, s'il s'agit d'un grand voyageur, diverses informations liées.

EXIGENCES ÉTATS-UNIENNES POUR LE PARTAGE DES DOSSIERS PASSAGERS

Dans leur *Aviation and Transport Security Act*, les États-Unis ont exigé des transporteurs aériens étrangers qu'ils mettent les dossiers passagers à la disposition de leur agence des douanes et que ces renseignements puissent être partagés avec d'autres organismes. L'administration Bush a par la suite décrété en juin 2002 un règlement intérimaire qui interprétait très librement ces impératifs législatifs. Ce règlement exige:

- que les transporteurs fournissent à la douane états-unienne un accès *direct* à leurs systèmes informatiques;

- que soient disponibles les données sur *tous* les vols, et non seulement sur ceux qui sont destinés aux États-Unis;

- qu'une fois transmises, les données soient mises à la disposition d'autres organismes fédéraux que la douane, cela à des fins de sécurité nationale ou conformément à la loi;

- que les États-Unis puissent conserver les informations transmises pendant *50 ans*[1].

Menacés d'amendes et de la privation du droit d'atterrir aux États-Unis, les transporteurs aériens ont commencé à accorder aux États-Unis ce qu'ils voulaient, bien que cela revienne à violer les principes fondamentaux des lois de leur pays d'attache relatives au respect de la vie privée. En général, ces principes prévoient:

- des restrictions dans la divulgation de renseignements personnels à des tierces parties;

---

1. Privacy International, *First Report Towards an International Infrastructure for Surveillance of Movement: Transferring Privacy: the Transfer of Passenger Records and the Abdication of Privacy Protection*, février 2004, p. 2. [*Transferring Privacy*]

- la restriction de l'utilisation des données aux fins pour lesquelles elles ont été recueillies;

- la conservation des données uniquement en stricte conformité avec l'utilisation déclarée;

- la possibilité d'un recours juridique pour les particuliers afin qu'ils puissent corriger les données inexactes ou contester l'utilisation abusive des données;

- l'engagement, de la part du détenteur des données, à assurer la sécurité relative à ces données[2].

Les gouvernements nationaux des pays d'attache de ces transporteurs aériens se sont alors retrouvés face au dilemme suivant: faut-il contraindre ces derniers à respecter les lois relatives au respect de la vie privée ou faut-il permettre les transferts d'informations? Parallèlement, le gouvernement des États-Unis a entamé des démarches auprès d'eux pour négocier des accords bilatéraux officiels sur le partage des DP.

LES ACCORDS CONCLUS

Au Canada, où le gouvernement planifiait son propre système de dossiers passagers (en décembre 2001, il avait accepté de partager d'une manière ou d'une autre les renseignements des DP avec les États-Unis dans le cadre du Plan d'action pour la création d'une frontière sûre et intelligente[3]), on a réussi à faire voter discrètement au Parlement une exemption à la Loi canadienne sur la protection des renseignements personnels et les documents électroniques. Cette exemption permettait aux transporteurs canadiens de divulguer

---

2. Voir, par exemple, la directive 95/46/EC du Parlement européen et du Conseil du 24 octobre 1995 sur la protection des individus relativement au traitement des données personnelles et sur la liberté de mouvement de telles données, *Journal officiel*, n° L 281/31, 23 novembre 1995, p. 31-50, http://europa.eu.int/comm/internal_market/privacy/law_en.htm; et, au Canada, la Loi sur la protection des renseignements personnels et les documents électroniques, 2000, www.privcom.gc.ca/legislation/02_06_01_e.asp. En Amérique latine, les lois sur l'*habeas corpus* renferment des dispositions semblables.
3. «Déclaration sur la frontière intelligente», 12 décembre 2001, http://www.publicsafety.gc.ca/prg/le/bs/sbdap-fra.aspx [Plan d'action pour la création d'une frontière sûre et intelligente].

à un État étranger toute information en leur possession sur leurs passagers, si cela était exigé par les lois de cet État[4].

En Europe, la Commission européenne est parvenue à un accord sur le partage des dossiers passagers avec les États-Unis en décembre 2003[5]. Pour ce faire, la Commission a émis un jugement très controversé sur l'aptitude (l'«adéquation») des initiatives états-uniennes à protéger la confidentialité des informations européennes conformément à la directive sur la protection des données de l'UE[6]. En fait, cet accord viole plusieurs des principes essentiels avancés par la directive[7]. Les données sont recueillies à des fins qui sont nombreuses et non précisées, et elles seront largement partagées entre les nombreuses instances qui composent le département états-unien de la Sécurité intérieure[8]. Une fois emmagasinés, rien ne garantit que ces renseignements ne seront pas partagés avec des tiers, voire transférés en totalité à ces derniers[9]. Il n'existe aucun droit d'accès manifeste pour les particuliers, aucun droit de recours en justice[10], ni aucune exigence que les données soient conservées le moins longtemps possible[11]. Aspect révélateur, cet accord laisse sans réponse la question de savoir si les données personnelles relatives aux citoyens européens seraient utilisées par le système états-unien d'inspection préliminaire des passagers assistée par ordinateur (Computer Assisted Passenger Pre-Screening System – CAPPS II), bien que l'on sût à l'époque des négociations que les États-Unis

---

4. Loi modifiant la Loi sur l'aéronautique, 2001, c. 38, s. 1, http://laws. justice.gc.ca/en/2001/38/text.html.
5. *Transferring Privacy*, *supra*, chapitre 7, note 1, p. i.
6. «EU-US PNR: Council to Ignore Parliament and Go Ahead With "Deal"», *Statewatch News Online*, avril 2004, www.statewatch.org/news/2004/apr/13ep-vote-pnr-court.htm [Council to Ignore Parliament].
7. «All the National Authorities Competent for Data Protection in Europe Have Declared These Transfers Incompatible With European Privacy Laws», lettre de Graham Wilson, député, Enrique Baron Crispo, député, et Johanna Boogerd-Quaak, députée, rapporteuse, à leurs collègues du Parlement européen, avril 2004. Voir également *Transferring Privacy*, *supra*, chapitre 7, note 1, p. 2.
8. *Transferring Privacy*, *supra*, chapitre 7, note 1, p. 5.
9. Lettre de députés, *supra*, chapitre 7, note 7.
10. *Ibid.*
11. Selon l'accord actuel, la période de rétention est de trois années et demie. *Transferring Privacy*, *supra*, chapitre 7, note 1, p. 11.

utilisaient *déjà* des données européennes pour tester le système[12]. CAPPS II avait pour objectif d'utiliser les dossiers passagers ainsi que d'autres renseignements afin d'attribuer une « cote de risque » à tous les passagers aériens.

LES DOSSIERS PASSAGERS ET LE DÉFICIT DÉMOCRATIQUE – AUTRE RENVOI À L'OACI

Pour conclure cet accord entre l'Union européenne et les États-Unis, on a contourné les processus démocratiques habituels. Il a été rejeté trois fois par le Parlement européen, l'unique instance de l'Union européenne élue directement, lequel a renvoyé la question de l'« adéquation » à la Cour européenne de justice[13]. Mais le Conseil de l'Europe (organisme législatif composé de représentants des gouvernements nationaux de l'UE) a dérogé à l'avis du Parlement et de la Cour et s'est appuyé sur ses pouvoirs en matière d'application des traités pour approuver machinalement l'accord[14].

Fin mai 2006, la Cour européenne de justice a statué que la Commission européenne et le Conseil de l'Europe ne disposaient pas de l'autorité leur permettant de signer cet accord[15]. Mais ce jugement représente, pour le Parlement européen, une victoire à la Pyrrhus : il n'aborde pas le problème de la protection des données et permet aux États-Unis de remplacer l'accord originel soit par des accords bilatéraux, soit par un instrument relatif au « troisième pilier », qui échappe aux prérogatives du Parlement européen. Or, s'agissant de la protection des données, ces nouveaux accords pourraient même être pires que l'accord originel[16].

Il apparaît que le Conseil de l'Europe envisageait lui-même de créer un système pour la collecte et l'exploitation des données des dossiers passagers[17]. En effet, les ministres de la Justice et de l'Intérieur ont approuvé un projet de partage européen des DP en avril

---

12. *Transferring Privacy, supra,* chapitre 7, note 1, p. 10.
13. Council to Ignore Parliament, *supra,* chapitre 7, note 6.
14. Ian Black, « EU Hands Over Data on Air Travelers », *Guardian,* 18 mai 2004.
15. Nicola Clark et Matthew L. Wald, « Hurdle for US in Getting Data on Passengers », *New York Times,* 31 mai 2006.
16. Remarque de Ban Hayes, Statewatch.
17. Voir *Transferring Privacy, supra,* chapitre 7, note 1, p. 5-9 ; et Privacy International, « Report on Transfers of Air Passenger Data to the US Department of Homeland Security », communiqué, 2 février 2004.

2004, c'est-à-dire juste à temps pour éviter une nouvelle procédure de « codécision » qui, entrant en vigueur le 1er mai 2004, aurait rendu obligatoire l'approbation du Parlement européen. Les parlements nationaux ont également été contournés – le gouvernement du Royaume-Uni, par exemple, a dérogé au droit du Parlement britannique d'examiner à fond le document[18].

Afin d'éviter de nouvelles controverses, le Conseil de l'Europe a fait renvoyer la question du partage des données des DP à l'OACI, lui demandant d'élaborer des normes universelles[19]. Tout comme dans le cas des passeports biométriques, un système mondial sera donc élaboré par un organisme international non élu, ce qui donnera licence aux gouvernements pour faire ce que les lois et les citoyens de leur pays auraient peut-être empêché. À ce jour, les États-Unis, l'Union européenne, le Royaume-Uni, le Canada et l'Australie ont édicté des lois pour mettre sur pied des systèmes de partage des données contenues dans les DP[20]. D'autres pays en feront certainement autant une fois adoptées les normes de l'OACI.

L'EXTENSION À D'AUTRES MODES DE TRANSPORT

Comme nous l'avons indiqué plus haut, les responsables gouvernementaux envisagent d'étendre à d'autres systèmes de transport les

18. Voir Statewatch, *Observatory on EU PNR Scheme*, www.statewatch. org/eu-pnrobservatory.htm.

19. « En septembre 2003, la Commission a décidé d'accélérer les travaux sur l'élaboration d'un accord international portant sur les transferts de données relatives aux dossiers personnels [DP] au sein de l'OACI. Les services de la Commission ont rédigé à cet effet un document de travail qui sera bientôt soumis à l'OACI par la Communauté et ses États membres. » Commission des Communautés européennes, « Transfert des données des dossiers passagers (Passenger Name Record – PNR) : une démarche globale de l'Union européenne », communication de la Commission au Conseil et au Parlement, COM (2003) 826 final, Bruxelles, 16 décembre 2003. Communauté européenne et ses États membres, « Un cadre international pour le transfert des données (PNR) », note présentée à la douzième réunion de la division de la facilitation de l'Organisation de l'aviation civile internationale, 22 mars-2 avril 2004, Le Caire, Égypte, www.icao.int/icao/en/atb/fal/fal12/documentation/fal12wp075_fr.pdf [Soumission de L'UE à l'OACI].

20. *Ibid.*, point 1.1. S'agissant de l'existence du programme britannique, voir Statewatch, « UK : e-Border Plan to Tackle "Threats" », *Statewatch Bulletin*, vol. 15, n° 3-4.

mesures de sécurité qui sont mises en œuvre pour le transport aérien. Ainsi le Canada, dans une présentation soumise à l'OACI au printemps 2004[21], a fait part de son intention d'étendre son système de DP à d'autres modes de transport, et il a déjà étendu le système de manière à inclure le transport aérien intérieur[22]. Aux États-Unis, le ministère de la Sécurité intérieure a fait des suggestions semblables relativement au système d'inspection des passagers aériens prévu[23]. Quant au Royaume-Uni, il a précisé que son système de DP aux « frontières électroniques » sera « étendu progressivement à tous les transporteurs aériens, maritimes et ferroviaires assurant des liaisons internationales vers les principaux ports britanniques ou à partir de ces derniers[24] ».

Là encore, si ces projets devaient se concrétiser, les systèmes de transport de nos pays pourraient devenir des postes de contrôle du genre de ceux qu'on associe généralement aux États policiers. Compte tenu de la diversité des renseignements fournis par les DP, l'État pourrait brosser un tableau très détaillé de nos vies personnelles en suivant et en enregistrant nos déplacements à l'intérieur et à l'extérieur du pays. Comme un collègue britannique me l'a dit une fois avec esprit, les programmes de partage des DP devraient afficher l'avertissement : « Achetez un billet, obtenez un dossier[25]. » On pourrait également dire : « Vous avez un dossier ? N'achetez pas de

---

21. Soumission canadienne à l'OACI sur les dossiers personnels (DP), *supra*, chapitre 6, note 38, point 1.3. Voir également Beth Gorman, « Domestic Passengers to Be Screened : Ottawa Looking at Kinds of Information That Can Be Collected », *Vancouver Sun*, 31 janvier 2004, où l'on fait état de projets d'inclusion des passagers arrivant par autobus, par bateau ou en train à la base de données des passagers aériens arrivant par vol international conservée par l'Agence des douanes et du revenu du Canada.
22. En vertu de la Loi sur la sécurité publique du Canada.
23. La porte-parole Suzanne Luber a affirmé que le nouveau programme remplaçant les Computer Assisted Passenger Prescreening Systems (CAPPS II) s'appliquerait à tous les passagers voyageant à destination ou en provenance des États-Unis ou à l'intérieur du pays. « US Ditches Travel Surveillance Plan », *Toronto Star*, 16 juillet 2004.
24. Statewatch, « UK : e-Border Plan to Tackle "Threats" », *supra*, chapitre 7, note 20.
25. John Lettice, « Got a Ticket ? Get a Record. EU-US Data Handover Deal Leaks », *Register*, 3 février 2004, www.theregister.co.uk/2004/02/03/got _a_ticket_get/.

billet!» Car les gouvernements ont déjà commencé à utiliser les systèmes de DP à des fins d'application régulière de la loi. Ainsi, en 2003, les services états-uniens des douanes et de protection de la frontière (*Customs and Border Protection*) ont mis le grappin sur 4 555 citoyens états-uniens qui étaient recherchés par la police pour divers délits criminels; en 2004, ce chiffre s'est accru à 6 189[26]. Derrière ces coups de filet se cache le Centre national d'informations sur la criminalité du FBI (*National Crime Information Center*), «organe d'archivage de 40 millions de dossiers couvrant tout, allant des terroristes jusqu'aux bateaux volés[27]». Parallèlement, les autorités ont commencé à utiliser couramment le repérage IPV/DP afin d'appréhender des non-citoyens pour des délits relatifs à l'immigration, les bases de données sur l'immigration leur permettant d'effectuer des vérifications[28].

L'avertissement pourrait tout aussi bien se lire comme suit: «Vous achetez ce billet à vos risques et périls.» Comme je l'expliquerai plus loin, dans les pays dont les lois permettent le partage des données sur les DP, celles-ci sont emmagasinées et utilisées pour créer des profils de données sur les individus, de manière à ce que ces profils puissent être passés au crible d'algorithmes informatiques pour «identifier le risque». Même avant qu'un individu soit qualifié de «risque», il n'a aucun moyen de s'assurer d'un traitement équitable, pour la bonne raison que les critères de classement ne sont même pas divulgués. Et il n'existe guère, si tant est qu'il en existe, de droits de recours juridique permettant au particulier de contester une «cote» de risque une fois qu'elle lui a été attribuée. Ceux qui sont identifiés comme représentant un risque modéré ou «inconnu» seront empêchés d'embarquer dans l'avion. Quant à ceux qui sont identifiés comme constituant un risque élevé, ils se verront empêchés d'utiliser un système de transport, quel qu'il soit.

Peut-être ces conséquences ne paraissent-elles pas très graves de prime abord, mais, comme l'a fait remarquer William O. Douglas, juge de la Cour suprême des États-Unis:

---

26. Barry Newman, «How Tools of War on Terror Ensnare Wanted Citizens», *Wall Street Journal*, 1er novembre 2005.
27. *Ibid.*
28. *Ibid.*

Le droit de voyager est une composante de la « liberté » dont le citoyen, conformément au cinquième amendement de la Constitution, ne saurait être privé sans procédure de recours judiciaire (...). La liberté de circulation à travers les frontières dans une direction ou dans l'autre, ainsi qu'à l'intérieur des frontières, fait partie de notre patrimoine. Il est parfois nécessaire de voyager à l'étranger ou dans le pays pour assurer un gagne-pain. Cela peut être aussi cher à l'individu que le choix de ce qu'il mange, ce qu'il porte ou ce qu'il lit. La liberté de circulation est essentielle à notre conception des valeurs. « Notre nation, a écrit Chafee, a prospéré selon le principe qu'hormis les cas de conduite manifestement nuisible, il incombe à chaque Américain de façonner sa vie pour le mieux, d'agir comme bon lui semble, d'aller où bon lui semble »[29].

Pour certains, le fait d'être considéré comme un risque aura des conséquences graves. À l'instar de Maher Arar, qui a vraisemblablement été identifié sur un manifeste de bord, ils seront enlevés par les autorités de l'État et transférés dans des prisons situées dans des pays tiers ou dans des camps extraterritoriaux gérés directement par les États-Unis, où ils seront détenus indéfiniment, torturés, voire peut-être tués. Tout comme Maher Arar, beaucoup de ces personnes seront innocentes et n'auront aucun lien avec le terrorisme. Une poignée d'entre elles seront coupables, mais aucune ne mérite la brutalité débridée à laquelle elles seront soumises.

---

29. *Kent v. Dulles*, 357 US 116 (1958).

CHAPITRE 8

La surveillance mondiale des communications électroniques, des dossiers et des transactions financières

Il était même concevable qu'ils observent tout le monde tout le temps. De toute façon, ils pouvaient se brancher sur votre fil quand bon leur semblait. Il vous fallait vivre – vous viviez effectivement sous l'emprise de l'habitude devenue instinct – en supposant que chaque son que vous faisiez était entendu...

GEORGE ORWELL (1984)

OUTRE LA CRÉATION D'UN SYSTÈME MONDIAL d'enregistrement et d'identification et d'une infrastructure pour la surveillance des déplacements, les gouvernements cherchent à accroître considérablement leurs capacités d'interception et de surveillance des communications électroniques et des transactions financières, autant à l'intérieur des frontières nationales qu'au-delà. La mise sur écoute secrète et criminelle par le président Bush des États-Uniens, dans le cadre de son programme de la NSA, constitue certes un des exemples les mieux connus de cette tendance, mais il en existe de nombreux autres que je vais rapidement décrire.

L'histoire montre que les organismes du maintien de l'ordre et les gouvernements soucieux d'appliquer la loi s'emploient depuis toujours à accroître leurs pouvoirs de surveillance. Dans les pays démocratiques, les lois et les traditions relatives aux libertés civiques ont eu tendance à freiner de tels abus. Il était fermement exigé que les gouvernements équilibrent les intérêts de l'État en matière de maintien de l'ordre et le droit des individus à demeurer dans la tranquillité, à l'abri des perquisitions et des saisies déraisonnables. Ces contrepoids ont toutefois été foulés aux pieds alors que les États adoptaient des mesures antiterroristes qui accroissaient leurs pouvoirs d'interception des communications, de perquisition et de saisie, tout en affaiblissant ou supprimant le droit de regard judiciaire sur ces pouvoirs[1].

Il se passe encore autre chose. Comme je l'explique dans le présent chapitre, le secteur privé est réquisitionné pour servir d'yeux et d'oreilles à l'État. Tout comme il l'a fait avec l'acquisition des bases de données du secteur privé et des systèmes d'enregistrement des passagers des compagnies aériennes, l'État utilise le secteur privé pour accroître de manière exponentielle ses capacités de surveillance dans les domaines des communications et des transactions financières. Les gouvernements, plutôt que de se fier aux pratiques hétérogènes des entreprises, commencent à leur dicter la manière dont leur système d'information doit être conçu, la nature des informations à recueillir et la durée de leur conservation. Ils indiquent également la nature de ce qui doit être vérifié et signalé, et de ce qui doit être directement délivré aux agents de l'État.

L'ACCÈS AUX DOSSIERS ÉLECTRONIQUES AUX ÉTATS-UNIS

Si les États-Unis animent, pour une bonne part, les initiatives internationales d'accroissement de la surveillance électronique et financière, ils constituent également un cas exemplaire de développement de ce type de surveillance sur le sol national. J'ai décrit plus haut le programme secret d'espionnage de la NSA du président Bush. Or non seulement l'USA Patriot Act accorde aux agents de l'État de nombreux autres pouvoirs d'espionnage, mais encore certaines lois antérieures aux événements du 11 septembre 2001 sont interprétées de manière agressive afin de permettre une surveillance plus poussée. Nous allons d'abord présenter un exemple de cette dernière tendance, avant de décrire certaines des dispositions les plus troublantes de l'USA Patriot Act.

---

1. Voici trois exemples d'une telle législation: le USA Patriot Act, la Loi antiterroriste de la Colombie et la Loi antiterroriste du Canada.

L'accès aux données sur la localisation des téléphones cellulaires
en vertu de la Loi sur les communications mémorisées
(Stored Communications Act)

Il y a plus de 195 millions d'utilisateurs de téléphones cellulaires aux États-Unis; or la plupart d'entre eux ne savent pas que le gouvernement peut suivre chacun de leurs déplacements grâce aux signaux qu'ils émettent[2]. Lorsqu'un téléphone cellulaire est allumé, les sociétés exploitantes comme Rogers ou Verizon Wireless peuvent déterminer avec une précision de 300 m la localisation de l'abonné. Même lorsqu'un téléphone cellulaire est éteint, il émet des signaux vers les antennes-relais qui permettent à l'exploitant d'enregistrer la localisation de l'abonné à mesure qu'il se déplace[3].

Aux États-Unis, les procureurs du ministère de la Justice ont fait valoir que la norme régissant l'accès à ces informations extrêmement révélatrices est contenue dans un amendement de 1994 à la Loi sur les communications mémorisées (*Stored Communications Act*)[4]. Cette norme est beaucoup moins contraignante que l'habituelle norme du «motif probable», en ce sens qu'elle exige seulement du gouvernement qu'il démontre que les dossiers qu'il recherche sont «pertinents et importants pour une enquête en cours». Il apparaît que les tribunaux ont couramment accordé des mandats permettant l'enregistrement de données anciennes ou en temps réel sur la localisation des téléphones cellulaires en s'appuyant sur cette norme[5]. Clifford S. Fishman, ancien procureur au Bureau du procureur du district de Manhattan, a affirmé au *New York Times* que, d'après son expérience, les demandes de tels mandats sont devenues de plus en plus courantes depuis 2003[6].

Vers la fin de 2005, trois juges de tribunaux d'instance fédéraux ont refusé des demandes d'enregistrement de données sur la localisation de téléphones cellulaires selon le critère de la «pertinence». Ils ont fait valoir que le pistage des téléphones cellulaires était tout

---

2. Matt Richtel, «Live Tracking of Mobile Phones Prompts Court Fights on Privacy», *New York Times*, 10 décembre 2005.
3. *Ibid.*
4. *Ibid.*
5. Nouvelle choc, «New Case Reveals Routine Abuse of Government Surveillance Powers», Electronic Frontier Foundation, septembre 2005, www.eff.org/news/archives/2005_09.php#004002.
6. Matt Richtel, *supra*, chapitre 8, note 2.

aussi indiscret que les écoutes à domicile et devait donc être soumis
à la même norme du « motif probable » que les mandats pour la mise
sur écoute à domicile[7]. Reste à voir si ce changement de cap de la
jurisprudence sera suffisant pour empêcher le gouvernement d'accéder facilement aux données sur la localisation des téléphones
cellulaires.

Les lettres sur la sécurité nationale (National Security Letters)

Un jour de l'été 2005, en face des courts de tennis sur l'avenue
Matianuk à Windsor, au Connecticut, George Christian a été abordé
par des agents du FBI. Christian était le directeur exécutif de la
société Library Connection Inc. ; il gérait les dossiers numériques de
plus de 30 bibliothèques du Connecticut. La lettre que les agents lui
ont remise, « qui était armoriée du blason et des étoiles du FBI », lui
ordonnait de remettre « l'ensemble des informations sur les abonnés,
des données de facturation et des journaux d'exploitation de toutes
les personnes » utilisant un certain ordinateur d'une bibliothèque
située à quelques kilomètres de là[8]. La lettre précisait que ces renseignements étaient recherchés dans le cadre d'une enquête « visant à
assurer une protection contre le terrorisme intérieur et contre les
activités de renseignement clandestines » et interdisait à Christian de
« révéler à quiconque que le FBI avait cherché à obtenir ou avait
obtenu l'accès à des renseignements ou à des dossiers en vertu [du
Patriot Act][9] ». Or Christian a refusé de livrer ces informations, et
son employeur, ainsi que l'American Civil Liberties Union, ont
intenté un procès contre l'ordonnance de bâillon. Le *Washington
Post* a pu déduire l'identité de Christian et celle de son employeur à
partir d'une comparaison des parties non scellées du dossier du
tribunal et des dossiers publics, et de « renseignements glanés de personnes qui n'étaient pas informées de cette demande du FBI[10] ».

Comme l'a fait remarquer le *Washington Post*, ce cas fournit
« un rare aperçu d'une pratique de surveillance intérieure appuyée

7. *Ibid.* Les juges siégeaient pour des procès dans les États de New York,
du Texas et du Maryland.
8. Barton Gellman, « The FBI's Secret Scrutiny », *Washington Post*,
6 novembre 2005.
9. Eric Lichtblau, « F.B.I. Using Patriot Act, Demands Library's Records »,
26 août 2005.
10. *Ibid.*

sur le USA Patriot Act qui est en croissance exponentielle » : l'emploi de National Security Letters (NSL) («lettres sur la sécurité nationale»). Ces dernières sont une espèce d'assignation administrative utilisée par divers organismes gouvernementaux états-uniens[11]. Or, dans le domaine du maintien de l'ordre et de l'application de la loi, leur utilisation avait toujours été sévèrement contrôlée. Créées dans les années 1970, les NSL du FBI constituaient une exception restreinte au droit relatif au respect de la vie privée du consommateur, exception qui permettait au FBI – sans ordonnance d'un tribunal – d'espionner secrètement les communications et les dossiers financiers de présumés agents étrangers. En s'appuyant sur la section 505 du Patriot Act et sur de nouvelles normes pour leur utilisation, l'administration Bush a considérablement élargi l'usage des NSL, de la même façon qu'elle a élargi le mandat de la NSA. Le FBI peut désormais utiliser les NSL aux dépens de citoyens et de résidents respectueux de la loi, au sujet desquels il n'existe pas de motif raisonnable de croire qu'ils ont des liens avec un agent étranger ou une organisation terroriste. La norme relative au «motif de croire» des dispositions législatives antérieures a été remplacée par la simple exigence que le FBI certifie que les renseignements recherchés soient « pertinents » pour une enquête «visant à assurer une protection contre le terrorisme international ou des activités de renseignement clandestines».

Le FBI ne peut utiliser les National Security Letters pour lire le contenu des communications. Toutefois, comme l'a expliqué Michael J. Woods, ancien avocat du FBI, «l'image composite d'une personne qui émerge de l'information transactionnelle est plus révélatrice que le contenu direct du discours[12]». Elle permet aux agents de connaître la nature et la provenance de ce que vous achetez et de savoir quelles vidéos vous louez, quels sites Internet vous fréquentez et quels sujets vous explorez avec Google, de connaître les destinataires de vos courriels et de savoir où vous gagnez de l'argent, ce que vous mettez en gage et empruntez, ce que vous pariez, où vous voyagez et avec qui, et qui vous téléphone et à partir

---

11. Charles Doyle, *Administration Subpoenas and National Security Letters in Criminal and Intelligence Investigation: A Sketch*, CRS Report for Congress, 15 avril 2005.
12. Barton Gellman, « The FBI's Secret Scrutiny », *supra*, chapitre 8, note 8.

d'où. Quiconque reçoit une NSL se voit interdire à jamais de révéler à quiconque le fait qu'il l'a reçue.

Selon le *Washington Post*, le FBI a envoyé ces dernières années plus de 30 000 NSL par année, comparativement aux quelque 3 000 qu'il envoyait par année auparavant. Le bureau n'est pas tenu de rendre des comptes au ministère de la Justice ni au Congrès au sujet de son recours aux NSL. En outre, l'exécutif ne conserve que des statistiques incomplètes qu'on ne trouve que dans des rapports classés secrets[13].

Il n'est pas étonnant que l'utilisation des NSL par le FBI soit en pleine expansion au vu des nouvelles normes émises à l'intention du Bureau par le procureur général John Ashcroft, les 30 mai 2002 et 31 octobre 2003. Par le biais de ces normes, il « a fait de la prévention des attaques par tous les moyens possibles la priorité la plus élevée[14] ». Nous voyons ainsi de nouveau les effets de la mise en œuvre de la doctrine de la prévention. À l'instar de la NSA avec son programme secret, le FBI utilise les NSL non seulement pour suivre des pistes, mais également pour en *créer*[15].

Selon Joseph Billy Jr, sous-directeur adjoint à l'antiterrorisme au FBI, « c'est tout à fait une histoire d'œuf et de poule. Nous essayons de déterminer si un individu doit être l'objet d'une surveillance ou non. » Il reconnaît cependant que des personnes innocentes verront leurs renseignements personnels passés au peigne fin. Et d'ajouter : « le simple fait de figurer dans une base de données du gouvernement ou du FBI (…), vous savez, fait dresser les cheveux sur la tête à tout le monde[16] ».

Aux yeux de Michael Mason, chef du bureau local du FBI à Washington ayant autorité pour envoyer des NSL, il n'existe pas d'argument valable contre leur utilisation : certes, « je ne tiens pas nécessairement à ce que l'on sache quelles vidéos je loue ou qu'on sache que j'aime les bandes dessinées ». Mais si ces renseignements « ne sont jamais utilisés contre une personne, s'ils ne sont jamais utilisés pour la mettre en prison ou pour la priver d'un droit de vote, etc., alors, où est le problème[17] ? »

---

13. *Ibid.*
14. *Ibid.*
15. *Ibid.*
16. *Ibid.*
17. *Ibid.*

Et pourtant, le FBI n'a jamais mis de l'avant le moindre cas de terrorisme où une NSL leur aurait été utile[18]. « J'aimerais avoir une histoire hollywoodienne, d'affirmer Mason, mais je n'en ai pas. Je ne suis même pas certain que cela soit déjà arrivé[19]. »

En 2004, dans le contexte d'une affaire impliquant un fournisseur d'accès Internet new yorkais, l'American Civil Liberties Union (ACLU) a contesté la constitutionnalité de la nouvelle disposition relative aux National Security Letters. Les avocats du ministère de la Justice ont tenté de dissimuler l'existence de l'affaire en s'opposant à son inscription au rôle public du tribunal[20]. L'ACLU a eu gain de cause au motif que le pouvoir actuel du FBI d'émettre des NSL violait le quatrième amendement (portant sur les fouilles et les saisies déraisonnables) ainsi que le premier amendement (relatif à la liberté de parole et d'association) à la Constitution[21]. En août 2005, l'ACLU a porté l'action au civil de Library Connection devant un tribunal fédéral. Janet Hall, juge de district, a statué que le bâillon violait le premier amendement. Dans un plaidoyer prononcé à l'occasion d'une audience publique, elle a affirmé qu'une des explications fournies par le gouvernement au sujet de la NSL adressée à George Christian était si vague que « si je la répétais à voix haute, je déclencherais ici une explosion de rire[22]. » Le gouvernement a fait appel contre les deux décisions mais, en avril 2006, il a renoncé à sa prétention à imposer la consigne du silence aux libraires du Connecticut[23].

L'accès à tout ce qui est tangible

Le FBI aurait pu tout aussi bien chercher à s'approprier les dossiers de Library Connection en vertu de la section 215 du Patriot Act. Celle-ci est connue sous le nom de « clause des bibliothèques » ou de disposition sur les « dossiers commerciaux », mais sa portée est beaucoup plus vaste que ces appellations ne le laissent entendre. En effet, la section 215 amende le Foreign Intelligence Surveillance Act

---

18. *Ibid.*
19. *Ibid.*
20. *Ibid.*
21. *Doe v. Ashcroft*, 334 F. Supp. 2d471 (S.D.N.Y. 2004).
22. Barton Gellman, « The FBI's Secret Scrutiny », *supra*, chapitre 8, note 8.
23. Nation in Brief, « US Drops Push to Enforce Gag Order Under Patriot Act », *Washington Post*, 13 avril 2006.

(FISA), dont il a été question plus haut, de manière à autoriser le FBI à demander auprès du tribunal du FISA une ordonnance lui permettant de commander la remise de « tout objet tangible (notamment livres, dossiers, textes et documents) ». Conformément à la section 215, le gouvernement est tenu de démontrer uniquement la possible pertinence de ce à quoi il souhaite accéder pour une enquête en cours sur le terrorisme ou sur des activités de renseignement étrangères. Comme dans le cas des National Security Letters, les personnes qui font l'objet d'un mandat émis sous le FISA ne peuvent révéler l'existence du mandat, ni le fait que des articles ont été remis au gouvernement. Selon cette disposition, le contenu des dossiers sur les clients et les employés commerciaux est susceptible d'être saisi, ainsi que celui des registres de bibliothèques, des dossiers médicaux, des dossiers de crédit, des registres de télécommunications et des dossiers éducatifs, outre des objets comme les ordinateurs, les dispositifs Blackberry, les PalmPilots et les ordinateurs portatifs.

Comme nous l'avons indiqué plus haut, les entreprises états-uniennes et leurs filiales qui détiennent des renseignements personnels sur des citoyens d'autres pays pourraient être contraintes, en vertu de la section 215 du Patriot Act, de remettre ces renseignements au FBI, violant ainsi les lois de ces pays. L'inquiétude est particulièrement vive au Canada, où la plupart des sociétés émettrices de cartes de crédit ont leur siège aux États-Unis et où les gouvernements fédéral et provinciaux ont confié en sous-traitance à des entreprises états-uniennes la mise en œuvre des régimes d'assurance médicale, de certaines parties du recensement national et du programme de prêts aux étudiants.

Les bibliothécaires, membres d'une profession d'ordinaire modérée, ont été le fer de lance de l'assaut contre la section 215. Dans un mouvement de révolte résolu, plusieurs d'entre eux ont placardé dans leur bibliothèque des affiches comme celle accrochée au comptoir du prêt de la bibliothèque publique de Santa Cruz : *Avertissement : bien que la bibliothèque publique de Santa Cruz fasse tout son possible pour protéger votre vie privée, des agents fédéraux pourraient, en vertu du USA Patriot Act fédéral, s'approprier les registres des livres que vous avez empruntés dans cette bibliothèque.* L'American Library Association, qui a exercé de fortes pressions contre la Section 215 du Patriot Act, a diffusé en juin 2005 les résultats d'une enquête réalisée auprès de ses membres. Il en ressort que des agents du maintien de l'ordre avaient, au moyen de mises en demeure ou de demandes officieuses relatives à leurs registres, communiqué avec les bibliothèques au moins 200 fois depuis 2001[24].

Les fouilles furtives

Le quatrième amendement de la Constitution des États-Unis assure aux citoyens une protection contre les fouilles et les saisies déraisonnables visant leur personne, leur domicile, leurs documents et leurs effets personnels.

Jadis, aux États-Unis, lorsque les forces de l'ordre fouillaient votre maison, ils devaient frapper à la porte et vous informer du motif de leur visite avant d'y pénétrer. Selon la loi, il n'était permis de différer la communication du motif de la visite que dans un « nombre très restreint de circonstances[25] », par exemple lorsque des agents mettaient en place une surveillance électronique cachée.

Désormais, suivant la section 213 du Patriot Act, des agents gouvernementaux peuvent pénétrer secrètement dans votre maison pour fouiller et saisir vos documents, ordinateurs et autres appareils de communication dès lors qu'un tribunal « estime qu'il y a un motif raisonnable de croire que la notification immédiate de la mise à exécution du mandat pourrait avoir des conséquences préjudiciables ». Il suffit que la notification soit fournie avant un « délai raisonnable », lequel peut être prolongé par un tribunal en cas de « motif valable ».

Le relâchement des normes pour la surveillance des renseignements étrangers en vertu du FISA

Rappelons qu'au cours de la période allant de la mise en vigueur du FISA en 1978 à l'année 2004, le tribunal spécial du FISA n'a refusé que cinq demandes de mandats *sur un total de 18 748*[26]. Rappelons également que le recours à ces mandats extraordinaires

---

24. *Ibid.*
25. « US Libraries, Challenging FBI, Shape Debate on Patriot Act », *Washington Post*, 20 juin 2005, www.bloomberg.com/apps/news?pid=10000103&sid=aaukulguf7_k&refer=us.
26. Electronic Privacy Information Center, *The USA Patriot Act*, www.epic.org/privacy/terrorism/usapatriot/.

n'était permis que lorsque la collecte de renseignements sur les gouvernements ou agents étrangers était l'objectif principal d'une enquête.

La section 218 du Patriot Act étend l'utilisation des mandats émis sous le FISA à des situations où la récupération de renseignements sur des éléments étrangers ne constitue plus, dans l'enquête, qu'un objectif « significatif ». Cela élargit l'utilisation de ces mandats faciles à obtenir (notamment l'utilisation des mandats dits « pour dossiers commerciaux » décrits plus haut, ainsi que celle de plusieurs autres types de mandats décrits ci-dessous) aux enquêtes criminelles ordinaires ainsi qu'aux citoyens et résidents des États-Unis. Cela représente une grave érosion des assises constitutionnelles du FISA, l'idée étant qu'il est justifié de relâcher les normes en ce qui a trait au renseignement étranger pour la bonne raison que l'exécutif, quand il s'agit de la protection de la sécurité nationale contre les intérêts étrangers, ne doit pas être contraint indûment[27].

L'autorisation des mises sur écoute mobiles en vertu du FISA

Le quatrième amendement de la Constitution des États-Unis exige des agents gouvernementaux qu'ils obtiennent un mandat pour fouiller n'importe quel endroit et, plus particulièrement, qu'ils décrivent dans ce mandat le lieu censé être l'objet de la fouille et les personnes ou objets qui doivent être saisis.

Or la section 206 du Patriot Act passe outre à cette exigence, en ce qu'elle permet aux agents gouvernementaux, conformément au FISA, de demander des mandats pour des lieux multiples ou pour « mises sur écoute mobiles ». Cela signifie que les autorités peuvent intercepter toutes les communications faites par ou vers la personne qui est l'objet du mandat, sans préciser quel ordinateur ou quel téléphone doit être surveillé. Ainsi, si la personne visée utilise un laboratoire informatique universitaire, un cybercafé ou l'ordinateur d'une bibliothèque publique, tous les autres utilisateurs de ces installations seront également mis sous surveillance.

---

27. Elizabeth Holtzman, *supra*, chapitre 2, note 14.

L'utilisation élargie, en vertu du FISA, des enregistreurs
de numéros de téléphone composés et des dispositifs
d'interception et de localisation

La section 214 du Patriot Act supprime une exigence antérieure du FISA selon laquelle les agents gouvernementaux, avant d'obtenir du tribunal du FISA un mandat leur permettant d'utiliser un enregistreur de numéros de téléphone composés ou un dispositif d'interception et de localisation des communications, devaient faire la preuve que leur cible était « un agent d'une puissance étrangère ».

Les enregistreurs de numéros de téléphone composés, les dispositifs
d'interception et de localisation et « Carnivore »

Les enregistreurs de numéros de téléphone composés sont des dispositifs qui enregistrent les numéros des appels sortants à partir d'un téléphone donné. Les dispositifs d'interception et de localisation enregistrent les numéros des appels entrants. Selon les termes de l'Electronic Communications Privacy Act (ECPA) (« loi sur la protection des communications électroniques »), il s'agit de dispositifs permettant d'intercepter en temps réel les « numéros composés ou transmis autrement sur la ligne téléphonique à laquelle [est] fixé un tel dispositif[28] ». Les agents de l'État pouvaient obtenir de la part d'un tribunal un mandat permettant l'utilisation d'un tel dispositif simplement en certifiant que les informations susceptibles d'être recueillies étaient « pertinentes pour une enquête criminelle en cours[29] ».

La section 216 du Patriot Act élargit la définition de ces dispositifs de manière à couvrir les dispositifs ou procédés qui décodent ou identifient « les informations de numérotation, de transmission, d'adressage ou de signalisation » transmises au moyen d'une quelconque communication, par fil ou sans fil. Cela rend beaucoup plus indiscrets les mandats permettant d'utiliser des enregistreurs des numéros de téléphone composés ou des dispositifs d'interception et de localisation, qu'ils soient obtenus conformément au FISA ou à l'ECPA. Car les renseignements que l'on peut tirer notamment des informations de transmission liées au courriel, à la navigation sur

---

28. 18 U.S.C. § 3121 et suiv.
29. Electronic Privacy Information Center, *The USA Patriot Act*, *supra*, chapitre 8, note 26.

Internet et autres formes de télécommunication sans fil peuvent, comme nous l'avons expliqué plus haut, être extrêmement révélateurs.

La section 216 peut également justifier le recours à une technologie telle que « Carnivore », système supposément utilisé par le FBI pour surveiller l'ensemble des communications gérées par un certain fournisseur d'accès Internet. Le but est de filtrer, pour les remettre à des enquêteurs, des « paquets » d'informations pour lesquels ils obtiennent une autorisation d'examen. Bien entendu, l'emploi de tels systèmes est controversé, puisque le détail de leur utilisation reste secret et que le public en est réduit à espérer que les agents gouvernementaux n'en abusent pas[30]. Un système comme Carnivore (dont une version a été renommée DCS 1000) pourrait être utilisé de la même façon que la technologie de la NSA – pour filtrer d'énormes quantités d'informations afin d'y prélever des mots clés, des configurations de trafic, des expressions et autres « indices » présumés d'activités terroristes.

Des ordonnances de surveillance et des mandats de perquisition à l'échelle de la nation

Avant l'entrée en vigueur du Patriot Act, on ne pouvait obtenir d'ordonnance de surveillance et de mandat de perquisition que dans la juridiction géographique du tribunal auquel la demande avait été soumise. Les sections 216 et 220 du Patriot Act permettent désormais aux tribunaux d'émettre des ordonnances de surveillance et des mandats de perquisition de portée nationale. Cela pose un problème considérable aux entreprises et aux particuliers, qui peuvent se trouver dans l'impossibilité de voyager à l'endroit qui est l'objet d'une demande pour la contester.

Messagerie vocale

La section 209 du Patriot Act amende le titre III (qui exige que les agents du maintien de l'ordre prouvent le bien-fondé du motif évoqué pour obtenir l'accès à des communications) ainsi que le Stored Communications Access Act (« Loi sur l'accès aux communications emmagasinées »), de manière à ce que le contenu des

---

30. Electronic Privacy Information Center, *Carnivore*, www.epic.org/privacy/carnivore.

messageries vocales soit accessible sur mandat de perquisition plutôt que sur mandat d'écoute, plus difficile à obtenir.

Dispositions « d'extinction » et renouvellement du Patriot Act

En vertu d'une « clause d'extinction » (« *Sunset Clause* », section 224), les sections 206, 209, 214, 215, 218 et 220 décrites plus haut, ainsi que diverses autres dispositions de surveillance, devaient expirer le 13 décembre 2005. Or, en décembre 2005, les sénateurs états-uniens étaient dans une colère noire à cause de la divulgation du programme secret et illégal de la NSA du président Bush. Ils ont donc presque sabordé un projet de loi qui reconduisait ces sections du Patriot Act. Mais l'espoir que ces dispositions ne soient pas reconduites a été étouffé en mars 2006, lorsque le Sénat et la Chambre ont voté pour reconduire l'ensemble des 16 dispositions litigieuses. Quatorze d'entre elles ont été rendues permanentes par le USA Patriot Improvements and Reauthorization Act (« Loi d'amélioration et de reconduction du Patriot Act »), adopté le 9 mars 2006. Seules les écoutes mobiles et les dispositions relatives aux « dossiers commerciaux » expirent en 2010. La section 215 a été modifiée de manière à rendre obligatoire l'approbation, par le directeur ou le directeur adjoint du FBI, des demandes relatives aux registres de bibliothèques ou aux dossiers médicaux, et à permettre à ceux qui reçoivent un ordre d'exécution d'en informer un avocat pour pouvoir le contester devant un tribunal. Ces nouvelles mesures législatives contiennent également des dispositions contraignant le FBI à informer le Congrès de la fréquence à laquelle il s'est prévalu de certains pouvoirs et des circonstances de l'exercice de ces pouvoirs.

Toutefois, lorsque le président Bush a signé la loi de reconduction en mars 2006, il a répété qu'il pouvait, selon son bon vouloir, faire fi des lois du Congrès. Faisant valoir la théorie du gouvernement exécutif unitaire sur laquelle il s'était appuyé pour défendre son droit à désobéir à la loi du FISA, et à mettre sur pied le programme secret d'espionnage intérieur de la NSA, il a ajouté, outre sa signature concrétisant l'adoption de la loi, la réserve suivante : « L'exécutif interprétera les dispositions (...) prévoyant la livraison d'informations à des entités qui lui sont extérieures (...) d'une façon qui sera compatible avec le pouvoir constitutionnel détenu par le président de surveiller l'exécutif unitaire et de retenir des informations[31]. »

Cette réserve a suscité des paroles acerbes de la part du sénateur démocrate Patrick J. Leahy, mais la question a été largement passée sous silence dans les médias. Leahy a déclaré que l'affirmation de Bush selon laquelle il pouvait passer outre les lois du Congrès – en particulier une loi qui, par-dessus le marché, avait été l'objet d'un débat animé – « [n'était] rien de moins qu'une tentative radicale de manipuler la séparation constitutionnelle des pouvoirs et d'échapper à la responsabilité qui lui incombe de respecter la loi. Les déclarations du président au moment où il a apposé sa signature ne constituent pas la loi, et le Congrès ne devrait pas permettre qu'elles représentent le dernier mot en la matière. Le devoir constitutionnel du président est d'obéir fidèlement à la loi telle que rédigée par le Congrès, non de sélectionner les lois qu'il décide de respecter. Il est de notre devoir de nous assurer, sous la supervision du Congrès, qu'il agisse de la sorte[32]. »

L'ACCÈS AUX DOSSIERS ÉLECTRONIQUES AU ROYAUME-UNI ET AU CANADA

Nous ne pouvons, faute d'espace, dresser un inventaire complet des lois sur l'accessibilité des renseignements dans tous les pays, mais il vaut la peine d'esquisser les lois qui ont été ou sont sur le point d'être adoptées au Royaume-Uni et au Canada, deux des alliés les plus proches des États-Unis.

Au Royaume-Uni, le Regulation of Investigatory Powers Act (RIPA, « Loi sur la réglementation des pouvoirs d'enquête ») a prévu un mécanisme semblable à celui des National Security Letters du FBI. Cette loi permet aux inspecteurs et aux surintendants de la police d'autoriser l'accès aux dossiers électroniques des fournisseurs d'accès Internet sans mandat judiciaire. Il existe également, en vertu du RIPA, un procédé au moyen duquel la police peut obtenir l'autorisation d'accéder directement à des données lorsque cela est techniquement possible. Tout comme les dispositions régissant les

---

31. Charlie Savage, « Bush Shuns Patriot Act Requirement : in Addendum to Law, He Says Oversight Rules Are Not Binding », *Boston Globe*, 24 mars 2006.
32. *Ibid.*

National Security Letters du FBI, le RIPA ne concerne pas le contenu des communications électroniques, mais plutôt les données d'abonnement, les registres des appels téléphoniques envoyés et reçus, les données d'acheminement des courriels, les registres des sites Internet visités et les données sur la localisation des téléphones cellulaires[33]. Et puisqu'il n'existe pas de restrictions sécuritaires nationales, les agents de police et des services de renseignements peuvent accéder à ces données à des fins multiples, notamment dans le cadre de poursuites relatives à des infractions mineures. En juin 2002 ont été dévoilés les projets du Home Office (département de l'Intérieur) prévoyant d'accorder à une multitude d'autres pouvoirs publics l'accès aux dossiers électroniques sans mandat judiciaire. Un tollé général a contraint le gouvernement à suspendre cette mesure[34].

Au Canada, un projet de loi prévoyant d'autoriser la police à accéder, sans mandat judiciaire, aux registres d'abonnés des fournisseurs de services télécoms, a été déposé avant la défaite du gouvernement libéral en janvier 2006. Un autre projet de loi était en voie d'élaboration par le ministère de la Justice, projet qui prévoyait notamment la simplification des normes régissant l'accès de la police aux données sur le trafic et la localisation des téléphones cellulaires. Compte tenu du fait qu'un nouveau gouvernement conservateur est en place, lequel est résolu à resserrer ses liens avec Washington, ces projets de loi seront vraisemblablement déposés au cours de futures sessions parlementaires sous la même forme ou sous une forme renforcée.

Au Canada, la Loi antiterroriste[35] contient des dispositions permettant au ministère de la Défense d'autoriser *un programme du même type* que le programme secret – et non inscrit dans la loi – de la NSA du président Bush. Autrement dit, le gouvernement canadien a légiféré ce que l'administration Bush n'a pas osé légiférer. Curieusement, ces dispositions ont attiré peu d'attention au Canada, en dépit de la couverture médiatique dont avait bénéficié le tollé aux États-Unis au sujet du programme de la NSA.

---

33. Statewatch, « Data Retention and Police Access in The UK – A Warning for Europe ». *Statewatch News Online*, 3 novembre 2003, www.state watch.org/news/2005/nov/01uk-eu-police-access-to-data.htm.
34. Stuart Miller, « Blunkett Security Laws May Be Illegal », *Guardian*, 31 juillet 2002.
35. Loi antiterroriste, s. 273.65.

LA CONSERVATION DES DONNÉES

Bien entendu, ce à quoi les autorités de l'État peuvent accéder dépend à la fois des données qu'elles et le secteur privé collectent ou conservent, et de leur capacité technique à accéder aux systèmes, qu'il s'agisse de données déjà stockées ou récoltées en temps réel.

J'ai déjà décrit la façon dont le programme secret de la NSA est en passe de constituer l'une des plus grandes bases de données du monde. Or, d'autres organismes d'État emmagasinent de plus en plus les données qu'ils obtiennent. Le FBI en est un exemple.

La conservation des données par le FBI

Selon une ancienne directive, le FBI était tenu de détruire toutes les informations obtenues au sujet d'un citoyen ou d'un résident états-unien, d'une part si celles-ci « n'avaient pas de rapport avec les motifs pour lesquels elles avaient été recueillies », d'autre part à la clôture d'une enquête. Fin 2003, le procureur général Ashcroft a annulé cette directive et l'a remplacée par une autre, qui exigeait du FBI qu'il conserve tous les documents recueillis et qu'il les partage avec le gouvernement fédéral, les gouvernements des États, les administrations municipales, les autorités tribales et « les entités du secteur privé appropriées[36] ».

Les nouvelles directives d'Ashcroft permettaient également au FBI d'ajouter pour la première fois à ses bases de données celles d'entreprises de collecte de données telles que ChoicePoint et LexisNexis. Les prédécesseurs d'Ashcroft n'avaient jamais osé agir de la sorte, estimant que cela violait le Privacy Act (« loi sur la protection de la vie privée[37] »). Conformément à ces mêmes directives, le FBI était tenu de développer une technologie d'extraction de données – c'est-à-dire une façon d'utiliser des modèles informatiques pour examiner des masses de données selon des configurations ou des critères donnés – afin de trouver, dans sa « réserve croissante de fichiers électroniques », des liens entre personnes, lieux et événements[38]. Aussi le FBI, qui a obtempéré, a-t-il mis sur pied en janvier 2004 un nouveau système appelé « Investigative Data Warehouse » (« entrepôt de données d'enquête »), lequel s'appuie

---

36. Barton Gellman, « The FBI's Secret Scrutiny », *supra*, chapitre 8, note 8.
37. *Ibid.*
38. *Ibid.*

sur la technologie d'Oracle, système utilisé par la CIA[39]. Un tel procédé de conservation et d'extraction du contenu de registres permet de scruter à répétition les renseignements personnels des États-Uniens à mesure que sont recueillies de nouvelles données.

Tels que rapportés par le *Washington Post*[40], les procédés qui furent employés par le FBI à l'occasion d'une attaque terroriste présumée à Las Vegas, en décembre 2003, donnent un aperçu de la façon dont procèdent les forces policières pour acquérir, stocker et extraire des données électroniques. Le ministère de la Sécurité intérieure (Homeland Security) avait alors haussé le niveau de menace à « orange[41] ». Des renseignements faisant état de la possibilité d'une attaque la veille du jour de l'An, on a fait venir le directeur de l'unité préventive d'exploitation des données du FBI. Or Las Vegas accueille en permanence presque 300 000 touristes, qui y séjournent en moyenne quatre jours. L'unité préventive avait pour mission de suivre chacun d'entre eux pendant une période de deux semaines. Il y avait donc presque un million de suspects :

> Un groupe de travail interinstitutionnel a commencé à rassembler les dossiers de tous les clients d'hôtels et des personnes ayant loué une voiture ou un camion, des personnes ayant loué une aire d'entreposage et de tous les passagers des vols arrivés en ville. [L']unité a trié toutes ces personnes pour y trouver des pistes. Tout lien avec l'univers connu du terrorisme était susceptible de fournir aux enquêteurs un point de départ – une adresse ou un compte de services publics partagés, le dépôt d'un chèque, un appel téléphonique.
>
> [...] Les enquêteurs ont commencé par envoyer au tentaculaire secteur hôtelier de la ville des demandes d'aide urgente. « Au début, une bonne partie de l'aide a été fournie volontairement », a affirmé Billy, le sous-directeur adjoint du FBI.

---

39. *Ibid.*

40. *Ibid.* Toutes les informations et citations au sujet de l'opération de Las Vegas sont tirées de cet article.

41. Le ministère de la Sécurité intérieure des États-Unis (Department of Homeland Security [DHS]) diffuse un avis sur la sécurité publique basé sur un code à cinq couleurs : vert, bleu, jaune, orange et rouge. Vert correspond au niveau de danger le plus bas, rouge au niveau le plus élevé. Le niveau actuel est affiché sur la page d'accueil du DHS : www.dhs.gov/dhspublic/.

Selon d'autres personnes impliquées directement, lorsque la persuasion amicale était inefficace, les enquêteurs ont eu recours aux National Security Letters et aux assignations de jury d'accusation.

Au début de l'opération, selon des participants, le FBI a rassemblé les directeurs de casinos et leur a demandé leurs listes d'invités. Mais la compagnie MGM, suivie par d'autres, s'y est refusée.

« Certains casinos qui refusaient de consentir [ont répondu]: "vous devez présenter un document écrit" », d'affirmer Jeff Jonas, chercheur principal chez IBM Entity Analytics qui avait antérieurement fabriqué des systèmes de gestion de données pour la sécurité des casinos. « Ils ne se contentent pas de commercialiser le slogan "Ce qui se produit à Vegas ne sort pas de Vegas". Ils veulent que cela soit vrai. »

L'opération est restée secrète pendant environ une semaine. Des sources émanant des casinos ont alors affirmé à Ron Smith, rédacteur sur les jeux et paris du *Las Vegas Review Journal*, que le FBI leur avait adressé des National Security Letters (…)

Les événements de Las Vegas ont été conservés dans les banques de données fédérales. Conformément à la politique révisée d'Ashcroft, aucun des renseignements n'a été effacé. Pour chaque visiteur, [d'affirmer un représentant du ministère de la Justice], « le registre de la chambre d'hôtel à Las Vegas existe probablement encore ».

L'opération a été un fiasco. On n'a trouvé aucun terroriste et l'alerte orange a été levée le 10 janvier 2004.

La conservation obligatoire des données en Europe et aux États-Unis

Non seulement les États exigent-ils des organismes étatiques qu'ils stockent les renseignements en leur possession, mais ils exigent en outre du secteur privé qu'il conserve les données qui sont en sa possession pendant une période de temps obligatoire. Cela contraint statutairement le secteur privé à conserver des éléments qu'il aurait autrement effacés, par exemple lorsqu'ils ne sont plus nécessaires ou lorsque les lois sur la protection de la vie privée l'exigent. Plus encore que la conservation par les organismes étatiques, la conservation obligatoire des données par le secteur privé accroît donc de manière exponentielle la quantité d'informations désormais accessibles aux autorités étatiques.

Dans une lettre qu'elle lui a adressée le 16 octobre 2001, l'administration Bush a présenté à l'Union européenne une série de demandes en vue d'obtenir sa coopération dans sa « guerre contre le terrorisme[42] ». L'Union européenne devait, par exemple, exiger des fournisseurs de services télécoms qu'ils conservent systématiquement leurs données. Cette demande a été formulée en dépit de l'absence, aux États-Unis à l'époque, de lois prévoyant ladite conservation systématique des données, et de l'absence de dispositions relatives à la conservation des données dans la Convention sur le cybercrime.

En 2002, la directive sur la protection des données de l'Union européenne a été amendée. Elle permet désormais aux États membres d'adopter des lois nationales pour obliger la conservation des données sur le trafic de tous les types de communication (antérieurement, les données ne pouvaient être stockées qu'à des fins de facturation). À la fin de l'année 2003, 11 des États membres avaient mis sur pied un système de conservation de données ou avaient prévu de le faire, la période de conservation variant d'un an à cinq ans. Au Royaume-Uni, pays dont le gouvernement avait exercé de fortes pressions sur l'Union européenne pour qu'y soit généralisée l'obligation de conserver les données, il existe un programme volontaire qui, en vertu de l'Antiterrorism, Crime and Security Act de 2001 (ACTSA), permet au ministre de l'Intérieur (Home Secretary) de conclure des accords officiels avec les fournisseurs d'accès pour la conservation systématique de leurs données. Mais la section 140 de l'ACTSA permet au ministre de l'Intérieur d'introduire un programme obligatoire : l'adoption récente de la conservation obligatoire des données au niveau de l'UE permettra sans doute de justifier son adoption au Royaume-Uni[43].

L'idée d'obliger les sociétés à conserver leurs données avait déjà été lancée dans l'Union européenne, dans le cadre d'une proposition appelée ENFOPOL 98. Mais celle-ci avait été étouffée par des

---

42. Au total, il y a eu plus de 40 demandes. Voir Statewatch, « Text of US Letter from Bush with Demands For EU For Cooperation », *Statewatch News Online*, www.statewatch.org/news/2001/nov/06uslet.htm.
43. Statewatch, « Data Retention and Police Access in the UK – a Warning for Europe », *supra*, chapitre 8, note 33.

critiques massives émanant d'organisations de la société civile et du public. À la suite des demandes réitérées des États-Unis et des attentats terroristes perpétrés à Madrid et à Londres, le Conseil de l'Europe est devenu le fer de lance d'une nouvelle initiative de conservation des données, ayant pour cible les fournisseurs de services de télécommunications. Cette initiative relevant du Traité constituant la Communauté européenne, elle est sujette à un processus codécisionnel en vertu duquel le Conseil de l'Europe et le Parlement européen doivent s'entendre sur la formulation de ce qu'on appelle une « directive ».

À la suite de fortes pressions exercées par le Conseil de l'Europe, le Parlement européen a consenti, le 14 décembre 2005, à approuver le texte d'une directive portant sur la conservation obligatoire des données[44]. Les directives de l'Union européenne permettent à chaque État membre de rédiger ses propres lois, à condition qu'elles soient conformes à la directive. La directive de décembre 2005 prévoit l'harmonisation des lois portant sur la conservation obligatoire des données dans l'ensemble de l'Union européenne et exige « des fournisseurs de services de télécommunications électroniques accessibles au public ou de réseaux publics de communications » qu'ils conservent les données générées ou traitées par eux « à des fins d'enquête, de dépistage et de poursuite relativement à des crimes graves tels que définis par chaque État membre dans sa loi nationale[45] ». Cette directive ne concerne pas le contenu des communications, mais plutôt, comme nous l'avons déjà expliqué, ce qui est souvent plus révélateur : les données sur le trafic, la localisation et les abonnés[46]. Selon l'article 6 de la directive, les diverses catégories de données doivent être conservées pour une période minimale de six mois et maximale de deux ans à partir de la date de la communication, bien que les États membres « faisant face à

---

44. EDRI/Digital Civil Rights in Europe, « Data Retention Directive Adopted by JHA Council », 1er mars 2006, www.edri.org/issues/privacy/data retention.

45. Directive du Parlement et du Conseil européens sur la conservation des données engendrées ou traitées relativement à la fourniture de services de communication électronique accessibles au public ou de réseaux de communication publics, et modifiant la directive 2002/58/EC, 2005/0802 (COD), Bruxelles, 3 février 2006, art. 1.

46. *Ibid.*

des situations particulières » puissent demander auprès de la Commission de l'UE une extension de la période maximale de conservation[47]. Enfin, conformément à cette directive, les États membres doivent s'assurer que les données conservées « peuvent être transmises sur demande et sans retard aux autorités compétentes », ce qui laisse entrevoir la possibilité que les autorités aient un accès direct aux données conservées[48].

À l'occasion d'une réunion de haut niveau entre les États-Unis et l'Union européenne sur « la liberté, la sécurité et la justice », tenue à Vienne en mars 2006, la délégation états-unienne a laissé entendre que les États-Unis chercheraient peut-être à signer un traité bilatéral avec chacun des membres de l'UE afin de s'assurer que les données recueillies en vertu de la directive récemment adoptée sur la conservation obligatoire des données soient accessibles aux institutions états-uniennes[49].

Jusqu'à l'approbation, par le Parlement européen, de la conservation obligatoire des données, l'administration Bush s'était « explicitement opposée » à l'adoption d'une telle mesure pour les États Unis eux-mêmes, car elle entretenait « de sérieuses réserves » à son sujet[50]. Mais, autre exemple de « blanchiment politique », les responsables de l'administration Bush ont commencé à en parler plus favorablement après que la mesure eut été adoptée par l'UE[51], l'idée devenant même très populaire sur le Capitole[52]. Aussi, en mai 2006, Alberto R. Gonzales, secrétaire à la Justice des États-Unis, et Robert S. Mueller III, directeur du FBI, ont-ils rencontré à huis clos des représentants du secteur privé pour les exhorter à conserver leurs données sur les abonnés et les réseaux pendant deux ans[53],

47. Art. 12.
48. Art. 8.
49. Conseil de l'Union européenne, *Report of the EU-US Informal High Level Meeting on Freedom, Security and Justice on 2-3 March 2006*, Bruxelles, 27 mars 2006.
50. Declan McCullagh, « Congress May Make ISPs Snoop on You », *ZDNetNews*, 16 mai 2006, http://news.zdnetr.com/2100-9588_22-6072601.html.
51. *Ibid.*
52. Declan McCullagh, « Gonzales Pressures ISPs on Data Retention », *ZDNetNews*, 26 mai 2006, http://news.zdnet.com/2100-1009_22-6077654.html.
53. *Ibid.*

faisant valoir la nécessité de la conservation dans les cas de pornographie infantile et de terrorisme. À peine quelques semaines plus tard, un projet de loi républicain a été présenté à la Chambre des représentants, projet qui prévoyait la conservation obligatoire des données s'agissant de l'ensemble des enquêtes criminelles. En outre, bien que les normes européennes n'aient pas rendu obligatoire le stockage des données de contenu, le projet de loi états-unien, de son côté, laissait largement à la discrétion du secrétaire à la Justice la décision de prescrire ce qui devait être conservé[54]. F. James Sensenbrenner (Wisconsin), le membre du Congrès républicain qui a présenté ce projet de loi, a fait marche arrière par la suite. Mais peu de temps après, la représentante démocrate Diane DeGette (Colorado) a amorcé l'élaboration d'un nouveau projet de loi avec les représentants républicains Joe Barton et Ed Whitfield. Ce nouveau projet de loi, qui devait être présenté fin septembre 2006, exigerait des fournisseurs d'accès Internet qu'ils conservent les données sur le trafic pendant un an[55].

« LA SURVEILLANCE INTÉGRÉE[56] » ET LA CONVENTION SUR LE CYBERCRIME

L'accès légal aux registres et aux communications électroniques dont disposent les agents de l'État est limité par leur capacité technique à accéder aux systèmes des fournisseurs d'accès et par le budget qui leur est alloué pour installer des dispositifs d'interception lorsque cela est possible. Depuis les événements du 11 septembre 2001, les organismes du maintien de l'ordre aux États-Unis et dans d'autres pays ont exercé des pressions pour que les fournisseurs d'accès soient tenus de supprimer les obstacles techniques. Ils les ont exhortés, concrètement, à modifier leurs systèmes de manière à aménager pour les agents de l'État une « porte arrière » permettant à ces derniers de surveiller en permanence les communications. En d'autres termes, on demande au secteur privé d'intégrer une capacité de surveillance à ses systèmes et d'assumer les coûts de cette restructuration.

---

54. Declan McCullagh, « Congress May Make ISPs Snoop on You », *supra*, chapitre 8, note 50.
55. Anne Broache, « Data Retention Bill Expected Next Week », *ZDNet-News*, 21 septembre 2006.
56. Jay Stanley, *The Surveillance Industrial Complex*, *supra*, chapitre 5, note 44.

Depuis 1994, les compagnies de téléphonie fixe aux États-Unis sont tenues par le Communications Assistance for Law Enforcement Act (CALEA) (« Loi sur l'assistance en matière de communications pour le maintien de l'ordre ») de concevoir leur équipement conformément aux spécifications du FBI, afin de fournir aux forces de l'ordre cette « porte arrière » par laquelle ils peuvent mettre les communications sur table d'écoute. En octobre 2005, la Federal Communications Commission (FCC), cédant aux pressions du FBI, du ministère états-unien de la Justice et de la Drug Enforcement Administration (« administration antidrogue ») des États-Unis, a adopté une nouvelle directive élargissant les exigences de la CALEA relativement à l'« intégration » d'une capacité de surveillance aux « fournisseurs d'accès Internet à large bande (par mise à disposition d'installations) et aux fournisseurs de systèmes vocaux interconnectés par protocole Internet[57] ». Michael J. Copps, commissaire de la FCC, a admis qu'en élargissant la CALEA à Internet, la FCC allait au-delà des intentions du Congrès. « [La] loi est incontestablement élargie », a-t-il affirmé[58]. Kathleen Q. Abernathy, autre commissaire de la FCC, a « lancé un appel » au Congrès pour qu'il revienne sur sa décision d'exclure Internet des dispositions de la CALEA. Selon elle, « l'application [de la loi] à ces nouveaux services pourrait être paralysée [par des litiges] pendant des années[59] ».

Contraindre les fournisseurs d'accès à intégrer dans leurs systèmes une capacité de surveillance, cela veut dire que quelques minutes après réception d'un mandat émis par un tribunal, la communication (vocale ou non) d'une personne sur Internet peut être interceptée en temps réel. Un petit nombre d'opérations informatiques suffisent : il s'agit d'établir une connexion entre les stations d'écoute informatisées des forces de l'ordre et le système du fournisseur d'accès. De plus, des outils comme le logiciel Carnivore du FBI cité plus haut peuvent être utilisés pour chercher dans un système des mots-clés en scrutant des quantités massives d'informations[60].

---

57. Règlement final, 47 CFR, partie 64.
58. Nouvelle-choc, « FCC Mandate Forces "Backdoors" in Broadband ISPs and VoIP », Electronic Frontier Foundation, 28 septembre 2005, w2.eff. org/effector/18/33.php#III.
59. *Ibid.*
60. Kevin Poulsen, « War of Words Rages over Internet Taps », *Security Focus*, 14 avril 2004, www.securityfocus.com/news/8454.

L'accès aux renseignements personnels qu'on peut se procurer de la sorte est pratiquement illimité, car les obstacles techniques sont peu nombreux et les frais encourus par l'État minimes.

Les États-Unis pressent d'autres pays de leur emboîter le pas et d'adopter des lois plus intrusives sur les interceptions, les fouilles et les perquisitions, telles que celles décrites ci-dessus. Parallèlement, ils font campagne pour l'adoption universelle de la Convention sur le cybercrime du Conseil de l'Europe, laquelle rendrait plus sévères et harmoniserait les lois de tous les pays sur la sécurité en ligne, et permettrait aux États de réaliser des enquêtes transfrontalières[61].

Les négociations sur la Convention, qui ont été ardues et laborieuses, menaçaient apparemment de s'enliser, en raison des obstacles inhérents aux diverses lois nationales. Mais elles ont été débloquées par les événements de septembre 2001, qui ont poussé les négociateurs à conclure un accord. Aussi, les États-Unis et 29 autres pays ont-ils signé le document en novembre 2001. En août 2006, 15 États avaient ratifié la Convention[62]. Or, celle-ci ne se limite pas à l'antiterrorisme, elle porte également sur l'application régulière de la loi.

Pour pouvoir ratifier la Convention, les signataires doivent d'abord faire les modifications législatives nécessaires pour s'y conformer. Entre autres obligations, les « fournisseurs d'accès » doivent offrir aux forces de l'ordre un accès direct ou en temps réel aux données de contenu et de trafic de leurs systèmes[63]. Autre exigence de la Convention, le silence est imposé aux fournisseurs d'accès dont le système est objet de surveillance[64]. Autre exigence encore, l'imposition d'ordonnances de conservation obligatoire (qui contraignent les fournisseurs d'accès à conserver les informations contenues dans leurs systèmes)[65]. Chose alarmante, la Convention

---

61. États-Unis d'Amérique, *The National Strategy to Secure Cyberspace*, février 2003, www.whitehouse.gov/pcipb.

62. Bureau des traités, Convention sur le cybercrime – liste des signataires et ratifications, Conseil de l'Union européenne, http://conventions.coe.int/Treaty/Commun/ChercheSig.asp?NT=185&CM=12?DF=4/5/2006&CL=ENG.

63. Conseil de l'Union européenne, Convention sur le cybercrime (Budapest, 2001), art. 20 et 21. Voir également art. 1, définitions d'un « système informatique » et d'un « fournisseur de services », http://conventions.coe.int/Treaty/en/Treaties/Html/185.htm.

64. *Ibid.*, art. 16, 20 et 21.

65. *Ibid.*, art. 16 et 17.

prévoit également que, dans certaines circonstances, les cosignataires se fournissent une aide réciproque, même quand l'activité qui est l'objet d'une enquête est considérée comme un crime seulement dans le pays demandeur[66]. Les gouvernements de tous les pays signataires sont présentement en train d'élaborer des dispositions législatives afin de mettre en œuvre ces mesures.

Comme dans le cas des normes de l'OACI pour les passeports biométriques, les citoyens auraient intérêt à examiner soigneusement la formulation exacte des conditions posées par la Convention sur le cybercrime. Car il semble que celle-ci impose des mesures moins draconiennes que ne le prétendent les gouvernements. Ainsi, la Convention n'exige pas des fournisseurs d'accès qu'ils conçoivent leurs systèmes de manière à permettre un accès direct en temps réel, comme le leur demandent les États-Unis, le Canada[67] et l'Union européenne[68]. Elle prescrit uniquement un accès à leurs systèmes « au moyen des capacités actuelles[69] ». Elle n'exige pas l'usage de puissants logiciels de recherche de mots-clés comme le système Carnivore (DCS 1000) développé par le FBI, qui peut scanner des millions de courriels par seconde. Elle ne prévoit pas non plus un accès sans mandat, comme le font la nouvelle loi antiterroriste de la Colombie et le projet Bouclier d'or de la Chine, et comme l'envisageaient par le passé les organismes d'État de la Russie et de l'Ukraine[70].

En outre, la Convention sur le cybercrime n'exige pas des fournisseurs de services de télécoms le stockage obligatoire et systématique

66. *Ibid.*, art. 25(4) et (5) et 27.
67. Voir Kevin Poulsen, *supra*, chapitre 8, note 60 pour une description de la situation aux États-Unis. Au Canada, le gouvernement a diffusé en 2002 et 2005 des documents consultatifs sur l'« accès légal » qui semblent indiquer que les fournisseurs de services seraient tenus d'incorporer une capacité de surveillance à leurs systèmes. Ministère de la Justice, Industrie Canada et Solliciteur général du Canada, « Accès légal – Document de consultation », 25 août 2002, www.justice.gc.ca/fra/cons/al-la/al-la.pdf.
68. Voir « Memorandum of Understanding Concerning the Lawful Interception of Telecommunications », n° 10037/95 ENFOPOL, 112, Limite, Bruxelles, 25 novembre 1995.
69. Convention sur le cybercrime, *supra*, chapitre 8, note 63.
70. Voir Privacy International, « Privacy and Human Rights 2003, Executive Summary », p. 18-19, www.privacyinternational.org/survey/phr2003/threats.htm.

des données, pratique adoptée par l'Union européenne. En effet, une proposition visant à rendre un tel stockage obligatoire[71] a été rejetée au cours des pourparlers sur la Convention, en raison justement des inquiétudes de certains pays au sujet des lois sur le respect de la vie privée.

ÉCHELON ET L'ACCÈS AU CONTENU DES COMMUNICATIONS

Si les responsables que le journaliste Seymour Hersch a interrogés avaient raison[72] et si, donc, la NSA, outre sa récupération des données sur le trafic, scrutait ou écoutait réellement le contenu des communications intérieures, cela serait véritablement scandaleux. Aux États-Unis et dans la plupart des autres pays, l'accès au contenu des communications intérieures nécessite une autorisation judiciaire et, jusqu'ici, le faire à une échelle *massive* était inédit. Par contre, accéder massivement aux communications étrangères est chose habituelle aux États-Unis et chez certains de leurs alliés du Commonwealth.

En 1948, les États-Unis, le Royaume-Uni, le Canada, l'Australie et la Nouvelle-Zélande ont mis sur pied un réseau leur permettant de passer au crible les communications téléphoniques du monde entier. Cela, estime-t-on, pour espionner d'autres pays et partager à l'occasion des renseignements sur les citoyens des pays associés au projet, informations que les agents de ces mêmes pays ne pouvaient obtenir en vertu des lois nationales. Depuis le début des années 1980, ce réseau a pour nom ÉCHELON. Il a été élargi pour permettre l'interception des courriels, des télécopies, des télex, des transactions électroniques et des appels téléphoniques internationaux par satellite. Les cinq instances qui participent à ÉCHELON sont, aux États-Unis la National Security Agency, au Royaume-Uni le Government Communications Headquarters, en Australie le Defense Signals Directorate et en Nouvelle-Zélande le Communications Security Bureau, ainsi que le Centre de la sécurité des télécommunications Canada.

Dans le cadre du réseau ÉCHELON, des millions de messages et de conversations sont passés tous les jours au crible de mots-clés et de configurations de trafic[73]. Chacun des cinq centres fournit aux

71. Tiré d'un sous-groupe ministériel du G-8.
72. Seymour Hersh, « Listening in », *supra*, chapitre 2, note 33.
73. David Akin, « Arrests Key Win for NSA Hackers », *Globe and Mail*,

quatre autres des listes de mots, d'expressions, de personnes et de lieux à « étiqueter ». Ce qui est intercepté à l'aide de ces étiquettes est communiqué directement au pays demandeur[74]. Bien qu'ÉCHELON fût utilisé antérieurement comme un outil d'espionnage à l'étranger, il est vraisemblable, dans le climat politique actuel, qu'il soit aussi utilisé à l'intérieur des frontières à des fins d'antiterrorisme, comme dans le cas de la NSA. Peut-être le programme sera-t-il également exploité pour d'autres fins relativement au maintien de l'ordre. Il est par ailleurs question d'accroître le nombre de pays participant à ÉCHELON.

LA DIVULGATION ET L'ACCESSIBILITÉ OBLIGATOIRES DES TRANSACTIONS FINANCIÈRES

La divulgation

La résolution 1373 du Conseil de sécurité de l'ONU, qui a été adoptée peu de temps après le 11 septembre 2001, exige notamment des États qu'ils « empêchent et répriment le financement du terrorisme, criminalisent le fait de fournir ou de collecter volontairement des fonds pour de tels actes (...) [et] qu'ils interdisent à leurs ressortissants ou aux personnes ou entités agissant sur leur territoire de rendre accessibles des fonds, des actifs financiers, des ressources économiques et des services financiers ou autres services apparentés à des personnes qui commettent ou tentent de commettre des actes terroristes ou qui les facilitent ou y participent[75] ». En vertu de cette résolution, les États sont tenus de faire état de leur mise en application de ces mesures. Ceux qui ne les appliquent pas s'exposent à des sanctions du Conseil de sécurité de l'ONU.

---

6 avril 2004.

74. ÉCHELON est un réseau secret, mais des informations à son sujet ont été dévoilées dans un ouvrage de Nicky Hager paru en 1996 et intitulé *Secret Power: New Zealand's Role in the International Spy Network* (Nelson, Nouvelle-Zélande, Craig Potton Publishing, 1996). Voir également la Résolution du Parlement européen sur l'existence d'un système d'interception mondial des communications privées et économiques (système d'interception ÉCHELON), 2001/2098(INI), A5-0264/2001, PAR 1, 11 juillet 2001, voir www.europarl.europa.eu.

75. Conseil de sécurité de l'Organisation des Nations unies, Résolution 1373 (2001) sur la création du Comité contre le terrorisme (CCT), 28 septembre 2001.

Cette résolution du Conseil de sécurité de l'ONU, ainsi que les pressions exercées par les États-Unis et les institutions financières internationales en faveur de l'«harmonisation des normes[76]», ont entraîné dans le monde l'adoption de nouvelles lois nationales permettant d'incorporer à l'infrastructure de surveillance les institutions financières et les entreprises ordinaires[77]. Plusieurs de ces lois exigent des banques et des entreprises qu'elles ne se contentent pas de simplement intégrer à leurs systèmes d'information une capacité de surveillance. Elles exigent également qu'elles *rassemblent* des renseignements sur leurs clients qu'elles n'auraient pas rassemblés autrement, qu'elles *informent* le gouvernement de certains types de transactions et qu'elles *vérifient* la présence des noms de leurs clients sur les listes de surveillance gouvernementales.

Là encore, les États-Unis constituent à la fois un moteur et une illustration de ces tendances. Il s'est avéré difficile d'identifier les moyens financiers utilisés par les terroristes, et encore plus de les saisir, en partie parce que les opérations terroristes sont gérées au moyen de budgets relativement modestes. On estime en effet que la planification et les opérations des attaques du 11 septembre 2001 ont coûté à Al-Qaïda entre 400 000 et 500 000 $ aucune transaction inhabituelle n'ayant été trouvée par la Commission du 11 septembre, et que les attentats à la bombe de 1998 en Afrique orientale contre des ambassades n'ont coûté que 10 000 $[78].

L'administration Bush a néanmoins répété à maintes reprises

76. La stratégie des États-Unis contre le blanchiment d'argent (US Money Laundering Strategy) de 2003 vise en grande partie le financement du terrorisme. Voir http://www.treas.gov/offices/enforcement/publications/ml2003.pdf. Un des «six objectifs clés» de cette stratégie consiste à «élaborer et promouvoir des normes internationales devant être adoptées par les pays» et à «veiller à ce que les pays du monde entier mettent systématiquement en œuvre ces normes internationales». Voir, en outre, les travaux de la Financial Action Task Force (FATF), du Egmont Group of Financial Intelligence Units, du G-20 et des International Financial Institutions, qui ont tous fourni un cadre pour combattre le blanchiment d'argent avant le 11 septembre 2001. Ce cadre a été élargi pour la prise en compte du financement du terrorisme et envisage l'imposition de sanctions aux États récalcitrants.
77. Voir http://europa.eu.int/comm/external_relations/un/docs/eu1373.pdf.
78. Eric Lichtblau, «Feds Could Access World Banking Data to Sniff Out Terrorist Financing», *New York Times*, 10 avril 2005.

qu'elle souhaitait que le secteur financier soit un partenaire à part entière de ses initiatives visant à empêcher le financement du terrorisme[79]. Le USA Patriot Act a accru de manière draconienne les exigences à l'égard des banques et des coopératives d'épargne et de crédit, relativement à la divulgation des dépôts de leurs clients, le seuil de déclaration étant abaissé à 10 000 $[80]. Désormais, « toute personne impliquée dans un commerce ou une entreprise » est tenue, conformément à la section 365, de rédiger un rapport intitulé « Activités suspectes » lorsqu'elle reçoit en espèces un montant égal ou supérieur à cette somme. Cela signifie que tous les plombiers, commerçants, entrepreneurs généraux, vendeurs d'automobiles et agents immobiliers seront incorporés à l'infrastructure de surveillance des transactions financières.

La section 326 du USA Patriot Act exige des sociétés financières qu'elles vérifient la présence des noms de leurs clients sur les listes de surveillance gouvernementales. De même, le décret-loi numéro 13 224, émis le 24 septembre 2001, impose la même exigence aux entreprises qui aident les particuliers à acheter ou à vendre divers types de biens (notamment les prêteurs sur gages, les sociétés immobilières et les bijoutiers).

En vertu des règlements découlant de la section 314 du USA Patriot Act, les institutions financières sont tenues de chercher dans leurs registres les transactions faites par les particuliers soupçonnés de blanchiment d'argent par toute instance du gouvernement états-unien ayant pour fonction d'appliquer la loi. Le délit de blanchiment d'argent renvoie à plus de 200 crimes différents, qui sont autant de tentatives de déguiser des profits illicites. Autrement dit, selon les règlements du USA Patriot Act, des instances comme le ministère de l'Agriculture et le service postal des États-Unis ont le pouvoir de mener des recherches à l'échelle du pays pour trouver des dossiers financiers correspondant à ceux de personnes soupçonnées de transactions illicites, que ces transactions soient liées au terrorisme ou non[81].

Les organismes caritatifs du monde entier sont également l'objet

79. *Ibid.*
80. Sauf mention contraire, il s'agit dans le présent document de dollars états-uniens.
81. Jay Stanley, *The Surveillance-Industrial Complex*, *supra*, chapitre 5, note 44, p. 18.

d'une surveillance. Au Canada, par exemple, la Loi antiterroriste prévoit de lourdes sanctions pour les organismes accusés d'avoir des liens avec des organisations terroristes, notamment l'annulation du statut d'organisme de bienfaisance et la saisie de leurs biens. De telles lois ont des conséquences considérables pour les organisations humanitaires œuvrant dans les zones de conflit dans le monde, où il est souvent impossible d'éviter des contacts directs ou indirects avec des entités qui sont à tort ou à raison étiquetées comme « terroristes[82] ».

L'ACCÈS AUX DOSSIERS BANCAIRES

L'entente d'aide juridique réciproque signée par l'Union européenne et les États-Unis en juin 2003 accorde « aux autorités états-uniennes responsables du maintien de l'ordre l'accès aux comptes bancaires dans l'ensemble de l'Union européenne pour des enquêtes sur des crimes graves, notamment le terrorisme, le crime organisé et le crime financier[83] ». L'étendue de cet accès, obtenu par les autorités états-uniennes grâce à ce traité, n'a été révélée qu'en juin 2006, lorsque le *New York Times* et le *Washington Post* ont annoncé l'existence de l'« opération » SWIFT. SWIFT, ou Society for Worldwide Inter-bank Financial Telecommunication (Société mondiale des télécom-munications financières interbanques), est le nom du consortium bancaire ayant son siège en Belgique qui gère le centre névralgique du système bancaire mondial. Il transfère 6 000 milliards de dollars par jour entre marchés boursiers, banques, agences de courtage et autres institutions financières. Bien que la plupart de ses registres portent sur des transferts internationaux plutôt que sur des transferts nationaux, ils comprennent aussi des transactions faites par des États-Uniens à l'intérieur des États-Unis[84].

Tout comme le programme de la NSA, cette opération a été

82. Voir, en outre, les directives de 2002 de la Financial Action Task Force (FATF) intitulées « International Best Practices for Combating the Abuse of Non-Profit Organizations », www1.Oecd.org/fatf/pdf/SR8-NPO_en.pdf. Voir également Statewatch, « Charities and NGOs Targeted in "War on Terror" », *Statewatch News Online*, janvier 2005, www.statewatch.org/news/2005/jan/08charities.htm.

83. Secrétariat général du Conseil de l'Union européenne, *European Union Fact Sheet : Extradition and Mutual Legal Assistance*, Bruxelles, Union européenne, 25 juin 2003, http://europa.eu.int/comm/external_relations/us/sum06_03/extra.pdf.

84. Eric Lichtblau et James Risen, « Bank Data Is Sifted by US in Secret to Block Terror », *New York Times*, 23 juin 2006.

initialisée comme une mesure d'urgence temporaire juste après les événements du 11 septembre 2001. Elle est devenue permanente presque cinq ans plus tard, sans avoir été débattue ni autorisée par le Congrès. Les informations glanées sur le sujet par le *New York Times* provenaient de responsables gouvernementaux et de cadres d'entreprise, actuels ou anciens, cela sous couvert d'anonymat car l'opération est encore classée secret. Elle est gérée par la CIA, sous la supervision du ministère des Finances, et relèverait en partie des pouvoirs économiques d'urgence du président. Tout comme le programme de la NSA, celui-ci ne vise pas, pour l'accès aux registres sur les transactions financières spécifiques des États-Uniens, l'émission de mandats ou d'assignations individuels par les tribunaux. Il s'appuie plutôt, en se démarquant radicalement des pratiques admises, sur des assignations administratives collectives pour débloquer un accès simultané à des millions de registres. Des responsables du ministère des Finances ont indiqué que les lois états-uniennes qui limitent l'accès du gouvernement aux dossiers financiers personnels ne s'appliquent pas dans ce cas, parce que SWIFT est un service de messagerie et non une institution financière[85].

« Le potentiel, ici, est impressionnant ou, selon le point de vue, troublant », de confier au *New York Times* un ancien haut responsable de l'antiterrorisme. « Le potentiel d'abus est énorme. » Selon les responsables interviewés, « parmi diverses initiatives secrètes pour retracer le financement terroriste, [SWIFT] est la plus importante et la plus lourde de conséquences ». Des ententes plus modestes avec d'autres compagnies financières ont fourni un accès aux enregistrements informatiques d'ATM, aux télégrammes de Western Union et aux registres de cartes de crédit[86].

Outre la mise en œuvre de l'opération SWIFT et d'accords plus modestes, le recours aux National Security Letters dans le secteur financier a été considérablement élargi. En décembre 2003, lorsque les feux de l'actualité étaient braqués sur la capture de Saddam Hussein en Irak, le président Bush a mis en vigueur une loi passée presque inaperçue appelée Intelligence Authorization Act for the Fiscal Year 2004 (« Loi d'autorisation des renseignements pour l'année fiscale 2004 »). Nichée au sein de cette loi se trouvait une nouvelle définition de ce qu'est une « institution financière » aux

---

85. *Ibid.*
86. *Ibid.*

yeux des lois régissant les NSL du FBI, qui ne concernaient jusque-là que les banques. Cette nouvelle définition étendait la portée des NSL aux agents de change, aux concessionnaires d'automobiles, aux casinos, aux compagnies d'assurance, aux bijoutiers, aux compagnies d'aviation, aux bureaux de poste et à toute autre entreprise « dont les opérations au comptant ont un haut degré d'utilité en matières criminelles, fiscales ou réglementaires[87] ».

◆

Orwell a décrit des agents de l'État « se branchant » sur le fil des individus qu'ils veulent espionner. Dans le monde câblé du xxie siècle, la plupart des habitants du monde développé et une bonne partie de ceux du monde en développement ont leurs « fils » branchés en permanence dans les nombreux réseaux sous surveillance qu'ils doivent utiliser dans leur vie quotidienne. Les informations que nous laissons tous derrière nous engendrent ainsi une image virtuelle de plus en plus détaillée de nous-mêmes que les agents de l'État peuvent examiner à volonté.

---

87. David Martin, « With a Whisper, Not a Bang », *San Antonio Current*, 12 décembre 2003.

CHAPITRE 9

La mise en réseau des bases de données nationales et internationales

L'ACCÉLÉRATION RADICALE DE LA MISE EN RÉSEAU DEPUIS LE 11 SEPTEMBRE 2001

LA COLLECTE DE NOUVEAUX RENSEIGNEMENTS s'est accompagnée d'une convergence nouvelle et rapide des informations – d'une mise en liaison ou d'un partage de sources multiples d'informations – de manière à ce que les responsables de l'État aient accès à des réservoirs d'informations de plus en plus vastes. La mise en réseau est manifestement une tendance des dernières décennies. Le système d'informations Schengen (SIS), en Europe, en est un exemple remarquable. Mis sur pied pour compenser l'abolition des contrôles aux frontières intérieures, il prévoit le partage entre pays signataires de renseignements sur la criminalité et l'immigration[1].

---

1. Le Système d'information de Schengen (SIS) contient des données sur des

Or on assiste depuis septembre 2001 à une accélération radicale de la tendance à la mise en réseau et au partage des renseignements. La résolution 1373 du Conseil de sécurité de l'ONU demande instamment aux États d'intensifier et d'accélérer l'échange de renseignements relativement aux actions et aux mouvements des terroristes. Aussi, les gouvernements ont-ils adopté des mesures allant en ce sens sur les plans national et international.

Certaines des mesures de convergence des informations adoptées depuis le 11 septembre 2001 ont été décrites plus haut :

- l'incorporation des données sur les télécommunications provenant des entreprises à la base de données géante de la NSA ;

- la convergence des bases de données privées et publiques sous l'égide du programme US-VISIT ;

- l'accès aux bases de données nationales et étrangères que les États-Unis ont obtenu grâce aux achats par les sociétés de collecte de données à but lucratif ;

- le partage volontaire des données du secteur privé états-unien, à la demande des organismes gouvernementaux des États-Unis ;

- l'accès obtenu par le FBI en vertu du USA Patriot Act aux documents commerciaux des entreprises et organisations basées aux États-Unis faisant des affaires dans le pays ou ailleurs ;

- la création aux États-Unis, dans l'Union européenne, au Canada, au Royaume-Uni et en Australie de bases de données centrales pour les données des dossiers passagers ;

- le projet de création d'un registre d'empreintes digitales paneuropéen greffé à l'initiative des passeports biométriques ;

---

personnes recherchées par la police ou les autorités judiciaires, sur des personnes interdites d'entrée aux frontières extérieures (essentiellement des demandeurs d'asile rejetés et des personnes soumises à des ordonnances d'expulsion) et sur des personnes placées sous surveillance, ainsi que sur des objets volés, notamment des véhicules, des documents et des œuvres d'art. En 2004, le SIS contenait quelque 15 millions de dossiers et 125 000 points d'accès.

- l'addition aux fichiers permanents du FBI des renseignements obtenus par le truchement des 30 000 National Security Letters envoyées chaque année;

- le plan états-unien de signature de traités bilatéraux avec tous les États membres de l'Union européenne dans le but de procurer aux organismes états-uniens un accès aux données qui doivent être obligatoirement conservées par les fournisseurs d'accès Internet en vertu de la nouvelle directive de l'UE;

- la communication au gouvernement, par le secteur privé, de ses transactions financières;

- l'accès obtenu par les États-Unis aux données bancaires internationales grâce au programme SWIFT.

On pourrait ajouter à cette liste de nombreux autres exemples de convergence des informations.

Maher Arar a été la victime d'un partage d'informations tous azimuts entre des organismes du maintien de l'ordre et des organismes de renseignements de sécurité participant à une initiative conjointe de part et d'autre de la frontière canado-états-unienne. Le côté torontois (côté « O ») de l'enquête canadienne A-O était une Équipe intégrée de la sécurité nationale (ÉISN) [Integrated National Security Enforcement Team (INSET)] qui a été mise sur pied dans la foulée du plan d'action pour une frontière intelligente[2]. Par la suite, le côté outaouais (côté « A ») est également devenu une ÉISN. Par ailleurs, les États-Unis sont en train de mettre sur pied des équipes d'enquête conjointes avec l'Union européenne en vertu d'une nouvelle entente d'« assistance juridique réciproque » signée en juin 2003. Ces équipes comprennent des douaniers, des policiers et des agents de l'immigration, ainsi que des agents d'organisations telles que le service de sécurité du Royaume-Uni (MI5), le Service canadien du renseignement de sécurité (SCRS), le FBI et la CIA. Elles partagent des renseignements sans attendre une demande officielle de la part des États, comme cela est normalement exigé par les

---

2. Plan d'action pour la création d'une frontière sûre et intelligente, *supra*, chapitre 7, note 3. Voir également le rapport du Bureau du Conseil privé, *Protéger une société ouverte: la politique canadienne de sécurité nationale*, avril 2004.

accords d'assistance réciproque. Les membres des équipes peuvent en outre demander directement à leurs homologues de faciliter des interceptions de communications, des fouilles et des saisies, des arrestations et des détentions, et ils ne peuvent être tenus pour légalement responsables de leurs actions sur sol étranger[3].

Comme nous l'avons indiqué plus haut, le nouvel accord Union européenne-États-Unis sur la réciprocité de l'assistance juridique prévoit également une coopération au niveau d'échanges d'informations bancaires concernant toutes les affaires criminelles[4]. Il n'y a pas de dispositions effectives de protection des données en ce qui concerne les informations partagées en vertu de l'accord, qu'il s'agisse des équipes d'enquêtes conjointes ou des banques. Il est à la discrétion de l'État qui fournit les informations d'imposer ou non des conditions à leur utilisation. Les particuliers ne disposent d'aucun droit d'accès, de correction ou d'effacement, et il n'y a pas d'interdiction de communiquer sans motifs raisonnables des informations non corroborées ou des informations mettant en cause des personnes innocentes comme l'ont fait les autorités canadiennes

---

3. Statewatch, « EU: JHA Council Authorizes Signing of EU-USA Agreements on Extradition and Mutual Legal Assistance », *Statewatch News Online*, www.statewatch.org/news/2003/jun/01useu.htm.
4. Statewatch, « E.U.: Council capitulates and releases draft EU.-US agreements », *Statewatch News Online*, www.statewatch.org/news/2003/may/06useu.htm. Le 3 janvier 2005, le journal *The Guardian* a rapporté que les comptes bancaires de deux organisations britanniques créées pour aider le peuple palestinien ont été fermés brusquement sans explication. Elles soutiennent qu'elles ont été visées pour des motifs politiques. La Palestine Solidarity Campaign (PSC), organisation établie depuis longtemps, a ainsi vu son compte être fermé, en juillet 2004, par l'Alliance and Leicester Bank. Zoe Mars, trésorière de la PSC, a affirmé qu'à la fin de 2003 son organisation a envoyé 750 livres sterling à un organisme caritatif médical en Palestine. Cinq mois plus tard, elle a reçu une lettre de sa banque affirmant que la transaction avait été bloquée par le Trésor états-unien, lequel voulait un complément d'informations sur le transfert. Celui-ci a finalement été autorisé, mais cet épisode soulève de graves questions concernant la surveillance des transactions financières effectuée par le gouvernement des États-Unis. Voir Faisal al Yafai, « Palestinian Aid Group's Accounts Closed », *Guardian*, 3 janvier 2005, www.guardian.co.uk/print/0%2C3858%2C5094894-103690%2C00.html; et Faisal al Yafai, « U-Turn Over Palestinian Help Group », *Guardian*, 10 janvier 2005, www.guardian.c.uk/print/0%2C3858%2C5099255-103690%2C00.html.

dans le cas Arar. De même, il n'est pas interdit à l'État qui reçoit les informations de les communiquer à des tiers[5].

En novembre 2004, le magazine allemand *Der Spiegel* a révélé l'existence d'une opération de renseignements appelée « Camolin » à laquelle participent des institutions des États-Unis, de l'Allemagne, du Canada, du Royaume-Uni et de l'Australie. L'opération, qui a été mise sur pied en février 2003, a son siège à Paris, où se réunissent régulièrement les organismes participants. Le rôle des organismes européens consisterait à mettre à la disposition de la CIA des dossiers sur certains suspects pour que celle-ci en assure le suivi[6].

En Europe, les États-Unis et la police européenne (Europol) ont signé le 20 décembre 2002 un avenant à l'accord sur l'échange de données personnelles et de renseignements pertinents[7]. Cet avenant rend les renseignements d'Europol accessibles à un nombre illimité d'organismes états-uniens – notamment des renseignements confidentiels sur la race, les opinions politiques, les croyances religieuses, la santé et la vie sexuelle des individus[8] pour la *prévention*, le dépistage, la répression, la recherche et la poursuite de n'importe quel délit criminel spécifique ou pour n'importe quelle analyse spécifique[9].

Également en Europe, au nom de la lutte contre le terrorisme, on procède actuellement à la mise au point du système d'informations Schengen deuxième génération (SIS II). Il couvrira 27 pays européens, partagera sa plateforme technique avec le système d'information sur les visas (VIS) de l'Union européenne et opérera parallèlement à la base de données sur les populations de l'UE qui est en train d'être développée dans le cadre des propositions sur le passeport biométrique.

Après les attentats de Madrid de mars 2004, le Conseil de l'Europe a donné son accord à un ensemble de principes connus

5. Statewatch, « EU: JHA Council Authorizes the Signing of EU-USA Agreements on Extradition and Mutual Legal Assistance », *supra*, chapitre 9, note 3.
6. « What is "Camolin" », *Statewatch Webdiary*, publié le 16 janvier 2006, www.org/news/2006/jan/05eu-camolin.htm.
7. Supplemental Agreement between the United States of America and the European Police Office on the Exchange of Personal Data and Related Information.
8 *Ibid.*, art. 6.
9. *Ibid.*, art. 5.

sous le nom de « programme de La Haye ». Un de ces principes est celui de la disponibilité, censé régir les échanges d'informations au sein de l'Union européenne à partir de janvier 2008. Selon ce principe, un agent des forces de l'ordre d'un des pays membres qui aurait besoin de renseignements pourrait les obtenir auprès d'agents des forces de l'ordre d'un autre pays membre[10].

En mai 2005, sept pays – l'Allemagne, l'Espagne, la France, le Luxembourg, les Pays-Bas, l'Autriche et la Belgique – ont signé un traité connu sous le nom de Schengen III, ou traité de Prüm. Celui-ci adopte le principe de disponibilité. Il prévoit en effet l'échange de données génétiques pour les poursuites criminelles, ainsi que l'échange de renseignements sur les empreintes digitales et sur les véhicules pour les poursuites et la *prévention* criminelles. Il prévoit également l'échange de renseignements sur les manifestants à des événements comme les sommets du G-8 et les pourparlers de l'OMC[11].

Un rapport synthétique non publié sur le principe de disponibilité, qui a été obtenu par l'ONG Statewatch, donne à penser que l'« objectif ultime[12] » est non seulement que chacun des organismes du maintien de l'ordre de l'Union européenne ait accès aux renseignements personnels détenus par tous les autres pour le maintien de l'ordre public, mais qu'ils aient tous un « accès direct aux systèmes administratifs nationaux de tous les États membres (par exemple, les dossiers sur les personnes, y compris les personnes morales, sur les véhicules, les armes à feu, les pièces d'identité et les permis de conduire ainsi que les registres aériens et maritimes)[13].

Aux États-Unis, le FBI a un accès direct aux bases de données d'US-VISIT et à celles d'un programme semblable nommé Student and Exchange Visitor Information System (SEVIS) (« système

---

10. Programme de La Haye ayant pour objectif de renforcer l'espace de liberté, de sécurité et de justice dans l'Union européenne qui a été adopté lors du Sommet européen des 4-5 novembre 2004, art. 2.1, www.state watch.org/news/2004/nov/hague-programme-final.pdf.
11. Statewatch, « Some Remarks on Schengen III », *Statewatch News Online*, juillet 2005, www.statewatch.org/news/2005/jul/17schengen-III.htm.
12. Statewatch, « EU Policy "Putsch" : Data Protection Handed to the DG for Law, Order and Security », *Statewatch News Online*, juillet 2005, www.statewatch.org/news/2005/jul/06eu-data-prot.htm.
13. Document de l'UE n°7416/05.

d'information sur les étudiants étrangers et les participants à des programmes d'échange »), qui assure la surveillance des étudiants étrangers[14]. Les nouvelles directives pour le FBI de John Ashcroft, le secrétaire à la Justice, permettent en outre au bureau fédéral d'ajouter à ses fichiers gouvernementaux des données sur les consommateurs provenant d'entreprises de collecte de données comme LexisNexis et ChoicePoint. Par le passé, les différents secrétaires à la Justice s'étaient refusés à autoriser une telle mesure parce qu'ils estimaient que cela aurait violé la loi sur la vie privée (Privacy Act). Aujourd'hui, les agents du FBI ont accès à ChoicePoint dans les locaux de nombreux bureaux extérieurs[15].

Aux États-Unis, dans le cadre d'un programme appelé Multi-State Anti-Terrorism Information Exchange (« échange interétatique de renseignements antiterroristes »), ou MATRIX, on combine les bases de données gouvernementales des États participant au programme à une base de données privée censée posséder « plus de 20 millions de documents provenant de centaines de sources[16] ». Parmi les informations gouvernementales qui alimentent MATRIX figurent les registres de propriété foncière, ceux des brevets de pilote de la Federal Aviation Administration et des propriétaires d'avions, ceux où sont enregistrés les vaisseaux de la garde côtière (Coast Guard), les listes de délinquants sexuels, les listes de surveillance antiterroristes fédérales, des fichiers d'entreprise, les enregistrements de faillites, les enregistrements du Code commercial uniforme et les autorisations d'exercer[17]. Les autorités utilisant MATRIX pourraient ainsi identifier tous les résidants mâles divorcés aux cheveux noirs et aux yeux bleus possédant une Mazda argentée et une embarcation. Ils pourraient ensuite afficher ces données au moyen de « tableaux

---

14. Kelly Field, « FBI Gets Access to Student Databases », *Chronicle of Higher Education*, 21 septembre 2004.

15. Barton Gellman, « The FBI's Secret Scrutiny », *supra*, chapitre 8, note 8.

16. Seisint Inc., « Matrix Michigan Briefing », 8 mai 2003, transparent intitulé « Seisint's Core Capabilities » (« Les capacités essentielles de Seisint ») – document obtenu par l'American Civil Liberties Union (ACLU), à la suite d'une demande d'ouverture de fichiers accessibles au public, cité dans ACLU, *The Surveillance-Industrial Complex*, *supra*, chapitre 5, note 44, p. 24.

17. Voir Associated Press, « Early Database Project Yielded 120 000 Suspects ; Scoring System Cited for Matrix Project Spurs Privacy Worries », 21 mai 2004, www.cnn.com/2004/LAW/05/20/terror.database.ap.

de réseautage social », ce qui permettrait d'établir des liens entre des personnes, des juxtapositions de photos et des « cartes d'objectifs ». Bien que MATRIX n'ait été mis en œuvre que dans une poignée d'États, l'entreprise privée qui gère le programme possède les informations sur les permis de conduire de 15 États, les enregistrements de véhicules automobiles de 12 États, les informations sur les services correctionnels de 33 États et les informations sur les délinquants sexuels de 27 États. Dans certains cas, les États ont vendu leurs données à cette entreprise[18].

Le plan d'action pour une frontière intelligente Canada-États-Unis préconise d'intensifier le partage des informations et d'améliorer l'interopérabilité des bases de données entre les deux pays. « Nos données devraient être vos données », d'affirmer George Tenet, ancien directeur de la CIA, à des professionnels de la sécurité canadiens réunis à l'occasion d'une conférence sur l'antiterrorisme à San Francisco fin 2004[19]. « Vos données devraient être les nôtres », aurait-il pu ajouter. Dans son rapport pour 2003-2004, la commissaire à la protection de la vie privée du Canada a noté que « des renseignements personnels sur les Canadiens continuent d'être recueillis, stockés, triés et partagés en quantités alarmantes en vertu de l'idée – quelque non prouvée qu'elle soit – que plus les renseignements sur les individus seront nombreux, plus grande sera la sécurité contre les terroristes et autres menaces[20] ».

On procède actuellement à l'élaboration du Réseau canadien de l'information sur la sécurité publique (RCISP). Celui-ci relie des dossiers judiciaires importants et des renseignements d'incidence peut-être criminelle relatifs aux enquêtes, aux passeports et aux voyages. Il est accessible à de nombreux organismes canadiens qui, antérieurement, ne partageaient pas systématiquement des renseignements, et il serait compatible avec d'autres systèmes aux États-Unis et ailleurs[21].

---

18. Madeleine Baran, « Welcome to the MATRIX : Inside the Government's Secret, Corporate-Run, Megadatabase », *New Standard*, 9 juillet 2004, http://newstandardnews.net/content/?action=show_item&itemid=662.
19. Michelle Shepard, « Ex-CIA Director Backs Sharing of Data », *Toronto Star*, 15 mars 2005.
20. Joe Paraskevas, « Security Trumps Privacy », *Canwest News Service*, 5 novembre 2004.
21. Jim Bronskill, « Canada's Justice Supercomputer Plan Hits Snag », *Globe*

En Colombie, la nouvelle loi sur l'antiterrorisme envisage la création d'un nouveau registre contenant des renseignements privés sur tous les Colombiens, registre auquel les autorités militaires auraient accès[22].

C'est probablement dans les pays dont le régime est reconnu pour son caractère répressif que le partage des renseignements et le rapprochement de leurs fonctions sécuritaires avec les États-Unis sont les plus poussés. Depuis le 11 septembre 2001, des pays comme la Géorgie, l'Indonésie, l'Égypte, la Malaisie et l'Ouzbékistan ont, comme jamais auparavant, partagé ou échangé avec les États-Unis des renseignements ou des suspects et, dans certains cas, mené conjointement avec ces derniers des opérations de renseignement et de nature militaire.

LA « BOÎTE NOIRE » DE L'INFORMATION

La « boîte noire » de l'information décrite dans le contexte du programme US-VISIT – la base de données de bases de données que, selon certains, les États-Unis sont en train d'élaborer grâce aux convergences décrites plus haut – pourrait renfermer tous les renseignements énumérés plus haut et d'autres encore. Si tel était le cas, on aurait affaire à un réseau mondial de bases de données englobant des sources nationales et étrangères, ainsi que des sources des secteurs public et privé.

---

and Mail, 19 avril 2004

22. Privacy International, *Terrorism Profile – Columbia*, 19 septembre 2004, www.privacyinternaitonal.org/article.shtml?cmd%5B347%D=x. 347-68924.

CHAPITRE 10

Les dangers du modèle basé sur l'évaluation des risques – un monde orwellien et kafkaïen

Mon principe directeur est le suivant : il ne faut jamais douter de la culpabilité.

FRANZ KAFKA

L'EXTRACTION DE DONNÉES – LA « SOLUTION » DE POINTE À L'ÉVALUATION DES RISQUES

UN VÉRITABLE OCÉAN DE RENSEIGNEMENTS sur nos vies privées est en voie de collecte, de stockage, de mise en réseau et de partage. Aucun pays n'a la capacité d'analyser cet océan uniquement avec de la main-d'œuvre humaine. La solution de pointe à laquelle certains gouvernements ont recours avec zèle est l'extraction de données.

Comme nous l'avons expliqué plus haut, l'extraction de données est l'utilisation de modèles informatiques, ou algorithmes, pour analyser des masses de données afin d'y trouver des configurations spécifiques selon des critères prédéterminés. Dans le monde post-11 septembre 2001, on a recours à l'extraction de données pour identifier certains types de comportements censés être révélateurs d'activités terroristes, afin d'évaluer le niveau de risque que les individus présentent pour l'État.

1984, l'ouvrage célèbre de George Orwell, nous présente une vision dystopique de ce que pourrait être la vie dans une société de surveillance, mais les méthodes qui y sont décrites font sourire, dans la mesure où elles supposent que les humains s'épient entre eux au moyen de dispositifs auditifs ou visuels. Dans la société orwellienne du XXIe siècle, nous serons observés et évalués par des ordinateurs. Et cette évaluation se fondera non pas sur l'observation effective de notre participation à des activités illégales ou criminelles, voire suspectes, mais sur la *probabilité* que nous soyons engagés dans de telles activités.

Lee Tien, avocat employé par l'Electronic Frontier Foundation, a fait le constat suivant : « Nous ne nous rendons pas compte qu'à mesure que nous vivons nos vies et faisons des micro-choix, comme acheter de la nourriture, acheter sur Amazon ou naviguer sur Google, nous laissons des traces partout. Nous supposons que personne ne reliera tous ces points. Or ce que font ces programmes [d'extraction des données], c'est relier ces points – en les analysant et les regroupant – d'une manière inédite. C'est un des problèmes fondamentaux sous-jacents que nous n'avons pas encore affrontés[1]. »

Pendant la période maccarthyste de la guerre froide, dans les États-Unis des années 1950, on avait pour maxime que s'il y avait quelque doute au sujet de la fiabilité ou de la loyauté d'un individu, il fallait trancher en faveur de l'État[2]. Comme l'a affirmé Reg Whitacker, historien de cette période, « de toute façon, il y avait peu d'intérêt pour les individus en tant que tels. Les individus sont compliqués et insondables par leur complexité et leurs idiosyncrasies pour des bureaucrates qui devaient gérer un grand nombre de cas selon des catégories universelles. Les dossiers étaient ordonnés, simples et commodes pour les objectifs précis visés (...). Bien sûr, il pouvait arriver que des erreurs soient commises, que des informations s'avèrent erronées dans certains détails, que l'innocence soit confondue avec autre chose...[3] »

---

1. Mark Clayton, « US Plans Massive Data Sweep », *Christian Science Monitor*, 9 février 2006.
2. Reg Whitacker, *supra*, chapitre 3, note 2, p. 25.
3. *Ibid.* Les citations sont données en ordre inverse.

Une des nombreuses erreurs qui ont été commises pendant cette période est l'accusation qui a été portée contre l'universitaire Owen Lattimore d'être le principal espion de l'Union soviétique aux États-Unis. Il a par la suite été disculpé de cette accusation. Dans son exposé sur cette affaire, il a noté que le FBI et d'autres institutions avaient « élaboré à son sujet le dossier d'*un homme qui aurait pu exister*[4] ». Comme l'a fait remarquer un historien de cette période, « cette expression résume l'essence même de la création de l'*État d'insécurité nationale* : un monde de données qui épie, mime et caricature le monde réel[5] ».

Peut-être pensons-nous que si une personne quelconque examinait nos données personnelles remises dans leur contexte, elle conclurait que nous ne présentons pas de risque sécuritaire. Mais en fait, dans le monde des données, nous n'avons aucun contrôle sur nos « identités virtuelles » ni sur les interprétations qui en sont faites.

TIA, ADVISE et MATRIX

Le précurseur de plusieurs des projets d'extraction de données qui ont suivi le 11 septembre 2001 est un programme connu sous le nom de Total Information Awareness (TIA) (« Parfaite conscience des informations »), qui était dirigé par John Poindexter (de l'Iran-Contragate) à la Defense Advanced Research Projects Agency (DARPA) (« Agence des projets de recherche avancée pour la défense »), qui relève du ministère états-unien de la Défense. L'objectif du programme, tel que décrit par Poindexter, consistait à explorer « l'espace transactionnel » afin de trouver des « signatures » de l'activité terroriste. Selon le site Internet du programme, on extrayait notamment les données sur les transactions financières et médicales, sur les transactions relatives aux voyages, sur les « inscriptions endroit/événement » et sur les transactions relatives au transport, à l'éducation, au logement et aux communications. Cette description ajoute foi à l'idée que les États-Unis sont *bel et bien* en train de développer une « boîte noire » de renseignements et que l'évaluation des risques par l'extraction de données est un des objectifs de ce projet.

---

4. *Ibid.*, p. 26 où est cité Owen Lattimore, *Ordeal by Slander* (Boston, Little, Brown, 1950).
5. *Ibid.*, p. 26.

Poindexter envisageait pour son programme le développement d'un logiciel pouvant analyser rapidement « de multiples petabits » de données. On pourrait loger 50 fois les 18 millions de livres de la bibliothèque du Congrès dans un seul « petabit », soit l'équivalent de 1 million de gigabits. Cette quantité pourrait contenir une quarantaine de pages de renseignements sur chacun des 6,5 milliards d'habitants et plus de la planète[6]. Telle que décrite par le gestionnaire du projet, cette tâche était « beaucoup plus ardue que de simplement trouver des aiguilles dans une botte de foin. Notre tâche, c'était comme trouver des groupes d'aiguilles dangereuses cachées dans des tas de morceaux d'aiguilles. Nous devons pister toutes les aiguilles en permanence[7]. »

Un des chercheurs du programme TIA, David D. Jensen de l'Université du Massachusetts, a reconnu que le programme pouvait engendrer « un grand nombre de faux positifs[8] ».

En raison du fait que le concept de « parfaite conscience [gouvernementale] des informations » répugnait profondément aux États-Uniens, on a ultérieurement renommé le programme « Terrorism Information Awareness » (« Conscience des informations sur le terrorisme »). Le Congrès a néanmoins mis un terme à son financement à l'automne 2003.

Le TIA survit toutefois dans des projets de recherche cachés et dans d'autres programmes. Comme l'a écrit Steve Aftergood, de l'American Federation of Scientists (organisation qui surveille les travaux réalisés par les services états-uniens de renseignements), « toute cette action du Congrès ressemble au jeu des gobelets. Peut-être le changement est-il suffisant pour qu'ils puissent prétendre que le TIA n'existe plus, mais, dans les faits, des travaux identiques se poursuivent[9]. »

Le Congrès des États-Unis a transféré une partie du financement pour le TIA au National Foreign Intelligence Program (« Programme national de renseignements sur l'étranger »). Celui-ci, y affirme-t-on, ne peut utiliser ses renseignements que contre des personnes à

---

6 Michael Sniffen, « Controversial Terror Research Lives On », *Washington Post*, 23 février 2004, www.washingtonpost.com/wp-dyn/articles/A63 582-2004Feb23.html.

7. *Ibid.*

8. *Ibid.*

9. *Ibid.*

l'étranger ou contre des non-États-Uniens sur le territoire des États-Unis. Mais rien n'empêche le gouvernement d'étendre par la suite ce programme aux citoyens états-uniens. D'aucuns affirment que certaines composantes du programme originel du TIA survivent dans le « budget noir » secret du Pentagone[10]. Des personnes ayant une connaissance directe du milieu ont affirmé à la presse que, parmi les programmes du TIA qui ont survécu, figurent certains des 18 projets d'extraction de données connus collectivement sous le nom d'« Evidence Extraction and Link Discovery » (« extraction des preuves et découverte de liens »)[11].

Dans son rapport de mai 2004 sur les initiatives fédérales d'extraction de données[12], le U.S. General Accounting Office (connu aujourd'hui sous le nom de Government Accountability Office, ou GAO [« Bureau gouvernemental de la responsabilité »]) a révélé qu'au moins 14 projets étaient axés sur le contre-terrorisme. L'un d'entre eux, géré par la Defense Intelligence Agency, extraie des données « afin d'identifier des terroristes étrangers ou des citoyens états-uniens liés aux activités terroristes étrangères ». La National Security Agency gère pour sa part un programme appelé Novel Intelligence from Massive Data (« renseignements nouveaux à partir de données massives »), censé extraire des renseignements à partir de bases de données contenant des textes, des documents audio ou vidéo, des graphiques, des images, des cartes, des équations et des formules chimiques. Quant à la CIA, outre son programme Oracle, elle exploiterait un programme d'extraction de données appelé « Quantum Leap » (« saut quantique »). Celui-ci « permet à un analyste d'accéder rapidement à toutes les informations accessibles

---

10. Jay Stanley, *The Surveillance-Industrial Complex*, *supra*, chapitre 5, note 44, p. 24. Voir également Shannon R. Anderson, « Total Information Awareness and Beyond : The Dangers of Using Data Mining Technology to Prevent Terrorism », Bill of Rights Defense Committee, juillet 2004, www.bordc.org ; et Associated Press, « Congress Hides Parts of US Spying Project in Other Government Agencies », *Daily News* (Kamloops), 26 septembre 2003.
11. Michael Sniffen, *supra*, chapitre 10, note 6.
12. United States General Accounting Office, *Data Mining : Federal Efforts Cover a Wide Range of Uses*, GAO-04-548, mai 2004, www.gao.gov/new.items/do4548.pdf, cité dans Jay Stanley, *The Surveillance-Industrial Complex*, *supra*, chapitre 5, note 44, p. 24. La CIA et la NSA n'ont pas participé à l'enquête du GOA.

– secrètes ou non – au sujet de pratiquement n'importe qui ». Le fonctionnaire en chef adjoint aux renseignements de la CIA a affirmé à un journaliste que la technologie du programme « est si puissante que cela donne la frousse[13] ».

Un nouveau programme qui a récemment été dévoilé par le *Christian Science Monitor*[14] ressemble beaucoup au projet TIA originel tel que décrit par John Poindexter. Selon le *Monitor*, « le gouvernement des États-Unis est en train de développer un système informatique de grande échelle qui est capable de recueillir d'énormes quantités de données et, liant des informations disparates allant des blogues et des courriels aux fichiers gouvernementaux et aux comptes rendus de renseignements, de chercher des indices d'activité terroriste. » Le « cœur de cette initiative » est une entité appelée Analysis, Dissemination, Visualization, Insight, and Semantic Enhancement, ou ADVISE (« analyse, dissémination, visualisation, perspicacité et amélioration sémantique »). Ce programme relève du portefeuille du ministère de la Sécurité intérieure (Department of Homeland Security) nommé « Threat and Vulnerability Testing and Assessment » (« vérification et évaluation des menaces et de la vulnérabilité »), qui a été mis sur pied en 2003 et financé à hauteur de presque 50 millions de dollars en 2006.

ADVISE est conçu pour recueillir les informations disponibles en ligne des secteurs privé et public « allant des registres financiers aux reportages de CNN » et pour les comparer aux dossiers des forces de l'ordre et des services de renseignements : « Selon un compte-rendu d'une conférence du DHS tenue en 2004 à Alexandria, en Virginie, le système stockerait alors ces informations sous forme d'entités – de données liées sur des personnes, des endroits, des choses, des organisations et des événements. Les besoins pour le stockage seul sont énormes – ils doivent être suffisants pour stocker des informations relatives à environ 1 quadrillion d'entités. Si chaque entité était un sou, elles formeraient collectivement un cube d'environ 800 mètres de côté, soit à peu près le double de la hauteur de l'Empire State Building.

---

13. Jay Stanley, *The Surveillance-Industrial Complex*, *supra*, chapitre 5, note 44, p. 24.
14. Mark Clayton, *supra*, chapitre 10, note 1. Toutes les informations et citations au sujet d'ADVISE sont tirées de cet article.

Joseph Kielman, le gestionnaire d'ADVISE, a déclaré à l'occasion d'une conférence tenue à Richland, dans l'État de Washington, que l'objectif du programme ne consistait pas simplement à identifier des terroristes ou à chercher des mots-clés, mais à chercher dans les données des configurations qui éclairent les motifs et les intentions. Selon lui, il est essentiel de comprendre le rapport entre les choses, au moyen du comportement social et d'autres paramètres, pour dépasser la simple extraction de données et parvenir à une « découverte des connaissances » globale. Parmi les composantes d'ADVISE qui sont déjà opérationnelles, figure un outil appelé Starlight, qui est capable de fournir une présentation visuelle des données.

Le rapport de cette conférence de 2004 révèle que le ministère de la Sécurité intérieure (Department of Homeland Security) prévoit que l'ensemble des organismes de sécurité aux États-Unis utiliseront ADVISE : « Toutes les instances sécuritaires fédérales, d'État, locales et privées pourront, en temps réel, partager des renseignements et collaborer avec des entrepôts de données décentralisés qui fourniront leur plein soutien pour l'analyse et l'action. »

Signalons une autre initiative d'extraction de données du gouvernement des États-Unis, le programme Multi-State Anti-Terrorism Information Exchange (MATRIX) (« échange de renseignements antiterroriste multi-étatique »). L'entreprise spécialisée en bases de données Seisint Inc. a obtenu le contrat pour MATRIX en mai 2003 essentiellement grâce au système de cotation mesurant le « facteur de terrorisme élevé » qu'elle avait développé peu de temps après les événements du 11 septembre 2001. C'est le fondateur de l'entreprise, Hank Asher, qui a eu l'idée du système de cotation le 13 septembre 2001, alors qu'il sirotait un martini dans sa demeure à 8 millions de dollars[15]. Dans la présentation qu'elle a faite pour obtenir le contrat de MATRIX, Seisint s'est targuée d'avoir fourni aux services d'immigration et de naturalisation, au FBI, aux services secrets et à la police de l'État de la Floride les noms de 120 000 personnes qui, selon les statistiques de 2001, étaient susceptibles d'être des terroristes. L'entreprise a également fait valoir que cette liste avait déclenché un certain nombre d'enquêtes et d'arrestations[16].

---

15. Jim Defede, « Mining the MATRIX », *Mother Jones*, septembre/octobre 2004.
16. Brian Bergstein, « US Database Contractor Gave Authorities Names of 120 000 "Likely Terrorists" », *CP wire*, 20 mai 2004.

À l'occasion de l'attribution du contrat de MATRIX à Seisint, le ministère de la Justice a fait état des « qualifications techniques » de l'entreprise, notamment du logiciel « qui applique le "cœfficient de terrorisme" à tous les cas ». Bien que Seisint et les responsables du maintien de l'ordre soutiennent que le système de cotation a finalement été exclu du projet MATRIX, l'Associated Press n'a pu trouver un seul document, parmi les milliers qu'elle a obtenus, qui confirme que cela soit vrai[17]. Or, l'American Civil Liberties Union a trouvé de nombreux documents qui laissent penser que l'extraction des données a toujours été l'une des composantes les plus importantes de MATRIX[18].

MATRIX a été critiqué par des groupes appartenant aux deux côtés de l'éventail politique. Le programme a donc, tout comme le TIA, été dissous en mai 2005[19]. Au moins 11 des 16 États qui avaient participé au programme pilote de MATRIX s'en étaient de toute façon retirés auparavant[20].

CAPPS II et Secure Flight

Le programme d'extraction de données auquel US-VISIT était censé être associé, CAPPS II (système d'inspection préliminaire des passagers assistée par ordinateurs, seconde génération), a été conçu pour trier, au moyen d'algorithmes, des informations portant notamment sur les dossiers passagers, afin d'attribuer à l'ensemble des passagers aériens une « cotation de risque » : « vert », « ambre » ou « rouge ». « Vert » signifie que le risque est minimal, « ambre » qu'il y a un risque inconnu ou moyen, nécessitant des mesures de sécurité accrues, et « rouge », que le risque est élevé, ce qui entraîne l'interdiction de vol du passager et son transfert aux forces de l'ordre pour mise en détention. Les critères d'attribution des cotes n'ont pas été divulgués.

Selon un avis publié dans le registre fédéral (U.S. Federal Register) en janvier 2003, l'objectif de la Transportation Security Administration (TSA), l'institution qui a développé CAPPS II, consistait à

---

17. *Ibid.*
18. American Civil Liberties Union, *MATRIX : Myths and Reality*, ACLU, 10 février 2004, www.aclu.org/privacy/spying/14999res20040210.html.
19. Privacy International, « MATRIX data mining system unplugged », 5 mai 2005, www.privacyinternational.org/article.shtml?cmd%B347%D=x-347-205261.
20. Madeleine Baran, *supra*, chapitre 8, note 18.

créer une base de données de profilage qui serait liée à des données en nombre quasiment illimité provenant de sources privées et publiques, notamment « de sources financières et transactionnelles ». En outre, de nombreuses instances publiques et privées devaient avoir accès au système[21]. La TSA a déclaré à la presse, au General Accounting Office (GAO) et au Congrès qu'elle n'avait pas utilisé de données réelles pour tester CAPPS II, mais il s'est avéré par la suite que cela était manifestement faux[22].

Selon la TSA, environ 5 % des voyageurs seraient cotés « ambre » ou « rouge » selon le programme CAPPS II[23]. Aucun mécanisme permettant à un passager de contester sa cote n'était inclus dans le programme. Il ressort d'une analyse de l'Association of Corporate Travel Executives (« association des cadres d'entreprise voyageurs ») que si seulement 2 % des voyageurs étaient cotés « rouge », jusqu'à 8 millions de passagers seraient détenus ou interdits de vol chaque année en raison de CAPPS II[24].

Le GAO a diffusé en février 2004 un rapport selon lequel la TSA n'avait pu faire la preuve que CAPPS II était efficace pour identifier les éventuels terroristes et avait échoué à résoudre les problèmes cruciaux, pour la protection de la vie privée, que représentent la surveillance et la possibilité pour les passagers d'obtenir réparation.

En juillet 2004[25], le gouvernement des États-Unis a finalement cédé devant les pressions exercées par le GAO, les défenseurs des

21. Electronic Privacy Information Center, « Passenger Profiling : Overview », 2004, www.epic.org/privacy/airtravel/profiling.html.
22. Lettre des sénateurs états-uniens Joseph Lieberman et Susan Collins à l'Honorable Asa Hutchinson, sous-secrétaire à la sécurité des frontières et des transports (Under Secretary for Border and Transportation Security), ministère états-unien de la Sécurité intérieure (Homeland Security Department) datée du 14 avril 2004. Le texte de cette lettre est reproduit dans un communiqué de presse du Comité sur la sécurité intérieure et les affaires gouvernementales du Sénat des États-Unis (United States Senate Committee on Homeland Security and Governmental Affairs), http://govt-aff.senate.gov/index.cfm?FuseAction=PressReleases.Detail?Affiliation=C?PressRelease_id-709&Month=4&Year=2004.
23. Sara Kehaulani Goo, « US to Push Airlines for Passenger Records », *Washington Post*, 12 janvier 2004.
24. Tim Harper, « US "Mistreated" Immigrants in 9/11 Roundup », *supra*, chapitre 5, note 11.
25. United States General Accounting Office, *Computer Assisted Passenger Prescreening System Faces Significant Implementation Challenges*, GAO-04-385, février 2004, www.gao.gov/cgi-bin/getrpt?GAO-04-385.

libertés civiles et les compagnies aériennes et a décidé de dissoudre le programme CAPPS II[26]. Il est toutefois apparu clairement que le programme n'avait été que modifié et reporté[27]. Un porte-parole du ministère de la Sécurité intérieure a en effet affirmé qu'un nouveau programme de profilage renaîtrait des cendres de CAPPS II et qu'il couvrirait tous les passagers voyageant vers, à travers ou dans le pays[28]. En août 2004, on a effectivement annoncé la création d'un nouveau programme de profilage des passagers appelé « Secure Flight » (« vol sûr »)[29].

Le Congrès a statué que Secure Flight devait renoncer à faire usage des données du secteur privé et de la cotation de risque comme l'avait fait son prédécesseur, et la TSA a donné des garanties en ce sens. On a toutefois rapporté en juillet 2005 qu'en fait la TSA avait, dans le cadre de Secure Flight, relié des informations sur les passagers à des bases de données commerciales, après qu'elle eût demandé à un entrepreneur de recueillir secrètement 100 millions de dossiers portant sur au moins 250 000 personnes[30]. En outre, le directeur de Secure Flight a annoncé que la TSA envisageait de vérifier dans le cadre du programme s'il était possible d'utiliser des données commerciales pour découvrir des « cellules dormantes[31] ».

---

26. Mimi Hall et Barbara DeLollis, « Plan to Collect Flyer Data Canceled », *USA Today*, 14 juillet 2004.
27. Sara Kehaulani Goo et Robert O'Harrow Jr, « New Airline Screening System Postponed ; Controversy Over Privacy Leads to CAPPS II Paring, Delay Until After the Election », *Washington Post*, 16 juillet 2004.
28. Tim Harper, « US "Mistreated" Immigrants in 9/11 Roundup », *supra*, chapitre 5, note 11.
29. Voir Matthew L. Wald, « US Wants Air Traveler Files for Security Test », *New York Times*, 22 septembre 2004 ; et Transportation Security Administration, « TSA to Test New Passenger Pre-Screening System », communiqué de presse, 26 août 2004, http://www.tsa.gov/press/releases/2004/press_release_0496.shtm.
30. Leslie Miller, « US to Test if Passenger Lists Can ID "Sleeper Cells" », *Boston Globe*, 24 juillet 2005 ; United States, Government Accountability Office, Memorandum to Congressional Committees re Aviation Security : « Transportation Security Administration Did Not Fully Disclose Uses of Personal Information during Secure Flight Program Testing in Initial Privacy Notes, but Has Recently Taken Steps to More Fully Inform the Public », 22 juillet 2005 ; Matthew L. Wald, « US Wants All Air Traveler Files for Security Test », *supra*, chapitre 10, note 29.
31. Leslie Miller, *supra*, chapitre 10, note 30 ; Patty Donmoyer, « DOJ Assails Secure Flight », *Business Travel News*, 19 septembre 2005.

Selon Bruce Schneider, expert en matière de sécurité et ancien membre du comité de surveillance de Secure Flight constitué par la TSA, « [celle-ci] a fonctionné au mépris complet de la loi et du Congrès. Elle a menti à presque tout le monde. Elle est en train de transformer Secure Flight, qui était un programme simple de mise en correspondance de noms de passagers avec des listes de surveillance antiterroristes, en programme complexe qui compile des dossiers sur les passagers afin de leur attribuer une cote indiquant la probabilité qu'ils soient des terroristes[32]. »

En février 2006, après avoir investi presque quatre ans de travail et dépensé 150 millions de dollars, la TSA a découvert que la base de données de Secure Flight était accessible aux pirates informatiques et a donc suspendu le programme. Toutefois, puisque l'Intelligence Reform and Terrorism Prevention Act exige de la TSA qu'elle crée et mette en œuvre un programme de profilage des passagers, il est probable que Secure Flight, à l'instar de CAPPS II, renaisse de ses cendres sous un autre nom[33].

Le Programme de protection des passagers

L'éventualité que le nouveau système états-unien de profilage des passagers comporte un mécanisme de cotation des risques est corroborée par des développements du côté canadien.

Le plan d'action pour une frontière intelligente Canada-États-Unis exhorte en effet les deux pays « à explorer les moyens d'identifier les risques que présentent les passagers des vols internationaux arrivant dans le pays voisin ». Conformément à cet engagement, des documents canadiens démontrent que le Canada et les États-Unis ont décidé d'un commun accord de mettre en œuvre un « mécanisme de cotation des risques » qui soit « développé conjointement », et donc *interopérable*[34].

Selon un rapport de situation portant sur le plan d'action pour une frontière intelligente, daté du 17 décembre 2004 et ayant été

---

32. Bruce Schneier, « Secure Flight », entrée du 24 juillet 2005 sur www. schneier.com.
33. Associated Press, « TSA's Secure Flight Program Suspended », 9 février 2006.
34. Ministère des Affaires étrangères et du Commerce international du Canada (MAECI), rapport d'étape sur le Plan d'action pour une frontière sûre et intelligente, 17 décembre 2004, www.dfait-maeci.gc.ca.

diffusé sur le site Internet du ministère canadien des Affaires étrangères, la première phase du projet a été achevée le 10 août 2004. Le segment canadien du projet de cotation des risques est actuellement pris en charge par le Centre national d'évaluation des risques, sous la direction du ministère de la Sécurité publique et de la Protection civile du Canada. La nature des critères utilisés ou testés n'est pas connue. Tout ce que l'on sait, c'est que ce programme, tout comme le programme états-unien CAPPS II, est un programme d'extraction de données : il utilise des algorithmes informatiques pour trier des informations personnelles et pour identifier les risques que présentent les voyageurs[35]. Selon un reportage diffusé en janvier 2004[36], ce programme, tout comme le programme CAPPS II, devait attribuer aux passagers une cote de risque « rouge », « ambre » ou « vert ». On ne sait toujours pas, en revanche, si ce code couleur sera repris par un éventuel nouveau programme de profilage des passagers aux États-Unis. Selon un autre reportage diffusé début 2004, le projet canadien d'évaluation des risques devait prendre en compte, entre autres renseignements, des données sur les dossiers passagers des vols arrivants, partants et intérieurs[37], et le gouvernement fédéral envisageait d'étendre le programme à tous les passagers traversant la frontière, quel que soit leur mode de transport[38].

En août 2005, le projet canadien de cotation des risques a été refondu. Il constitue désormais la deuxième phase d'un nouveau programme appelé Programme de protection des passagers[39].

---

35. Réunion de l'auteur avec des responsables du ministère de la Sécurité publique du Canada, 17 février 2005.
36. Tonda McCharles, *supra*, chapitre 6, note 38.
37. *Ibid.* En vertu du Règlement sur les renseignements relatifs aux passagers (douanes) (SOR/2003-219), de la Loi sur les douanes, le Canada recueille des renseignements sur les passagers des vols d'arrivée et stocke ces renseignements à des fins d'analyse pour six ans. La Loi sur la sécurité publique (2002, c. 15) permet la collecte de renseignements auprès de passagers de vols sortant et intérieurs, ainsi que de passagers de vols entrant au pays. Le Centre canadien d'évaluation des risques a accès à tous ces renseignements. *supra*, chapitre 7, note 21, Beth Gorman.
38. Tonda McCharles, *supra*, chapitre 6, note 38.
39. Ministère des Transports du Canada, « Government of Canada Moving Forward on Air Passenger Assessment » (« Le Canada va de l'avant pour l'évaluation des passagers aériens »), communiqué de presse, Ottawa, 5 août 2005.

L'initiative des frontières électroniques du Royaume-Uni

Le projet relatif aux frontières électroniques (e-Borders) britanniques mentionné plus haut possède également une composante de cotation des risques, tout comme les programmes CAPPS II et Secure Flight, ainsi que le Programme de protection des passagers du Canada. On planifie d'analyser des données « de masse » sur les passagers afin d'évaluer, « avant l'arrivée, les risques que présentent les passagers relativement à l'immigration et à la sécurité ». Selon certains documents, « les institutions frontalières auront recours à un profilage consistant à comparer une liste de profils prédéterminés avec les données de réservation des passagers. » Ils indiquent également que les passagers seront cotés « vert », « jaune » ou « rouge »[40].

La mise en œuvre du programme e-Borders a commencé en 2004 et devrait être achevée en 2018[41].

Le « dragage » allemand

Après septembre 2001, les unités de police allemandes ont commencé à recueillir des données sur les jeunes hommes issus de milieux musulmans dans les universités, dans les bureaux de vote, auprès des compagnies d'assurance-maladie et dans le « registre central sur les étrangers » (*Ausländerzentralregister*), cela au moyen du « dragage » (*Rasterfahndung*). Mis en place pendant les années 1970 dans la foulée des activités du groupe terroriste Rote Armee Fraktion, le dragage est un procédé qui permet de recueillir de vastes quantités de données sur des individus et de les comparer selon différents critères.

Le profil utilisé dans le programme après les événements du 11 septembre 2001 a été celui des étudiants arabes de l'Université de Hambourg qui y étaient prétendument liés. En pratique, cela faisait de chaque étudiant arabe masculin en Allemagne un terroriste présumé et, en conséquence du programme, pas moins de 10 000 étudiants ont été placés sous surveillance dans la seule Rhénanie-du-Nord-Westphalie[42].

---

40. Statewatch, « UK : e-Borders Plan to Tackle "Threats" », *supra*, chapitre 7, note 20.
41. *Ibid.*
42. Statewatch, « Germany : Police "Trawling" for Suspect Foreigners », *Statewatch Bulletin*, vol. 12, n° 1, janvier-février 2002, p. 6.

L'extraction de données et le déficit démocratique

Comme dans le cas des autres initiatives lancées en matière de surveillance de masse, la mise en œuvre des programmes d'extraction des données est entachée d'un déficit démocratique.

D'abord, il y a eu un manque manifeste de transparence dans la gestion de ces programmes. Il est en effet difficile d'obtenir des informations sur la nature des projets entrepris et sur leur fonctionnement. Beaucoup d'entre eux, comme le projet canadien, ont été mis sur pied discrètement, à l'écart du public, sans débat démocratique ou presque.

Ensuite, les gouvernements se sont esquivés de la responsabilité politique des programmes d'extraction de données. Par exemple, la mise en œuvre du programme Secure Flight a été reportée au-delà de l'élection états-unienne de novembre 2004, et les responsables gouvernementaux se sont refusés jusqu'alors à fournir des détails sur les composantes de CAPPS II qu'ils conservaient ou supprimaient[43]. Enfin, les gouvernements ne font guère preuve d'honnêteté s'agissant de ces projets. Lorsque des programmes sont annulés en raison de pressions politiques, les gouvernements les réintroduisent simplement sous un autre nom, dans un nouvel emballage.

Faits imprécis, information sale, « coupable selon Google »,
profilage ethnique

La version post-11 septembre 2001 de l'ère maccarthyste, axée sur l'extraction des données, rappelle peut-être un peu le film hollywoodien *Minority Report*, où des responsables d'État tentent d'utiliser la technologie pour lire les pensées des gens afin de prévenir les actes criminels avant qu'ils ne soient commis. Mais la technologie actuelle est très loin d'être à la hauteur de cette fiction.

En premier lieu, le socle factuel sur lequel repose cette technologie n'est pas fiable. La « meilleure information disponible » dont sont tributaires les technologies d'extraction des données et de cotation des risques est souvent imprécise, non contextuelle, périmée ou incomplète. Il peut même s'agir d'*informations sales* – d'informations extorquées sous la torture ou fournies par un informateur qui est en danger ou qui trompe volontairement les autorités.

---

43. Goo et O'Harrow, *supra*, chapitre 10, note 27.

Aucun des programmes d'extraction de données ne contient de mécanisme permettant aux particuliers de corriger ou de contextualiser les renseignements utilisés à leurs dépens, ni d'y faire objection, ni même de connaître leur nature. Ces systèmes, qui fonctionnent selon un principe de préemption, sont en fait indifférents à de telles précisions – et même, ils s'enliseraient s'ils étaient tenus de se conformer aux normes habituelles qui régissent, en ce qui a trait à l'information, les questions de l'accès, de la précision et de la responsabilité.

En deuxième lieu, les critères utilisés pour trier ces masses de données seront toujours trop vagues et mécaniques. Se baser sur l'extraction de données, c'est comme conclure à la culpabilité de quelqu'un à partir d'une recherche de mots-clés sur Google. Et puisque ces systèmes utilisent des marqueurs peu spécifiques pour détecter le terrorisme, les profilages ethnique et religieux y sont endémiques. Le directeur du programme TIA avait certes raison d'affirmer que chercher quelque chose d'utile au moyen de l'extraction des données, c'était comme chercher des aiguilles précises dans des tas d'aiguilles. Mais cette analogie aurait été plus exacte s'il avait parlé de la recherche d'une aiguille dans un océan d'aiguilles.

LES « SOLUTIONS » APPORTÉES PAR LES TECHNOLOGIES « RUDIMENTAIRES » POUR L'ÉVALUATION DES RISQUES

Bien entendu, l'évaluation des risques dans la « guerre à la terreur » n'est pas réalisée entièrement par extraction informatique de données. Comme sous le maccarthysme, des êtres humains font également des jugements sur l'identité de ceux qui peuvent présenter un « risque » pour l'État.

Dans le climat post-11 septembre 2001, où l'on reproche aux forces de l'ordre et aux services de renseignements de n'avoir pas su empêcher les attentats perpétrés contre les États-Unis, les instances responsables sont fortement incitées à pécher par excès de prudence. Après tout, qui voudrait être rétrospectivement tenu pour responsable de n'avoir pas su recevoir, rassembler, partager ou signaler des informations sur un individu qui a participé à un attentat ? Comme dans le cas de l'extraction de données, un principe de préemption est à l'œuvre lorsque ce sont des humains qui évaluent les risques.

Un tel climat incite les autorités à interpréter les renseignements de manière hâtive et à agir sans discernement. Ici aussi, les profilages ethnique et religieux sont endémiques[44].

La culpabilité par association

Les cas de Maher Arar et des autres Canadiens évoqués au premier chapitre sont d'excellents exemples de la manière dont les individus, dans ce monde nouveau caractérisé par l'évaluation des risques, sont traités comme des coupables par association, et ce, aussi ténu que soit leur rapport avec un individu soupçonné de terrorisme. La présence au Canada d'un adepte du terrorisme reconnu comme tel, en l'occurrence d'Ahmed Saïd Khadr, qui avait par intermittence travaillé à réunir des fonds pour un projet sur lequel la plupart des gens n'avaient pas d'informations directes ou internes, a eu un effet dévastateur sur la relativement modeste communauté musulmane

---

44. En 2002, l'Union européenne a rédigé des recommandations au Conseil sur l'utilisation du « profilage des terroristes » : « elle a identifié un ensemble de variables physiques, psychologiques et comportementales qui sont considérées comme étant caractéristiques des personnes impliquées dans des activités terroristes et qui ont peut-être une valeur prédictive à cet égard ». Voir Conseil de l'Union européenne, document 11858/3/02 REV 3, 18 décembre 2002, http://register.consilium.eu.int/pdf/en/02/st11/118 58-r3en2.pdf. Le Royaume-Uni et l'Allemagne comptent parmi les pays qui participent avec Europol à un groupe d'experts sur le « profilage des terroristes ». Voir Conseil de l'Union européenne, document 7846/04, 30 mars 2004, http://register.consilium.eu.int/pdf/en/04/st07/st07846. en04.pdf. Selon toute vraisemblance, l'Union européenne gère également un programme secret sur « le radicalisme et le recrutement » ayant pour cible notamment les institutions éducatives et les lieux de culte des communautés musulmanes. Le Réseau européen d'experts indépendants en matière de droits fondamentaux a de sérieuses réserves concernant le développement de profils de terroristes. Il soutient que le profilage de potentiels terroristes effectué par la police ou les autorités des services de l'immigration sur la base de caractéristiques telles que les traits psycho-sociologiques, la nationalité ou le lieu de naissance, « présente un risque important de discrimination ». Il fait valoir en outre que, pour que le profilage soit acceptable, il faudrait faire la preuve qu'il existe un lien statistique entre les caractéristiques définies et le risque de terrorisme, lien qui n'a toujours pas été démontré. Voir le rapport thématique de 2003 du Réseau européen d'experts indépendants en matière de droits fondamentaux, www.statewatch.org/news/2003/apr/CFR-CDF. ThemComment.pdf.

canadienne. Comme nous l'avons expliqué plus haut, presque tous les Canadiens détenus à l'extérieur du Canada, ainsi que les cinq immigrés musulmans détenus indéfiniment au Canada en vertu de certificats de sécurité, avaient un lien avec Khadr. Ils ont eu la malchance de partager une promenade en voiture avec lui à Toronto, ou d'avoir logé chez les parents de sa conjointe, ou de l'avoir rencontré brièvement en Afghanistan, ou d'avoir offert leurs services pour aider les réfugiés avec lesquels il travaillait au Pakistan. Ou encore, dans le cas de Maher Arar, la simple malchance d'avoir connu quelqu'un qui connaissait Ahmed Saïd Khadr. Qui plus est, la Police montée a créé des profils pour les deux enfants de Maher Arar et de Monia Mazigh, pour une espèce de base de données de surveillance des suspects[45]. Au moment où ils ont été profilés, un des enfants était âgé de six ans et l'autre de cinq mois!

Si nous étions tous susceptibles d'être pris pour cible à cause d'une rencontre ordinaire faite au cours des aléas de notre vie, dans quelle mesure serions-nous en sécurité? Dans les communautés de coreligionnaires ou d'immigrants relativement peu nombreuses, où la plupart des membres se connaissent entre eux ou ont des connaissances communes, presque personne ne serait à l'abri.

Des pratiques semblables ont cours dans d'autres pays. Dans bien des cas, la culpabilité par association est *codifiée* dans la législation, dans la définition du « terrorisme » et dans la formulation des nouveaux délits qui lui sont associés, ceux de « participation » et de « glorification ». Dans son plaidoyer pour la libération d'un Libyen qui avait été détenu sans accusation pendant 15 mois sur la base de preuves secrètes et en vertu de l'Anti-Terrorism, Crime and Security Act du Royaume-Uni, Lord Woolf, le doyen des juges britanniques, a posé la question suivante aux procureurs du gouvernement: « Si j'étais un épicier et que je livrais ses commissions à un membre d'Al-Qaïda, cela ferait-il de moi [selon la définition de la loi] un terroriste[46]? »

---

45. Rapport de la commission Arar, *supra*, chapitre 1, note 14, p. 98.
46. Audrey Gillan, « Keep Detainee in Jail, Appeal Told », *Guardian*, 18 mars 2004, www.guardian.co.uk/terrorism/story/0,12780,1171876, 00.html.

Le partage sans discernement des informations

La résolution 1373 du Conseil de sécurité de l'ONU exhorte tous les États à « prendre des mesures pour prévenir la perpétration d'actes terroristes, notamment l'obligation d'avertir rapidement les autres États par l'échange d'informations ». L'accord et le plan d'action pour une frontière intelligente qui ont été négociés par le Canada et les États-Unis prévoient le partage opportun des informations et des renseignements[47] et la création de brigades de renseignement conjointes[48]. L'accord Europol-États-Unis permet à un nombre illimité d'organismes états-uniens d'accéder aux informations d'Europol à des fins de *prévention*, de dépistage, de répression, d'investigation et de poursuite, s'agissant de n'importe quelle infraction criminelle spécifique et de n'importe quelle analyse spécifique.

Le cas Arar illustre bien le manque de discernement des gouvernements dans le partage des renseignements, outre les conséquences personnelles et sociales qui peuvent en découler. La GRC ne disposait pas de motifs raisonnables pour soupçonner Maher Arar de quoi que ce soit lorsqu'elle a communiqué son nom à des organismes étrangers sans condition et qu'elle l'a livré à son sort.

Bien que le partage opportun de renseignements entre pays soit une composante importante de la lutte contre le terrorisme et autres crimes, le cas Arar illustre la nécessité d'adopter des critères adéquats relativement à la qualité des renseignements qui peuvent être communiqués à des pays étrangers et de prévoir des instructions ou des conditions sur la manière dont ces renseignements peuvent être utilisés.

L'utilisation de renseignements obtenus par la torture ou par la divulgation aux tortionnaires

Un autre exemple de comportement sans discernement de la part des autorités procédant à une évaluation des risques par des techniques « traditionnelles » est leur recours à la torture.

Les régimes répressifs ne sont pas les seuls qui utilisent la torture pour l'évaluation des risques. Les témoignages recueillis pendant

---

47. « Déclaration sur la frontière intelligente », *supra*, chapitre 7, note 3.
48. Plan d'action pour la création d'une frontière sûre et intelligente, *supra*, chapitre 7, note 3, art. 25.

l'enquête Arar ont révélé que des organismes canadiens peuvent, dans certaines circonstances, partager des renseignements avec des organismes étrangers qu'ils soupçonnent de pratiquer la torture et que, à l'inverse, ils accepteront et utiliseront des renseignements d'une telle provenance sous réserve que ces derniers soient corroborés par d'autres sources[49]. Ces pratiques ont cours, bien que le Canada ait signé la Convention de l'ONU contre la torture.

Comme le démontrent les épisodes Arar, El Maati et Almalki, il arrive également que les autorités canadiennes attendent que des personnes se rendent à l'étranger afin de les y faire interroger en l'absence d'un avocat et que ce soit des forces de sécurité étrangères qui aient recours à l'intimidation ou à la maltraitance. Deux autres épisodes nourrissent ce soupçon. En septembre 2004, le beau-frère de Maher Arar, qui venait de retourner en Tunisie, a été interrogé par la police secrète tunisienne. Selon la famille d'Arar, les interrogateurs tunisiens disposaient d'informations auxquelles seules les autorités canadiennes auraient pu avoir accès. Celles-ci avaient eu de multiples occasions de l'interroger pendant son séjour de quatre ans au Canada, mais elles ne l'avaient pas fait[50]. Un autre homme, Kassim Mohamed, qui partage son temps entre Toronto et l'Égypte, a été interrogé au Canada par le Service canadien du renseignement de sécurité (SCRS) après qu'il eut enregistré sur son magnétoscope des points d'intérêt torontois pour ses enfants, qui vont à l'école en Égypte. Il a ensuite été autorisé à s'y rendre. À son arrivée, il a été immédiatement arrêté et a été détenu pendant deux semaines dans une prison du Caire, menotté et les yeux bandés[51].

De la même manière, au Royaume-Uni, il semble que le service de renseignements MI5 ait communiqué des informations à la CIA dans le but que cette dernière s'empare de Wahab al-Rawi. Arrivé

---

49. Témoignage de Ward Elcock devant la Commission d'enquête sur les actes des responsables canadiens relativement à Maher Arar, audience publique, 21 juin 2004, p. 161, p. 251, www.ararcommission.ca/eng/11e.htm.

50. Personnel de CTV.ca, « Maher Arar Suspects He's Still Being Spied On », www.CTV.ca, 9 septembre 2004, www.ctv.ca/servlet/ArticleNews/story/CTVNews/1094738251010_90147450?s_name=&no_ads=.

51. Personnel de CBC News Online, « Man Interrogated by CSIS, RCMP Suing to Clear His Name », CBC News Online, 3 octobre 2004, www.cbc.ca/story/cnada/national/2004/09/20/mahamed040920.html.

en Gambie en effet, ce citoyen britannique d'origine irakienne en voyage d'affaires n'était plus sous la juridiction des lois britanniques. Selon al-Rawi, lorsqu'il a demandé à voir le consul britannique, l'agent de la CIA a éclaté de rire et lui a dit : « Pourquoi pensez-vous que vous êtes ici ? C'est votre gouvernement qui nous a informés au départ[52]. »

La Cour d'appel britannique a statué en août 2004 que l'utilisation de preuves obtenues sous la torture était licite au Royaume-Uni, à condition que le pays n'ait pas « autorisé » la torture et n'ait pas été « de connivence[53] ». Toutefois, le 8 décembre 2005, la Chambre des lords a statué que des preuves susceptibles d'avoir été obtenues sous la torture ne peuvent être utilisées devant les tribunaux britanniques contre les personnes soupçonnées de terrorisme[54]. Comme l'a écrit un lord juriste, « le rejet de la torture par le *common law* [droit coutumier] est d'importance tout à fait emblématique en tant que pierre de touche d'un système juridique humain et civilisé ».

La politique de « tirer pour tuer »

Dans certains pays, en cas d'évaluation sommaire négative à votre sujet, la police peut tirer pour vous tuer. Bien que l'évaluation se fonde souvent sur une piste quelconque, elle se termine fréquemment par un jugement rapide, fondé sur des renseignements lamentablement inadéquats. Après les attaques du 11 septembre 2001, le Royaume-Uni a adopté la politique de « tirer pour tuer » dans le cas d'éventuels kamikazes[55]. La police britannique a ainsi blessé mortellement Jean-Charles de Menezes en lui tirant à bout portant dans la tête dans une voiture de métro bondée. Elle s'était, en une fraction de seconde, fait une idée à son sujet – et elle s'est trompée[56]. La

52. Stephen Grey, « America's Gulag », *New Statesman*, vol. 17, n° 807, 17 mai 2004.
53. Human Rights Watch, « United Kingdom: Highest Court to Rule on Indefinite Detention », communiqué de presse, 1er octobre 2004, www.hrea.org/lists/hr-headlines/markup/maillist.php.
54. Personnel et organismes, « Torture Evidence Inadmissible in UK Courts, Lords Rule », *Guardian*, 8 décembre 2005.
55. Jason Bennetto, « Shoot to Kill Tactic Adopted After Studying Methods of Suicide Bombers », *Independent*, 25 octobre 2005.
56. BBC News, « Police Shot Brazilian Eight Times », 25 juillet 2005, http://news.bbc.co.uk/1/hi/uk/4713753.stm.

police a agi de la même manière lorsque 250 policiers[57] ont entouré la demeure de deux frères à Londres et ont tiré sur l'un d'entre eux en pleine poitrine sans sommation, alors qu'il descendait l'escalier en pyjama[58]. Les enquêtes approfondies de la police qui ont suivi ont été incapables de justifier ses soupçons. Dans les deux cas, la police s'est excusée.

L'enquête de Madrid : des erreurs par négligence

S'agissant de l'évaluation sommaire des risques, de nombreux « faux positifs » sont la conséquence du travail négligent de la police et d'un profilage grossier effectué par les autorités.

Ainsi, la maison du citoyen états-unien Brandon Mayfield, avocat installé dans l'Oregon, a été fouillée en secret. Il a par la suite été incarcéré pendant deux semaines, après que le FBI eût déterminé que ses empreintes digitales correspondaient à une empreinte trouvée sur un sac de plastique utilisé par les terroristes au cours de l'attentat ferroviaire de Madrid de mars 2004. Cette empreinte étant de mauvaise qualité, les autorités espagnoles qui l'ont fournie avaient d'emblée averti les enquêteurs états-uniens qu'elle ne correspondait pas à celles de Mayfield[59]. En outre, tout indiquait que Brandon Mayfield n'avait pas quitté le territoire états-unien depuis plus de 10 ans[60]. Mais le ministère de la Justice des États-Unis a invoqué une loi portant sur les « témoins importants » pour l'arrêter quand même, n'hésitant pas à le dépeindre, pour se justifier, comme un extrémiste musulman. En effet, le mandat d'arrêt faisait grand cas de sa conversion à l'Islam, de son mariage avec une femme née en Égypte et du fait qu'il avait une fois défendu briè-vement un des « sept de Portland » à l'occasion d'un procès sur la garde d'enfants[61].

---

57. BBC News, « Man Shot in Antiterrorism Raid », 2 juin 2006, http://news.bbc.co.uk/1/hi/uk/5040022.stm.

58. Peter Walker et David Fickling, « Police Apologize to East London Raid Family », *Guardian*, 13 juin 2006.

59. Erich Lichtblau, « US Opens 2 Inquiries into Arrest of Muslim Lawyer in Oregon », *Newsweek* (éd. des États-Unis), 7 juin 2004.

60. Andre Murr, « The Wrong Man : Brandon Mayfield Speaks Out on a Badly Botched Arrest », *New York Times*, 4 juin 2004.

61. *Ibid.*

Les autorités espagnoles ont finalement associé l'empreinte suspecte avec celles d'Ouhnane Daoud, un Algérien vivant en Espagne contre lequel elles détenaient d'autres preuves[62]. Le FBI, qui prétendait au départ être absolument certain que l'empreinte en question était celle de Mayfield, a ensuite fait marche arrière et changé son fusil d'épaule en prétendant que l'empreinte, «à des fins d'identification, [était] *sans valeur*[63]».

Débarrasser la rue des gens : des détentions indéfinies et arbitraires

Quand il y a évaluation sommaire des risques, les gouvernements, dans leur désir de supprimer ces risques, raflent les gens dans la rue, sans discernement. Ils recourent à des détentions sans accusation et à des détentions pour une durée indéfinie qui violent les garanties constitutionnelles et les obligations relatives aux droits de la personne.

Selon le droit international en matière de droits de la personne, les détentions arbitraires ne sont justifiées qu'en cas d'état d'urgence menaçant l'intégrité de la nation, et ce, uniquement si l'État déclare publiquement qu'il y a état d'urgence. Dans ce cas, il peut y avoir dérogation aux droits reconnus « dans la stricte mesure exigée par l'urgence de la situation », et sans discrimination[64].

LES PREMIÈRES RAFLES D'IMMIGRANTS : Comme nous l'avons rappelé plus haut, immédiatement après le 11 septembre 2001, les autorités états-uniennes ont incarcéré de nombreuses personnes. Elles l'ont fait sans déclarer l'état d'urgence, comme l'exige pourtant le droit international en matière de droits de la personne. Au départ, l'administration Bush a tenté d'obtenir, en vertu du USA Patriot Act, des pouvoirs lui permettant de détenir les non-citoyens sans accusation et sans recours en révision, mais le Congrès a rejeté cette demande. Sans se laisser décourager, l'administration s'est arrogé ce pouvoir en émettant discrètement un arrêté

---

62. Al Goodman, «Spain Hunts "Detonator Bag" Man», CNN.com, 28 mai 2004, http://edition.cnn.com/2004/WORLD/europe/05/28/spain.warrant/.
63. *Ibid.*
64. Pacte international relatif aux droits civils et politiques (International Covenant on Civil and Political Rights), 999 R.T.N.U. 171, art. 4. Le PIRDCP (ICCPR) est entré en vigueur aux États-Unis le 8 septembre 1992.

administratif. Celui-ci permet à l'Immigration and Naturalization Service (INS) de détenir, sans accusation précise, des non-citoyens pendant 48 heures pour des motifs relatifs à l'immigration et d'étendre cette période indéfiniment « en cas d'urgence ou de toute autre circonstance extraordinaire »[65].

Cette manœuvre a permis de contourner les processus démocratiques et les protections constitutionnelles des accusés dans les affaires pénales. Dans ce cas, la Constitution états-unienne exige que les accusations soient portées dans les délais prescrits et garantit aux détenus le droit à l'*habeas corpus*[66]. La Cour suprême des États-Unis a statué que le gouvernement doit accuser le détenu de quelque chose et qu'un juge doit établir qu'il existe un motif raisonnable permettant de justifier l'accusation, tout au plus 48 heures après l'arrestation[67]. En emprisonnant des personnes en vertu d'accusations relatives à l'immigration, alors qu'elles étaient en fait l'objet d'une enquête liée à des activités criminelles (le terrorisme), le gouvernement a délibérément tenté de leur dénier ces droits constitutionnels[68].

Répétons-le, parmi les personnes appréhendées pour des motifs liés à l'immigration lors des premières rafles, à l'occasion desquelles presque 2 000 personnes ont été arrêtées, aucune d'entre elles n'a été accusée de quelque infraction pénale liée aux attentats, et on n'a pu établir un lien quelconque avec Al-Qaïda dans aucun des cas[69].

L'UTILISATION DE MANDATS POUR TÉMOINS IMPORTANTS : Afin de « débarrasser les rues des gens » à l'intérieur du pays, les États-Unis ont en outre abusé des lois sur les « témoins importants ». Ces lois permettent à la police de détenir quelqu'un pour l'interroger sans disposer de motifs raisonnables pour la détention. Le détenu est dans ce cas considéré comme un suspect criminel

65. 8 CFR 287, INS n°2171-01, 20 septembre 2001. Voir également Human Rights Watch, *Presumption of Guilt: Human Rights Abuses of Post-September 11 Detainees*, vol. 14, n°4(G), août 2002, www.hrw.org/reports/2002/us911/USA0802.pdf.
66. Constitution des États-Unis, amendements V et XIV. Voir également le PIRDCP, art. 9.
67. *County of Riverside v. McLaughlin*, 500 US 44 (1991).
68. Rapport de Human Rights Watch : *Presumption of Guilt: Human Rights Abuses of Post-September 11 Detainees*, août 2002, *op. cit.*
69. Tim Harper, « US "Mistreated" Immigrants in 9/11 Roundup », *supra*, chapitre 5, note 11.

(comme ce fut le cas de Brandon Mayfield). Malgré les nombreuses enquêtes du Congrès, le ministère de la Justice a refusé de révéler combien de personnes ont été détenues, dans des affaires d'antiterrorisme, en vertu de tels mandats pour témoins importants. Human Rights Watch et l'American Civil Liberties Union ont toutefois pu identifier 70 détenus. Parmi ceux-ci, 64 sont originaires du Moyen-Orient ou de l'Asie du Sud, 17 sont des citoyens états-uniens et, à une exception près, tous sont des musulmans. Seuls quelques-uns d'entre eux ont été accusés de quelque chose en rapport avec le terrorisme. Presque la moitié d'entre eux n'ont jamais été amenés devant un tribunal ou un jury d'accusation pour que soit recueilli leur témoignage. Le ministère de la Justice a utilisé de faux témoignages ou des preuves douteuses pour obtenir des mandats et justifier leurs craintes que ces détenus s'enfuient, ce qui légitimait leur incarcération[70]. Leurs récits sont aussi accablants que celui de Brandon Mayfield.

« Cinq à six voitures ont entouré la mienne », de raconter Mohdar Abdoullah à Human Rights Watch. « Les agents ont sorti des "fusils de chasse" et m'ont ordonné de sortir de la voiture, faute de quoi ils tireraient sur moi. Ils m'ont dit qu'ils étaient sur le point de me tirer dessus. Je leur ai demandé ce qui se passait. J'ai été très coopératif. Mais trois types m'ont ordonné de mettre les mains sur la voiture. Ils m'ont fouillé et enchaîné. J'ai demandé pourquoi on m'arrêtait. "M'accuse-t-on de quelque chose?" On ne m'a pas répondu. Ils m'ont poussé contre la voiture et menotté. Ils m'ont lancé: "Ferme ta foutue gueule"[71]. »

Ayoub Ali Khan a décrit la façon dont il a été mis en isolement dans une cellule de « six pieds par cinq », très semblable à celle dans laquelle Maher Arar a croupi, à la différence qu'elle était plus propre et que les ampoules étaient allumées 24 heures sur 24. « Des gardiens venaient toutes les 10 ou 15 minutes et frappaient à la porte... Je n'ai pas dormi pendant un mois ou deux. Les gardiens frappaient à la porte toute la nuit. Ils disaient: "C'est lui le type – le type des talibans". Ou bien ils m'appelaient "Khan taliban". Les

70. Human Rights Watch, « Scores of Muslim Men Jailed Without Charge », 27 juin 2005. Voir également Human Rights Watch, *Witness to Abuse: Human Rights Abuses under the Material Witness Law since September 11*, juin 2005, vol. 27, n° 2(G).
71. *Ibid.*

gardiens ont dit tellement de méchancetés. Ils m'ont dit : "Tu ne reverras plus jamais ta famille. Tu vas mourir ici. Sens-tu la fumée du WTC [World Trade Center] ? T'es foutu. Comment veux-tu mourir ? Avec la chaise électrique ?" (…) [Chaque fois qu'on me sortait de ma cellule] ils me tordaient les mains. Mes pieds étaient enchaînés et les gardiens marchaient sur les chaînes. J'ai été profondément coupé aux pieds[72]… »

En ce qui concerne l'utilisation de mandats pour témoins importants depuis le 11 septembre 2001, un juge de tribunal de district a déclaré : « La manière dont le gouvernement gère les renseignements sur les témoins importants est profondément troublante… Y a-t-il 40 ou bien 400 détenus en vertu de mandats pour témoins importants, ou plus encore ? Le public n'en sait absolument rien[73]. »

DÉSIGNER DES PERSONNES COMME COMBATTANTS ENNEMIS OU ILLÉGAUX : Le gouvernement des États-Unis maintient également des étrangers et des citoyens états-uniens en détention en les désignant comme des combattants « ennemis » ou « illégaux ». Ces termes sont censés être tirés des Conventions de Genève, mais en fait ils n'y figurent pas, ni dans le droit humanitaire international coutumier. Ils ont été inventés par l'administration Bush pour *dénier* aux prisonniers les droits qu'ils ont en vertu des Conventions de Genève, de la Constitution des États-Unis ou du droit pénal ordinaire. Certains « combattants ennemis » sont tenus prisonniers sur le sol états-unien, mais beaucoup plus encore sont détenus à Guantanamo, territoire cubain loué aux États-Unis, ou dans les divers cachots extraterritoriaux gérés par des organismes comme la CIA. Depuis l'invasion par les États-Unis de l'Afghanistan en 2001, plus de 800 personnes de plus de 40 nationalités différentes ont été emprisonnées à Guantanamo et maintenues sous garde militaire. En septembre 2006, environ 455 personnes y étaient encore détenues indéfiniment. Si certaines d'entre elles ont été capturées pendant la guerre en Afghanistan, d'autres ont été faites prisonnières dans des endroits aussi disparates que la Bosnie, la Gambie et la Thaïlande[74]. Par ailleurs, lorsque la Croix-Rouge internationale

72. *Ibid.*
73. *Center for National Security Studies v. US Department of Justice*, 2002, US District Court, LEXIS 14168 at*28. (D.D.C., 2 août 2002).
74. Human Rights First, « US Law and Security : Guantanamo Bay », avril 2006, www.humanrightsfirst.org/us_law/etn/det_fac/Guantanamo.htm.

a visité, en mai 2006, le centre de détention de Bagram, en Irak, environ 560 détenus s'y trouvaient[75].

Nombre des procès remettant en cause la constitutionnalité de ces détentions sont encore ouverts. Mais ceux qui sont déjà clos, ajoutés à un nouvel amendement proposé au Congrès, censé régir tous les procès engageant des détenus, illustrent bien la voie dans laquelle l'exécutif s'engage en matière d'évaluation des risques.

Les deux premiers cas que nous allons décrire mettent en cause des citoyens états-uniens qui ont été désignés comme des combattants ennemis par le président George W. Bush.

Le FBI a arrêté Jose Padilla à l'aéroport de Chicago en mai 2002. Padilla, natif de Brooklyn, converti à l'Islam, a été accusé d'avoir comploté avec Al-Qaïda pour faire exploser des « bombes sales » radioactives aux États-Unis. Au départ, les autorités états-uniennes ont prétendu qu'elles le détenaient en tant que témoin important pour un jury d'accusation qui examinait les attentats du 11 septembre 2001. Mais, en juin 2002, soit quelques jours avant une audition qui aurait déterminé si la détention indéfinie de Padilla comme témoin important était licite, le gouvernement a changé de tactique et l'a désigné comme combattant ennemi[76]. Padilla a ensuite été détenu pendant plus de trois ans dans une prison de la marine états-unienne en Caroline du Sud. Il est allé jusqu'à saisir la Cour suprême des États-Unis pour obtenir l'*habeas corpus*. La première fois, celle-ci a classé son affaire en arguant que le dossier aurait dû être déposé en Caroline du Sud. En réponse à sa deuxième requête, déposée cette fois dans cette dernière juridiction, le tribunal de district fédéral a statué en mars 2005 que « le président n'avait nullement le pouvoir, qu'il soit explicite ou implicite, constitutionnel ou statutaire, de maintenir le requérant en détention en tant que combattant ennemi[77]. » Mais la cour d'appel a annulé le jugement

75. Comité international de la Croix-Rouge (CICR), « US Detention Related to the Events of 11 September 2001 and Its [sic] Aftermath – The Role of the ICRC [CICR] », 5 septembre 2006, www.icrc.org/Web/Eng/siteengo. nsf/html/usa-detention-update-121205?OpenDocument.

76. Adam Liptak, « Still Searching for a Strategy Four Years After Sept. 11 Attacks », *New York Times*, 23 novembre 2005.

77. Mark Sherman, « US Told to Charge or Free Suspect; Bush Appointed Judge Says Government Can't Keep Holding Terror Suspect After 2 Years », Associated Press, 1er mars 2005. Voir également Neil A. Lewis, « Judge Says Terror Suspect Can't Be Held as an Enemy Combatant »,

du tribunal de district. Il fallut attendre deux années supplémentaires pour que l'affaire remonte à la Cour suprême. Mais moins d'une semaine avant qu'il ne présente son plaidoyer au tribunal, le gouvernement a de nouveau changé son fusil d'épaule. Le secrétaire à la Justice Gonzales a en effet annoncé que Padilla *ne serait plus* considéré comme combattant ennemi et qu'un procès lui serait fait en Floride en vertu d'accusations au criminel. Manifestement, l'administration Bush a tenté d'éviter une autre décision de la Cour : cette dernière ne devait plus instruire l'affaire, rendue « sans objet » par la nouvelle désignation de Padilla.

Or, la question que les avocats de Padilla voulaient poser à la Cour suprême était importante : « Le président a-t-il le droit d'appréhender des citoyens états-uniens sur le sol de leur pays, dans un cadre civil, et de les contraindre à une détention indéfinie sans accusation au pénal ni procès[78] ? » Mais la Cour suprême a majoritairement pris parti pour l'administration Bush et a refusé d'instruire l'affaire, la qualifiant d'« hypothétique ».

L'affaire *Hamdi v. Rumsfeld*[79] met également en cause un citoyen des États-Unis. Il aurait été capturé sur le champ de bataille en Afghanistan. Tout comme Padilla, Yasser Esam Hamdi a été détenu en secret pendant plus de deux ans dans diverses prisons navales, sans accusation ni procès. La Cour suprême des États-Unis a en effet estimé que le président avait le pouvoir d'incarcérer Hamdi, et ce, en vertu de la même autorisation d'usage de la force militaire donnée par le Congrès que celle sur laquelle le président s'est ultérieurement appuyé pour justifier le programme d'espionnage secret de la NSA[80]. Toutefois, selon l'avis de la juge Sandra Day O'Connor, « l'état de guerre, lorsqu'il s'agit des droits des citoyens de la Nation, n'est pas un chèque en blanc donné au président. » En outre, une majorité de juges a maintenu que Hamdi avait le droit de connaître le fondement factuel de sa désignation comme « combattant ennemi » et de réfuter cette allégation devant un « décideur neutre ». Mais quelques mois avant le jugement de la Cour suprême, le gouvernement n'avait toujours pas accordé à Hamdi l'occasion de

New York Times, 1er mars 2005.

78. Adam Liptak, *supra*, chapitre 10, note 76.
79. *Hamdi v. Rumsfeld*, 542 US 507 (2004).
80. Authorization for Use of Military Force, Public Law n° 107-40, 115 Stat. 224 (2001).

s'exprimer devant un tel décideur. Au lieu de cela, il lui a accordé le choix entre la poursuite de sa détention et une déportation en Arabie saoudite – ce dernier, bien que né aux États-Unis, étant citoyen des deux pays. Se conformant à cet arrangement, Hamdi a accepté de renoncer à sa citoyenneté états-unienne, d'être déporté en Arabie saoudite et de se plier à de nombreuses contraintes restreignant sa mobilité[81].

Un troisième cas, celui de *Rasul v. Bush*, met en cause des non-citoyens des États-Unis. Le tribunal d'appel du district de Columbia a statué que les détenus de Guantanamo n'avaient pas accès aux tribunaux états-uniens pour contester le bien-fondé de leur détention, puisqu'ils étaient des « non-citoyens » détenus à l'extérieur du « territoire souverain » des États-Unis. Ce jugement a été rendu en dépit du fait que le bail signé en 1903 par les États-Unis et Cuba accorde au gouvernement des États-Unis « la juridiction et le contrôle complets » de Guantanamo. La marine des États-Unis a décrit ce territoire comme « une réserve navale qui, concrètement, est un territoire américain. En vertu de l'accord [du bail], les États-Unis ont, pendant environ [un siècle], exercé les éléments essentiels de la souveraineté sans être, dans les faits, propriétaires du territoire. »

La Cour suprême a inversé le jugement du tribunal d'appel. Elle a soutenu qu'« il est de la compétence des tribunaux fédéraux de statuer sur la légalité des détentions potentiellement indéfinies par l'exécutif d'individus qui prétendent être innocents de tout méfait[82]. »

À la suite des jugements de la Cour suprême dans les affaires *Hamdi* et *Rasul*, les autorités états-uniennes ont mis en place une nouvelle procédure pour Guantanamo. Des tribunaux de révision du statut des combattants (Combatant Status Review Tribunals [CSRT]) ont été conçus pour déterminer, en un unique examen, si les détenus étaient des « combattants ennemis ». En mars 2005, tous les détenus de Guantanamo avaient subi leur audition auprès des CSRT. Seule une poignée d'entre eux ont été considérés comme n'étant pas des combattants ennemis, mais ceux-ci ont quand même été maintenus en détention. D'autres auditions, catégorisées comme

81. Accord entre les États-Unis d'Amérique et Yaser Esam Hamdi daté du 15 septembre 2004, www.Find.Law.com.
82. *Rasul v. Bush*, 542 US 466 (2004), 321 F. 3d 1134, réformé et renvoyé.

«commissions de révision administrative» (Administrative Review Boards [ARB]), ont été organisées par l'administration Bush juste avant que la Cour suprême n'entende les plaidoiries du cas *Rasul*. Ces commissions sont censées siéger une fois par an pour déterminer si les détenus continuent de représenter une menace pour les États-Unis. La première ronde d'ARB s'est terminée en février 2006[83]. Les conditions qui s'appliquent aux ARB sont les mêmes que celles qui ont été de rigueur lors de la comparution des détenus devant les CSRT : aucun avocat présent ni possibilité d'examiner les preuves à l'appui de l'accusation[84].

Ces nouvelles procédures n'ont pas empêché quelque 200 détenus, à la suite des jugements *Rasul* et *Hamdi*, de présenter aux tribunaux fédéraux des États-Unis des requêtes d'*habeas corpus*[85].

Ces requêtes ont toutefois été renvoyées aux calendes grecques lorsque le Congrès a fait passer, concernant le National Defense Authorization Bill (projet de loi sur les crédits pour la défense nationale) validé en 2006, l'amendement Levin-Graham-Kyl. Celui-ci suspend le droit des détenus à demander l'*habeas corpus* et le remplace par un droit d'appel unique au tribunal d'appel du district de Columbia – tribunal qui avait rendu une fin de non-recevoir dans le cas *Rasul* comme dans un autre cas important, que nous allons aborder ci-dessous. Ce jugement unique ne concerne que la «question de savoir si la formulation et la mise en œuvre des pratiques de Guantanamo sont constitutionnelles et si, dans chaque cas individuel, les militaires ont respecté les procédures». Reste ainsi insatisfaite l'exigence du droit à l'*habeas corpus*, un des droits individuels les plus anciens du droit coutumier. Dans les faits, le Congrès a donné le feu vert à la torture, puisque cet amendement ne permet pas non plus aux détenus de contester leur traitement devant les tribunaux. Pour les évaluateurs du risque, c'est une «sortie de secours» à l'amendement McCain, lequel, dans le projet de loi sur les crédits pour la défense de 2005, interdisait le recours

83. Human Rights First, «US Law and Security : Guantanamo Bay», *supra*, chapitre 10, note 74.
84. Emily Bazelon, «The Get-Out-of-Torture-Free Card : Why is Congress Banning Torture But Allowing the Use of Torture Testimony ?», *Slate*, 15 décembre 2005.
85. Linsey Graham, «Rules for Our War», *Washington Post*, 6 décembre 2005.

à la torture : le ministère de la Justice a effectivement statué en avril 2006, dans une affaire où était contestée l'alimentation forcée d'un détenu de Guantanamo faisant la grève de la faim, que l'amendement Levin-Graham-Kyl rendait l'amendement McCain inapplicable[86].

Cette incohérence de la part du Congrès a beau paraître étrange, *McCain lui-même*, dans un revirement encore plus étrange, a négocié en septembre 2006 avec la Maison Blanche un projet de loi qui, lui aussi, dépouille les détenus de leur droit à l'*habeas corpus* et de leur droit de contester leur traitement devant les tribunaux des États-Unis. Nous reviendrons plus loin sur la question.

En ce qui concerne l'évaluation des risques sans les technologies de pointe, le dernier cas qui mérite d'être décrit relativement au problème des combattants ennemis est l'affaire *Hamdan*. Salim Ahmed Hamdan est un Yéménite qui reconnaît avoir été le chauffeur personnel et le garde du corps d'Oussama ben Laden. Il conteste les commissions militaires spéciales qui ont été mises sur pied par le président Bush pour porter des accusations contre les combattants ennemis au criminel. L'argument est toujours que ces commissions violent toutes les normes de l'application régulière de la loi. Les avocats militaires états-uniens qui ont été désignés pour représenter les détenus devant ces commissions ont d'ailleurs décrié celles-ci publiquement[87].

S'agissant du cas *Hamdan*, le tribunal de district a statué que ces commissions étaient illégales et devaient être modifiées. Les détenus pouvant être considérés comme des « prisonniers de guerre », ils devaient bénéficier des normes de justice les plus rigoureuses prescrites par les conventions de Genève[88]. Comme nous l'avons indiqué plus haut, la cour d'appel fédérale du district de Columbia a inversé le jugement et débouté Hamdan. Cependant, dans une décision marquante rendue publique en juin 2006, la Cour suprême des États-Unis a désavoué les commissions militaires : elle a fait valoir que la dérogation des commissions à l'application régulière de la loi contrevenait à l'article commun n° 3 des Conventions de Genève, et n'était autorisée ni par le Congrès, ni par une quelconque nécessité

---

86. David Cole, « Patriot Act Post-Mortem », *Nation*, 3 avril 2006, p. 5.
87. Colin Freeze, « Khadr Trial Process "Offensive" Says US Defence Lawyer », *Globe and Mail*, 21 avril 2006.
88. Carol D. Leonnig et John Mintz, « Judge Says Detainees' Trials are Unlawful », *Washington Post*, 9 novembre 2004.

militaire[89]. Ce scepticisme de la Cour devant la prétention du président à exercer le pouvoir absolu en temps de guerre pourrait frayer la voie à des contestations fructueuses concernant les mises sur écoute sans mandat du programme de la NSA, que l'administration Bush défend avec le même moyen.

LES MYSTÉRIEUX NOUVEAUX PROGRAMMES DE BUSH : En janvier 2006, l'armée états-unienne a accordé à Kellog Brown & Root (KBR), filiale de Haliburton, un contrat de 385 millions de dollars pour la construction de nouveaux centres de détention aux États-Unis. Il s'agissait de répondre à « un afflux urgent d'immigrants arrivant aux États-Unis et de soutenir le développement rapide de nouveaux programmes ». En février 2006 le *New York Times* a confirmé que KBR allait construire les centres de détention « pour le ministère de l'Intérieur (Homeland Security), en prévision d'un afflux attendu d'immigrants, pour loger des personnes en cas de désastre naturel ou pour de nouveaux programmes nécessitant un espace de détention supplémentaire »[90].

Des journalistes ont supposé que ces centres pourraient être utilisés pour détenir des citoyens états-uniens si l'administration Bush devait déclarer la loi martiale. D'autres ont affirmé qu'ils seraient plus vraisemblablement utilisés pour la prochaine rafle de musulmans, voire de dissidents, en cas d'un nouvel attentat terroriste[91]. Si, par le passé, on aurait peut-être dit que de telles idées relèvent de la théorie du complot, elles ne sont pas forcément tirées par les cheveux sous le régime actuel de prévention et d'évaluation des risques.

DÉTENTIONS INDÉFINIES, ORDONNANCES DE RÉGLE-MENTATION ET DÉTENTIONS SANS ACCUSATION AU ROYAUME-UNI : Au Royaume-Uni, l'Anti-Terrorism, Crime and Security Act (« Loi sur la sécurité et la lutte contre la criminalité et le terrorisme ») de 2001 a permis au gouvernement de détenir des étrangers pour des durées indéfinies et sans accusation. Contrairement aux États-Unis, le Royaume-Uni a déclaré officiellement qu'il y avait une urgence qui menaçait la survie de la nation. Seize étrangers ont été ainsi détenus. À la fin d'octobre 2004, sept d'entre.

---

89. Charles Lane, « High Court Rejects Detainee Tribunals », *Washington Post*, 30 juin 2006.
90. « Bush's Mysterious New Programs », *Consortium News*, 22 février 2006, www.consortiumnews.com/2006/022106a.html.
91. *Ibid.*

eux étaient détenus depuis plus de deux ans. Aucun n'avait été accusé de quelque crime que ce soit. La détention pour une durée indéfinie a été condamnée par deux comités parlementaires britanniques. Ils ont tous deux demandé que cette pratique soit « remplacée de toute urgence », soutenant qu'elle était injuste et qu'elle portait atteinte au respect des droits de la personne[92].

En décembre 2004, la Chambre des lords du Royaume-Uni a statué par sept voix contre une que les détentions d'étrangers sans accusation effectuées en vertu de cette loi étaient discriminatoires, et qu'elles violaient les normes européennes des droits de la personne protégeant de la détention et de la discrimination arbitraires[93]. Lord Nichols de Birkenhead estimait que « l'emprisonnement indéfini sans accusation ni procès est indigne de tout pays qui respecte la primauté du droit[94] ». Lord Hoffman a rejeté l'allégation du gouvernement selon laquelle une telle dérogation à l'interdiction de la détention arbitraire était justifiée en vertu d'une « menace contre la survie de la nation ». Selon lui, « la violence terroriste, aussi grave soit-elle, ne menace pas nos institutions gouvernementales ni notre existence en tant que communauté civile (...). La véritable menace contre la survie de la nation, comprise comme un peuple vivant conformément à ses lois et ses valeurs politiques traditionnelles, ne provient pas du terrorisme, mais de lois comme celle-ci[95]. »

Le gouvernement, devant la perspective de la libération de ces hommes, a immédiatement adopté une nouvelle loi, la « Loi sur la prévention du terrorisme » (Prevention of Terrorism Act), qui permettait au gouvernement d'imposer une « ordonnance de réglementation » à *toute personne* (étranger ou citoyen) soupçonnée d'être liée à des activités terroristes, mais pour laquelle il était impossible de fonder une accusation devant un tribunal. Les ordonnances de réglementation devaient être approuvées par un tribunal, mais les

---

92. Human Rights Watch, « UK : Freedom in the Balance – Britain's Highest Court to Rule on Indefinite Detention », communiqué de presse, Londres, 1er octobre 2004, http://hrw.org/english/docs/2004/10/01/uk9421.htm.
93. *A (FC) and others (FC) v. Secretary of State for the Home Department*; *X (FC) and others (FC) v. Secretary of State for the Home Department*, [2004] UKHL 56, par Lord Hoffman.
94. *Ibid.*, § 74.
95. *Ibid.*, § 96 et § 97.

normes régissant leur obtention étaient peu exigeantes. Ces ordonnances pouvaient empêcher les «suspects» d'utiliser des ordinateurs ou des téléphones cellulaires, de voyager à l'extérieur d'une zone géographique donnée, voire de sortir de leur domicile. En décembre 2005, quatre hommes qui avaient été privés de leur liberté pendant quatre ans, d'abord par détention illégale en vertu de l'Antiterrorism, Crime and Security Act de 2001, et ensuite conformément à des ordonnances de réglementation, ont révélé qu'*ils n'avaient jamais été interrogés* par la police ou un responsable de la sécurité depuis leur arrestation[96]. Apparemment, on avait évalué le risque qu'ils présentaient sans avoir jugé utile de les entendre.

Dans une décision rendue en juin 2006 par un tribunal inférieur, l'appareil judiciaire britannique a de nouveau statué contre la législation gouvernementale. Il a soutenu que les restrictions imposées par les ordonnances de réglementation étaient à tel point sévères qu'elles équivalaient à une privation de liberté sans procès. Aussi, le tribunal a-t-il annulé les ordonnances de réglementation contre les six hommes en cause. L'un d'entre eux était un citoyen britannique et les cinq autres étaient des ressortissants irakiens. Le gouvernement a fait appel contre ce jugement[97].

En vertu de la loi antiterroriste édictée en 2006, la police peut détenir sans accusation des personnes soupçonnées de terrorisme jusqu'à 28 jours – le premier ministre Blair avait préconisé une période de détention de 90 jours. Si les ordonnances de réglementation sont finalement maintenues, on pourra les imposer à des suspects une fois les 28 jours écoulés, même si le gouvernement ne trouve toujours pas de motif d'accusation.

DÉTENTIONS INDÉFINIES ET «ARRESTATIONS PRÉVENTIVES» AU CANADA: Au Canada, en avril 2006, cinq non-ressortissants canadiens étaient détenus pour une durée indéfinie sans accusation en vertu de «certificats de sécurité» émis par le ministre de la Sécurité publique et de la Protection civile et le ministre de la Citoyenneté et de l'Immigration, conformément à la Loi sur l'immigration et la protection des réfugiés[98]. La constitu-

---

96. Nigel Morris, «Enemies of the State?», *Independent*, 15 décembre 2005.
97. Simon Freeman, «Judge Brands Control Orders "Unlawful"», *Times*, 26 juin 2006.
98. Personnel de CBC News Online, «Security certificates constitutional:

tionnalité de ces certificats a été contestée en Cour suprême du Canada en juin 2006 et une décision était attendue à l'automne 2006.

La Loi antiterroriste du Canada accorde aux autorités des pouvoirs supplémentaires, leur permettant de détenir des personnes sans accusation au moyen d'« arrestations préventives[99] ». Normalement, l'arrestation avant la perpétration d'une infraction n'est permise que si elle s'appuie sur la « croyance raisonnable » qu'une personne est « sur le point de commettre une infraction ». Les arrestations préventives permettent à la police d'arrêter une personne même lorsqu'il y a seulement soupçon, lorsque « la détention est nécessaire pour empêcher une activité terroriste ». Point n'est besoin, en outre, que cette activité soit imminente. Si un juge décide que le soupçon de l'officier de police est raisonnable, il peut, à l'exemple des ordonnances de réglementation britanniques, imposer des contraintes à cette personne pour une période maximale de 12 mois.

Ratisser large : la liste de l'ONU

Comme l'illustrent les détentions de masse états-uniennes décrites plus haut, l'évaluation des risques sans recours aux technologies de pointe, tout comme celle qui y a recours, ratisse souvent large. Cela peut être constaté aussi à travers la liste de noms compilée conformément à la résolution 1373 du Conseil de sécurité de l'ONU, laquelle demande instamment aux États de geler les actifs des terroristes et de ceux qui les soutiennent.

Étant donné que les termes « terroriste » et « terrorisme » ont été définis dans de nombreux pays de manière vague et très générale, et que la conception du Conseil de sécurité – qui aussi celle de nombreux États – de ce que signifie « soutenir le terrorisme » est aussi très floue, il n'est sans doute guère étonnant que, pour satisfaire à la résolution 1373, les États aient lancé de très larges filets. Les péripéties de Liban Hussein en sont une illustration.

Le 7 novembre 2001, le gouvernement des États-Unis a diffusé une liste de 62 personnes et entreprises dont les actifs devaient être gelés. Dans un discours prononcé ce même jour, le président Bush

court », CBC.ca, 10 décembre 2004, www.cbc.ca/story/canada/national/2004/12/10/security-certificate-041210.html.
99. Loi antiterroriste, c. 41, s. 83.3(4).

a déclaré qu'il y avait des preuves manifestes que les personnes figurant sur cette liste étaient les « contremaîtres de la terreur »[100]. Cette liste a par la suite été incorporée par l'ONU à sa liste pour le gel des actifs. Peu de temps après, le gouvernement du Canada a gelé les actifs canadiens de Liban Hussein, homme d'affaires canadien né en Somalie, qui exploitait un commerce de transfert d'argent à Dorchester (Massachusetts) et dont le nom figurait sur la liste des États-Unis et de l'ONU[101].

Le Canada a emprisonné Hussein brièvement, a décrété que faire affaire avec lui était un crime et a pris des mesures pour qu'il soit déporté aux États-Unis. En juin 2002, on a brutalement mis un terme aux poursuites judiciaires contre lui, lorsque le ministère de la Justice a admis que des recherches plus poussées n'avaient pas fourni de preuves qu'il avait quelque rapport que ce soit avec le terrorisme. Après avoir détruit le commerce de Hussein, le gouvernement canadien a rayé son nom de sa liste pour le gel des actifs et a établi un règlement à l'amiable avec lui. Son nom a finalement été rayé des listes des États-Unis et de l'ONU[102].

La liste états-unienne, rapporte-t-on, comprend le nom de diverses personnes qui, comme Liban Hussein, exploitent un commerce de transfert d'argent. De tels commerces sont connus en Somalie sous le nom de *hawalas*. Il s'agit en fait d'entreprises traditionnelles qui sont utilisées par les Somaliens pour envoyer de l'argent en Somalie, car le système bancaire normal s'y est écroulé au début des années 1990. Environ les deux tiers de l'argent transféré en Somalie sont envoyés par l'intermédiaire d'al-Barakaat, un des principaux *hawalas*. En Suède, les autorités ont gelé les comptes de trois organisateurs d'al-Barakaat, suivant les listes de l'Union européenne et de l'ONU. Mais l'innocence manifeste de ces trois hommes a déclenché une campagne publique qui a permis de lever rapidement pour eux la somme de 22 000 euros. Leurs avocats ont rencontré des représentants de la Commission européenne, du Parlement européen et du Comité des Nations unies sur les droits de l'homme et ont intenté un procès à la Cour européenne.

100. Jake Rupert, « Government Pays Off Victim of Smear », *Ottawa Citizen*, 2 octobre 2003.
101. *Ibid.*
102. *Ibid.*

À aucun moment pendant cette affaire les États-Unis n'ont présenté de preuve ou accusation précise contre ces hommes. Pour que leur nom soit rayé de la liste, ils ont finalement dû, sous la contrainte, signer à l'intention des autorités états-uniennes une déclaration affirmant qu'ils n'ont jamais soutenu et ne soutiendront jamais le terrorisme et qu'ils rompront immédiatement tout contact avec al-Barakaat. Une demande adressée conjointement par la Suède et les États-Unis au Comité des sanctions de l'ONU s'est traduite par la décision de rayer leur nom des diverses listes. Selon la conclusion d'une enquête parlementaire suédoise, bien que le gouvernement eût dû réagir plus tôt et qu'il eût dû à tout le moins se renseigner avant d'appliquer les listes de l'ONU et de l'UE, il disposait de peu d'options à cause de ses obligations liées au droit international[103].

Discipliner la dissidence

Lorsqu'il s'agit d'évaluer les risques de manière approximative, les gouvernements cèdent souvent à leur impulsion de malmener la dissidence.

L'American Civil Liberties Union ainsi que plusieurs journaux aux États-Unis ont rapporté de nombreux cas où les autorités états-uniennes ont fait des évaluations des risques très contestables en prenant pour cible des citoyens qui avaient utilisé leur droit de parole pour critiquer les politiques de l'administration Bush[104]. Cela s'explique en partie par la définition du USA Patriot Act de ce qu'est un « terroriste », définition qui est tellement vague et générale qu'elle inclut à tort des activités légitimes de dissidence. Mais on vise également les dissidents parce qu'en période de danger règne un climat caractérisé par une pression énorme pour se conformer à ce qui est considéré comme un comportement « normal » et « patriotique » – et par une très forte tendance à « encercler les chariots idéologiques » et à lancer une chasse aux sorcières collective contre l'« ennemi intérieur ».

103. Voir Statewatch, « No Charges Against Swedish Young Left Donation to PLFP », *Statewatch News Online*, octobre 2004, www.statewatch.org/news/2002/oct/11sweden.html. [Swedish Young Left]
104. American Civil Liberties Union, *Freedom Under Fire: Dissent in Post-9/11 America*, New York, ACLU, mai 2003, www.aclu.org/SafeandFree/SafeandFree.cfm?ID=12581&c=206. [ACLU, *Freedom Under Fire*]

Richard Bourne, critique social pendant une autre période très polarisée de l'histoire états-unienne, celle de la Première Guerre mondiale, a fait remarquer que la guerre « met automatiquement en mouvement, dans l'ensemble de la société, des forces irrésistibles d'uniformité et de coopération passionnée avec le gouvernement en contraignant à l'obéissance les groupes minoritaires et les individus qui sont dépourvus de l'instinct du troupeau général[105] ». Pendant une telle période, il peut être dangereux d'être « différent » ou d'exercer ce droit quintessenciel de la démocratie états-unienne – le droit à la dissidence.

Selon un comité sénatorial ayant produit un rapport sur la suppression de certaines restrictions limitant la surveillance secrète, par le FBI, des citoyens états-uniens, le FBI s'est mis à « croire qu'il fallait empêcher les discours dissidents et les associations dissidentes, parce qu'ils constituent les premiers pas vers la possible perpétration, en bout de ligne, d'un acte susceptible d'être criminel[106] ». Dans la même veine, un porte-parole du California Anti-terrorism Information Center a émis l'opinion qu'on pourrait très bien qualifier de terroristes ceux qui s'opposent à la « guerre contre la terreur » et, particulièrement, à la guerre en Irak : « Si un groupe contestataire manifeste contre une guerre menée contre le terrorisme international, on est peut-être en présence de terrorisme [à cette manifestation]. On pourrait presque soutenir qu'une manifestation contre cette [guerre] est un acte terroriste[107]. »

Si l'on en juge par leurs bases de données nationales sur les menaces à la sécurité, il semble que les militaires états-uniens sont du même avis. En décembre 2005, NBC News a révélé que la base de données du Pentagone nommée Threat and Local Observations Notice (TALON) contenait des renseignements sur presque 50 réunions et manifestations pacifistes[108]. Un des « incidents » inscrits

105. Randolph Bourne, « War is the Health of the State », tiré du premier jet de l'essai « The State », inachevé au moment de la mort de Bourne en 1918, www.bigeye.com/warstate.htm.
106. Frans Shor, « The Crisis of Public Dissent », *Counterpunch Online*, 9 septembre 2004, www.counterpunch.org/shor09092004.html.
107. Ian Hoffman, Sean Holstege et Josh Richman, « State monitored war protestors », *Oakland Tribune*, 1er juin 2003.
108. Bruce Schneier, « The Military are Spying on Americans », entrée du 16 décembre 2005 sur www.schneier.com.

dans cette base de données est une modeste réunion, en Floride, de quakers qui s'étaient rassemblés pour planifier des manifestations contre le recrutement militaire dans les écoles[109]. Autres exemples, une prestation de théâtre de rue organisée par un militant pacifiste à l'extérieur du siège, à Houston, de la compagnie Haliburton[110], ainsi qu'une importante manifestation pacifiste au carrefour du boulevard Hollywood et de la rue Vine à Los Angeles, où étaient exhibées des effigies du président Bush[111]. Autre exemple encore, une manifestation qui avait été prévue contre le recrutement militaire à l'Université de New York[112]. Un document du Pentagone marqué « SECRET » montre à quel point les militaires suivaient les manifestants de près : on y fait état de « communications accrues entre les groupes protestataires utilisant Internet », bien qu'il n'y ait pas de « lien significatif établi entre les incidents », par exemple des « instigateurs » ou des « descriptions de véhicules récurrents[113] ».

Pendant la guerre du Vietnam, les responsables de la défense espionnaient également les États-Uniens qui manifestaient contre la guerre. Les auditions du Congrès au cours des années 1970 ont débouché sur l'adoption de restrictions sévères relativement aux renseignements que les militaires pouvaient recueillir sur les personnes et les activités aux États-Unis[114]. Ainsi, tout renseignement « pour lequel il n'a pas été établi qu'il renvoie à une menace doit être retiré du système TALON en moins de 90 jours ». Des preuves

---

109. Agence France Presse, « Le Pentagone admet qu'il conserve une base de données sur les civils états-uniens considérés suspects » (« Pentagon Admits Keeping Database on US Civilians Deemed Suspicious »), 15 décembre 2005.

110. « Street Theatre Catches Eye of Pentagon », *Newsweek*, 26 janvier 2006.

111. Bruce Schneier, « The Military are Spying on Americans », *supra*, chapitre 10, note 108.

112. Walter Pincus, « Pentagon Will Review Database on US Citizens: Protests Among Acts Labeled "Suspicious" », *Washington Post*, 15 décembre 2005.

113. Agence France Presse, « Le Pentagone admet qu'il conserve une base de données sur les civils états-uniens considérés suspects » (« Pentagon Admits Keeping Database on US Civilians Deemed Suspicious »), *supra*, chapitre 10, note 109.

114. *Ibid.*

donnent cependant à penser que ce règlement n'a pas été respecté ces dernières années[115].

D'autres organismes états-uniens surveillent aussi les manifestants pacifistes, s'appuyant sur une évaluation du « risque » qu'ils représentent pour les États-Unis. Ainsi, au printemps 2004, le FBI a assigné l'Université Drake à comparaître au sujet d'une conférence pacifiste qui s'y était tenue[116]. En 2003, la police de New York a interrogé des manifestants pacifistes sur leurs activités et associations politiques[117].

Divers autres dissidents ont également été visés. Nombre d'entre eux ont vu leur nom apparaître sur la liste états-unienne des « interdictions de vol », liste que nous décrirons plus loin. Les campus universitaires aussi étaient visés, comme l'illustre l'épisode suivant rapporté par l'American Civil Liberties Union :

> A. J. Brown, étudiante de première année [âgée de 19 ans] au Durham Technical College, a été interloquée lorsque (...) les services secrets états-uniens (...) ont frappé à la porte de son appartement. Ils donnaient suite à une dénonciation anonyme au sujet d'une affiche murale « anti-américaine »... Avait-elle des renseignements sur l'Afghanistan ? Non. Sur les Talibans ? Non. À leur demande, elle dut remplir un formulaire où on lui demandait son nom complet, sa race, son numéro de téléphone et d'autres renseignements signalétiques.
>
> (...) L'affiche, qui s'oppose à la peine de mort, montre George W. Bush tenant une corde avec, en toile de fond, des victimes de lynchages. Une phrase se lit comme suit : « Nous sommes suspendus à chacun de vos mots[118]. »

La No Fly List – liste états-unienne des « interdictions de vol »

Les noms de militants pacifistes, de défenseurs des libertés civiles, de quakers et d'un dessinateur satirique, entre autres, sont apparus sur la liste états-unienne des personnes « interdites de vol » – version « artisanale » du programme hautement technologique de filtrage des passagers CAPPS II/Secure Flight.

115. Voir Bruce Schneier, « The Military are Spying on Americans », *supra*, chapitre 10, note 108, et Walter Pincus, *supra*, chapitre 10, note 112.
116. Ryan J. Foley, « Feds Win Rights to War Protesters' Records », Associated Press, 8 février 2004.
117. ACLU, *Freedom Under Fire*, *supra*, chapitre 10, note 104, p. 2.
118. *Ibid.*, p. 5-6.

Ainsi, Jan Adams et Rebecca Gordon ont été abordées à l'aéroport international de San Francisco et se sont fait dire qu'elles ne pouvaient pas monter à bord de l'avion parce que leurs noms figuraient sur cette liste. Personne n'a expliqué à ces deux militantes pacifistes, qui publient un journal appelé *War Times*, pourquoi leurs noms figuraient sur la liste, et on ne leur a pas dit comment procéder pour les en faire rayer. Leur présence sur cette liste paraissait inexplicable, excepté par le fait qu'elles avaient exercé leur droit d'être en désaccord avec le gouvernement. Un avocat de l'ACLU, un ministre presbytérien à la retraite, un homme travaillant pour l'American Friends Service Committee (organisation quaker dont l'objectif est de promouvoir la paix et la justice sociale) et un coordonnateur[119] de projets spéciaux de l'ACLU comptent également parmi les nombreuses personnes qui n'ont pas pu monter à bord de leur avion à cause de la liste d'«interdiction de vol» états-unienne. Au Canada, Shaïd Mahmoud, caricaturiste politique torontois qui a critiqué les politiques étrangères des États-Unis et d'Israël, s'est vu refuser le droit d'acheter un billet d'avion par un agent d'Air Canada parce que son nom figurait sur la liste états-unienne[120].

La liste des «interdictions de vol» est gérée par la Transportation Security Administration. Les noms qu'elle contient lui sont fournis par le FBI et les services de renseignements. Les compagnies aériennes sont tenues d'empêcher ceux et celles dont le nom figure sur la liste de prendre l'avion. Elles doivent aussi soumettre les personnes identifiées comme «sélectionnées» à un filtrage sécuritaire plus rigoureux.

Des dizaines d'hommes qui ont eu la malchance de s'appeler David Nelson ont été interrogés par des préposés aux billets, expulsés de leur avion et soumis à un interrogatoire[121]. Ted Kennedy, sénateur du Massachusetts, a été empêché de prendre un vol de Washington à Boston par un préposé aux billets qui aurait vu son nom sur la liste des «interdictions de vol». On a finalement permis

---

119. Jeanne Meserve et Phil Hirshkom, «ACLU Sues US over "No Fly" List», CNN.com, 6 avril 2004, www.cnn.com/2004/LAW/04/06/no.fly.lawsuit/.
120. Michelle Shephard, «How Did This Man Land on a "No-Fly" List?; Air Canada "Flags" Toronto-Born Cartoonist; Airline Has Yet to Address Why It Wouldn't Sell Tickets», *Toronto Star*, 15 juin 2004.
121. Araminta Wordsworth, «If You're a David Nelson, You're a Terrorism Suspect», *National Post*, 23 juin 2003.

à Kennedy de retourner à Boston par avion, mais on l'a de nouveau empêché de décoller à l'occasion de son voyage suivant à Washington. Pour faire biffer son nom de la liste, il a dû solliciter personnellement l'aide du secrétaire à la Sécurité intérieure Tom Ridge[122]. La plupart des États-Uniens ne jouissent pas de telles relations.

En tout, environ 30 000 personnes avaient, en décembre 2005, été associées à tort à la liste états-unienne des personnes « interdites de vol »[123].

Les listes canadienne et britannique d'« interdiction de vol »

Le Canada a admis en septembre 2004 qu'en vertu de la récente Loi sur la sécurité publique, il était en train de dresser sa propre liste de personnes « interdites de vol ». Des problèmes d'ordre constitutionnel et relatifs au respect de la vie privée ont retardé quelque temps la mise en œuvre de cette liste, mais, en août 2005, on a annoncé l'introduction d'une liste constituant la première phase du Programme de protection des passagers évoqué plus haut. Des responsables canadiens ont certes promis que cette liste serait courte, mais cette garantie est peut-être sans importance, puisque certains indices montrent que le Canada a déjà mis en vigueur la liste états-unienne. Outre les péripéties de Shaïd Mahmoud décrites plus haut, outre les déboires semblables de Canadiens qui se sont vu refuser l'accès à des vols intérieurs qui étaient en correspondance avec des vols pour les États-Unis, la presse canadienne a rapporté, en janvier 2005, que les autorités canadiennes ont empêché des dizaines de Canadiens de monter à bord d'avions à destination des États-Unis[124].

Quant au programme britannique de frontières électroniques, il comprend également une liste de personnes « interdites de vol[125] ».

---

122. CBS/AP, « Ted Kennedy's Airport Adventure », CBSNEWS.com, 19 août 2004, www.cbsnews.com/stories/2004/04/06/terror/main610 466.html.

123. EPIC, « Passenger Profiling: EPIC Urges Suspension of Passenger Profiling System », 15 décembre 2005, www.epic.org/privacy/airtravel/ profiling.html.

124. Associated Press, « Dozens of People From Canada Turned Back », 24 janvier 2005.

125. Statewatch, « UK: E-Borders Plan to Tackle Threats », *supra*, chapitre 7, note 20.

La fermeture des médias indépendants

Le climat actuel où l'on traque les risques a favorisé une coopération internationale pour la fermeture des médias indépendants. Ainsi, en octobre 2004, deux serveurs informatiques ont été saisis par le FBI dans le bureau britannique de Rackspace, entreprise informatique dont le siège social est au Texas. Ces serveurs hébergeaient le site d'Independent Media Centers[126]. Cette saisie aurait été exécutée en vertu d'un traité d'assistance réciproque signé en 1996 par le Royaume-Uni et les États-Unis, mais à la demande des polices suisse et italienne[127].

« Ouverture de la saison de chasse » des individus et des groupes qui contestent les régimes répressifs

Dans les régimes répressifs, la mise en œuvre, dans le cadre de la « guerre au terrorisme », du modèle basé sur l'évaluation des risques a facilité la tâche aux autorités pour faire la chasse aux dissidents et aux groupes qui contestent leur pouvoir. PEN International a rapporté qu'en Chine, en Colombie, dans la République démocratique du Congo, en Indonésie, en Jordanie, au Myanmar, au Pakistan et en Turquie, notamment, les autorités ont « [constaté] que l'étiquetage de leurs opposants comme "sympathisants terroristes" constitue un moyen pratique d'étouffer les mouvements d'opposition[128] ». En Tunisie, les avocats d'individus accusés de terrorisme ont eux-mêmes

---

126. Les Independent Media Centers ont été mis sur pied en 1999 pendant les protestations contre l'OMC a Seattle et se sont développés en réseau mondial de centres de journalisme alternatif locaux, axés sur la justice sociale et basés sur Internet. Voir www.indymedia.org

127. Paul Weinberg, « Global Agreements Threaten Media, Privacy », *Rabble*, 19 octobre 2004, www.rabble.canews_full_story.shtml?x=34664. Voir également John Lettice, « Servers Seized by FBI Returned – But Who Wanted That? », *Register*, 14 octobre 2004, www.theregister.co.uk/ 2004/10/14/indymedia_servers_back/ Voir également John Lettice, « Home Office in Frame over FBI's London Server Seizures », *Register*, 11 octobre 2004, www.theregister.co.uk/2004/10/14/indy media_ servers_back.

128. Ignacio Ramonet, « Tactiques de terreur », *Le Monde diplomatique*, mars 2004, où l'on fait référence à un rapport du PEN International, *Antiterrorism, writers and freedom of expression*, Londres, novembre 2003.

été accusés de terrorisme[129]. En Inde, des personnes protestant contre le déblaiement d'un terrain pour l'extension d'une entreprise ont été poursuivies en vertu de dispositions législatives antiterroristes. En Érythrée, des journaux indépendants ont été fermés et des journalistes emprisonnés après avoir été accusés d'avoir des liens avec des terroristes. En Ouzbékistan, des membres de la Human Rights Society (association des droits de l'homme) ont été emprisonnés sur la base de preuves non concluantes voulant qu'ils aient recruté des militants islamiques. En Colombie, le président Andres Pastrana a déclaré que les rebelles d'une guerre civile de quatre décennies seraient traités comme des terroristes, « et à cet égard le monde nous soutient[130] ».

On imagine à quel point il sera plus facile pour ces régimes de malmener les dissidents lorsque, dans le contexte de la nouvelle infrastructure mondiale de surveillance de masse, ils profiteront des capacités de surveillance accrues et du soutien d'autres pays.

Une pléthore de listes de surveillance toujours plus longues

De nombreuses personnes croient peut-être que les listes de surveillance des terroristes sont un produit fiable de la coopération internationale et d'un consensus en matière de renseignements. En fait, l'évaluation « artisanale » des risques produit une multitude de listes de surveillance, lesquelles sont souvent tout aussi dangereusement erronées que les listes de surveillance générées par les technologies de pointe.

Depuis le 11 septembre 2001, outre la liste de l'ONU et la liste des « interdictions de vol » décrites plus haut, est apparue une quantité phénoménale de listes ainsi constituées.

Aucune de ces listes n'est le produit d'une entente internationale objective et soignée. Même la liste de l'ONU n'est qu'une compilation de listes nationales de fiabilité variable. Dans de nombreux pays, la définition du « terrorisme » qui est utilisée pour dresser les listes est tellement vague que, comme l'a expliqué un ancien directeur du Service canadien du renseignement de sécurité au sujet de la défini-

---

129. Mark Bixler, « Carter Chides US on Rights », *Atlanta Journal-Constitution*, 12 novembre 2003.
130. Amnistie internationale, « Colombia », *Amnesty Magazine*, www.amne styusa.org/magazine/war_terrorism.html.

tion canadienne, elle « pourrait facilement inclure des comportements qui ne ressemblent en rien au terrorisme[131] ».

En outre, les listes réduisent des conflits historiques et politiques complexes à une question de proscription, en amalgamant des contextes très divers. Des opposants à un régime répressif prenant part à un mouvement de libération, se mobilisant dans le contexte d'une guerre civile ou d'une occupation, pourraient ainsi, bien qu'ils ne visent pas la population civile, être qualifiés de terroristes selon la définition en vigueur dans de nombreux pays. Par exemple, l'instruction n° 2 de la commission militaire états-unienne, portant sur les « crimes et éléments relatifs aux procès menés par la commission militaire », de même que ses « commentaires », définissent le crime du terrorisme de manière à inclure « une attaque contre un objectif militaire qui serait normalement permise en vertu de la loi des conflits armés[132] » !

De nombreux régimes ont exercé des pressions sur d'autres gouvernements pour que ceux-ci inscrivent le nom des opposants à ces régimes sur leurs propres listes. Au Royaume-Uni, le débat sur la première liste de 21 groupes proscrits n'a duré qu'une demi-heure, ce qui n'a pas permis d'examiner séparément la situation de chaque groupe. Le député Jeremy Corbin a déploré que des gouvernements tiers exercent une influence politique sur la rédaction de la liste. Il était « tout à fait conscient que le gouvernement indien, le gouvernement turc, le gouvernement du Sri Lanka, le gouvernement iranien et, sans aucun doute, bien d'autres gouvernements, ont exercé des pressions permanentes sur le gouvernement britannique pour que celui-ci mette un terme à l'activité politique de leurs opposants dans ce pays[133] ».

Il n'y a guère d'application régulière de la loi (si tant est qu'il y en existe une) qui permette aux individus ou aux groupes de contester l'inclusion de leur nom sur une liste. Or, dès lors qu'ils sont

---

131. Reid Morden, « Spies, not Soothsayers: Canadian Intelligence after 9/11 », *CSIS Commentary*, n°85, 26 novembre 2003, www.csis-scrs. gc.ca/eng/comment/com85_e.html.

132. Disponible sur le site Internet du ministère de la Défense des États-Unis (US Department of Defense). www.defenselink.mil/nowo/Aug2004/ commissions_instructions.html.

133. Ben Hayes, *Statewatch Analysis: Terrorising the Rule of Law: the Policy and Practice of Proscription*, juin 2005.

étiquetés comme terroristes, des actions sont intentées contre eux, sans qu'ils puissent bénéficier des protections juridiques normales – protections telles que la présomption d'innocence, le droit de connaître les preuves et les allégations contre soi et d'y répondre, le droit au silence et l'*habeas corpus*. C'est l'aspect essentiel du modèle de la prévention : *il considère les protections juridiques qui sont tout à fait essentielles aux sociétés libres et démocratiques comme des risques intolérables.* Comme une maladie auto-immune, il nuit à l'organisme démocratique qu'il est censé protéger.

Aux États-Unis, il y avait, jusqu'en 2004, neuf organismes qui administraient 12 listes de surveillance différentes. Chacune de ces listes a été créée pour un objectif particulier au moyen de critères différents. Dans certains cas, le gouvernement dispose de renseignements suffisants pour justifier ses soupçons envers certains individus qui y figurent. Dans d'autres cas, les preuves sont trop ténues. D'autres individus, encore, ne devraient tout simplement figurer sur aucune liste : s'ils y sont, comme Maher Arar, c'est parce qu'on a conclu à leur culpabilité par association ou parce que leur nom a été mal épelé, c'est en raison de quelque supposition erronée au sujet de leurs antécédents ou d'un profilage ethnique ou religieux grossier, ou parce qu'ils ont critiqué le gouvernement, ou parce qu'un quelconque agent de l'État a décidé que « deux précautions valent mieux qu'une[134] ». Bref, les listes états-uniennes ont « été créées de la manière la plus hasardeuse qui soit et sans les freins et contrepoids soigneusement élaborés qu'exigent des instruments aussi puissants[135] ». Ainsi, fin 2003, le FBI a retenu au sol des avions

---

134. Associated Press, « Anti-Terror "Watchlists" Merge to Speed Up Access », *Toronto Star*, 17 septembre 2004. Voir également les documents obtenus par l'Electronic Privacy Information Center à la suite d'une demande en appelant au Freedom of Information Act, www.epic.org/privacy/airtravel/foia/watchlist_foia_analysis.html. Voir en outre le témoignage de Steve McCraw, responsable du FBI, dans « Can the Use of Factual Data Analysis Strengthen National Security ? Part One », audience devant le sous-comité sur la technologie, la politique de l'information, les relations intergouvernementales et le recensement du Comité de la Chambre sur la réforme gouvernementale, 108e congrès, 6 mai 2003, n° de série 108-172, p. 30, www.gpoaccess.gov/chearings/108hcat2.html.

135. Jay Stanley, *The Surveillance-Industrial Complex*, *supra*, chapitre 5, note 44, p. 19.

d'Air France et de British Airways en partance vers les États-Unis à cause de correspondances de noms de passagers avec des listes de terroristes. Il s'est avéré que les suspects étaient un enfant âgé de cinq ans dont le nom ressemblait à celui d'un Tunisien recherché, un représentant d'assurances gallois, une femme chinoise âgée et un éminent scientifique égyptien. « Dans chaque cas on a procédé à une vérification et, chaque fois, le résultat s'est avéré négatif », a déclaré un porte-parole du ministère français de l'Intérieur. « Le FBI travaillait avec les noms de famille, et certains noms de famille peuvent être confondus[136]. »

En 2004 a été fondé le National Counterterrorism Center (NCTC). Celui-ci devait constituer le principal organisme étatsunien de renseignements de sécurité sur le terrorisme et devait contribuer à la fusion des listes et à la rationalisation des plus de 26 bases de données liées au terrorisme qui avaient été compilées par les services de renseignements et les forces du maintien de l'ordre. Son entrepôt de données central contenait en février 2006 quelque 325 000 noms. Bien qu'une fraction de ces noms renvoie à des citoyens états-uniens, cela fait beaucoup de terroristes. La NSA, l'organisation qui exécute le programme secret d'espionnage intérieur du président Bush, est « un fournisseur clé de renseignements pour la base de données du NCTC[137] ».

Le Terrorist Screening Center du FBI (« centre de filtrage des terroristes ») reçoit les noms du NCTC et y ajoute ses données nationales sur le terrorisme dans le but de créer une liste unifiée pour le FBI. En 2005, celle-ci contenait quelque 270 000 noms, nombre peut-être encore plus troublant que celui de la liste du NCTC. Le FBI, à son tour, communique des noms à la Transportation Security Administration pour la liste des « interdictions de vol » et au département d'État pour les listes de visas, ainsi qu'au ministère de la Sécurité intérieure[138].

Une liste maîtresse rassemblant les listes de surveillance relatives à l'immigration et au terrorisme du département d'État, du service

---

136. BBC News, « France "Confirms" Fighter Escorts », 2 janvier 2004, http://news.bbc.co.uk/1/hi/world/europe/3363291.stm.
137. Walter Pincus et Dan Eggen, « 325 000 Names on Terrorism List », *Washington Post*, 15 février 2006.
138. *Ibid.*

des douanes, de la Drug Enforcement Administration et du FBI contiendrait quelque 13 millions de noms[139].

Il y a eu jusqu'ici une participation troublante du secteur privé à ces listes de surveillance. Comme c'est le cas avec la surveillance des communications électroniques, les organisations et entreprises privées sont en voie d'être converties en organismes d'État. Dans le cadre d'un projet appelé Project Lookout («projet vigie»), le FBI a communiqué aux entreprises une liste de centaines de noms. Cette liste, qui était criblée d'erreurs et contenait les noms de nombreuses personnes avec lesquelles le FBI voulait tout simplement s'entretenir, a été largement partagée et a rapidement commencé à voler de ses propres ailes[140]. Les géants de l'assurance-santé ont examiné des millions de dossiers de clients. Blue Cross n'a trouvé aucun terroriste. Mais 6 000 faux positifs ont été engendrés (sur 6 millions de dossiers), qui ont tous été examinés de manière plus approfondie par les employés de l'entreprise. De son côté, la société Aetna a fouillé 13 millions de dossiers. Le FBI a admis qu'il lui était impossible de rayer de la liste les noms des personnes innocentes, parce qu'il a perdu la maîtrise de sa diffusion[141].

Comme nous l'avons indiqué plus haut, les sociétés de financement et les entreprises qui aident les particuliers à acheter ou à vendre une propriété doivent d'abord vérifier l'identité de chaque client, puis s'il figure sur une liste de surveillance gouvernementale[142].

◆

139. James Gordon Meek, « 13 Million on Terror Watch List », *New York Daily News*, 8 avril 2003 ; Tom Godfrey, « 5 Million on [US] Terrorism List », *Toronto Sun*, 20 janvier 2004.
140. Jay Stanley, *The Surveillance-Industrial Complex*, *supra*, chapitre 5, note 44, p. 19.
141. *Ibid.*, p. 19.
142. Voir Brian Braiker, « The "Patriot" Search », *Newsweek Online*, 3 juin 2004.

Le monde post-11 septembre de l'«évaluation du risque» – qu'on subisse sa version «haute» ou «basse» technologie – est kafkaïen[143]. C'est un monde dans lequel les individus sont présumés coupables, sont détenus, sont maintenus dans l'ignorance des accusations portées contre eux, sont privés du droit de faire face à leurs accusateurs, du droit de connaître les preuves apportées contre eux et les critères selon lesquels ils sont jugés et sont privés de tout recours juridique et de quelque soutien que ce soit.

---

143. Les ouvrages de l'écrivain tchèque Franz Kafka, qui ont été publiés après sa mort en 1924, sont caractérisés par une récurrence de paradoxes, de rencontres avec l'absurdité et de situations pénibles et cauchemardesques. Dans *Le procès*, un homme se réveille un matin et, pour des raisons qui restent obscures, est arrêté et soumis aux rigueurs d'un système judiciaire énigmatique pour un crime non spécifié. Dans *Le château*, un arpenteur tente vainement d'obtenir la considération du personnel d'un château qui domine la vie d'un village. Le terme «kafkaïen» désigne des situations qui se caractérisent par des déformations surréelles, par l'absurde et par une complexité souvent menaçante.

Chapitre 11

L'incorporation des fonctions de sécurité et la perte de souveraineté

Ô monde, voilà tes révolutions insaisissables!
William Shakespeare, *Coriolan*, IV. iv

Si l'on prend toutes les initiatives décrites ci-dessus ensemble, il en émerge les «contours d'un vaste système d'inscription et de surveillance multinational de plus en plus globalisé, les renseignements flottant plus ou moins librement entre les divers sous-systèmes[1]». À mesure que ce système prend forme, les opérations policières, sécuritaires et militaires de nombreux pays sont de plus en plus intégrées aux opérations états-uniennes. Les gouvernements nationaux renoncent à leur souveraineté, abandonnant les freins et contrepoids nationaux au profit d'un espace sécuritaire globalisé qui est largement conçu et contrôlé par les États-Unis.

Les gouvernements acceptent ainsi de participer à des opérations conjointes de maintien de l'ordre et de renseignements avec les

---

1. Thomas Mathiesen, *supra*, chapitre 5, note 1, p. 29.

États-Unis. La GRC se réunissait régulièrement avec le FBI et la CIA au sujet de Maher Arar et partageait avec ces organismes tous les renseignements dont elle disposait, cela sans conditions. De tels partages de renseignements sont très fréquents au sein des équipes d'assistance réciproque qu'on est en train de mettre sur pied entre le Canada et les États-Unis et entre les États-Unis et l'Union européenne. Or, selon toute vraisemblance, les organismes états-uniens qui font partie de ces équipes ne sont pas responsables devant les gouvernements et les tribunaux nationaux. Dans le cadre de l'opération Camolin, la fonction des services européens participants (et, vraisemblablement, des services canadiens et australiens) consisterait à fournir des dossiers sur les suspects pour que la CIA puisse agir en conséquence. L'aide accordée dans le contexte de la « guerre au terrorisme » états-unienne est également dirigée dans le sens inverse. Ainsi, en Indonésie, le FBI a piégé le combattant séparatiste papou Anthonius Wamang et l'a remis aux autorités indonésiennes. Wamang, ainsi que 10 autres hommes et un adolescent, ont rencontré des agents du FBI dans un petit hôtel de la région isolée qu'est la Papouasie après que des intermédiaires les eurent assurés qu'on les emmènerait aux États-Unis en avion et qu'on leur permettrait de se défendre contre l'accusation d'avoir assassiné deux enseignantes états-uniennes en 2002. Mais on les a emmenés précipitamment dans un camion sans fenêtres et livrés à la police indonésienne. « Vite, dépêchez-vous », dirent les agents du FBI aux Papous alors que ceux-ci quittaient l'hôtel, « l'avion est sur la piste[2] ».

Les gouvernements se partagent les suspects. Il existe aujourd'hui un « réservoir » mondial de suspects auquel de nombreux services de sécurité ont accès (la plupart d'entre eux sont détenus dans des « trous noirs » juridiques un peu partout dans le monde). Ainsi, les services canadiens auraient pu interroger Arar, Almalki et El Maati en Syrie s'ils l'avaient voulu. En fait, des agents du Service canadien du renseignement de sécurité (SCRS) se rendaient à Guantanamo pour y interroger des suspects jusqu'à ce que les tribunaux canadiens mettent un terme à cette pratique[3]. Des services de sécurité d'autres

---

2. Toutes les informations et citations sur cet épisode sont tirées d'Ellen Nakashima, « FBI Said Involved in Arrestation of 8 Indonesians », *Washington Post*, 14 janvier 2006.

3. *Omar Ahmed Khadr, par sa tutrice à l'instance Fatmah el-Samnah v. La Reine*, 2005 FC 1976.

pays font de même. Les péripéties de Khaled El Masri, un citoyen allemand, offrent une illustration troublante de ces procédés.

El Masri, vendeur d'automobiles sans emploi de la ville d'Ulm, se rendait en Macédoine pour les vacances du Nouvel An lorsqu'il a été arrêté par la police macédonienne à la frontière et tenu au secret pendant des semaines sans accusation. Il a ensuite été passé à tabac, déshabillé et transporté par avion dans une prison états-unienne en Afghanistan où il a été détenu et torturé pendant cinq mois avant d'être « largué » en Albanie[4]. À la demande des États-Unis, la Macédoine a détenu El Masri dans une chambre d'hôtel pendant 23 jours pour que la CIA puisse l'interroger et a ensuite permis aux États-Unis de le transférer à Kaboul. « Nous considérons les Américains comme nos partenaires », a déclaré ultérieurement au *New York Times* un haut responsable macédonien : « Nous ne pouvons pas le leur refuser[5]. » El Masri a supplié ses ravisseurs macédoniens d'appeler l'ambassade allemande : « Je suis un citoyen allemand. Dites-leur, s'il vous plaît, que je suis ici ! » « Ils ne veulent pas vous parler », lui a-t-on répondu[6]. Selon le *Times*, l'ambassade allemande avait été informée seulement quelques jours après l'arrestation d'El Masri. « Non, officiellement, ils le savaient », a affirmé le responsable macédonien interviewé[7].

El Masri a été appréhendé parce que son nom figurait sur une liste de « terroristes » d'Interpol. Mais il y avait erreur sur la personne : il portait le même nom que quelqu'un qui était inscrit sur la liste. Selon El Masri, il a été interrogé trois fois en Afghanistan par un homme qu'il a identifié ultérieurement comme étant un haut responsable de la police allemande. Celui-ci nie avoir rendu visite à El Masri en Afghanistan. Il prétend qu'il était « en vacances » à l'époque, mais il ne se souvient plus où il était. La police et les procureurs allemands ont ouvert une enquête pour déterminer si des responsables allemands ont été impliqués dans cette affaire. Mais

4. James Meek, « They Beat Me From All Sides », *Guardian*, 14 janvier 2005. Voir également James Gordon, « German's Tale Eerily Similar to Arar's : Man Said He Was Abducted, Flown to Kabul Where He Claims US Officials Tortured Him », *Ottawa Citizen*, 12 janvier 2005.

5. *Ibid.*

6. Don van Natta Jr., « Germany Weighs if It Played Role in Seizure by US », *New York Times*, 20 février 2006.

7. *Ibid.*

cela n'est qu'une maigre consolation pour El Masri. « Je me sens trompé et trahi par mon propre pays », a-t-il déclaré dans une entrevue[8].

En juin 2006, ce sentiment s'est intensifié lorsque le service de renseignements extérieur allemand, le BND, a admis qu'il avait eu connaissance de la prise et de la détention de ce citoyen allemand 16 mois avant que le pays n'ait été officiellement informé de son enlèvement[9].

Vous pouvez toujours vous réconforter avec la pensée que si vous êtes capturé par erreur par le filet de la surveillance de masse mondiale, votre gouvernement vous aidera et vous protégera. Mais les péripéties d'El Masri et d'autres que l'on a rapportées ici devraient vous convaincre de la naïveté de cette supposition. Il est beaucoup plus vraisemblable que votre gouvernement soit impuissant à vous protéger ou qu'il « conspire » avec le gouvernement des États-Unis contre vous. Comme l'illustre douloureusement le cas Arar, bien que certaines instances du gouvernement canadien aient peut-être fait de réels efforts pour obtenir la libération de leur citoyen, ces instances n'étaient pas conscientes des actions menées par d'autres organismes, ou du moins elles n'avaient pas de contrôle sur eux. Or, ces derniers étaient peut-être de connivence avec la poursuite de sa détention et de sa torture. Parallèlement, la Syrie, c'est-à-dire le gouvernement du pays d'origine d'Arar, était disposée à le torturer au nom des États-Unis et de ces organismes. Dans le cas des Suédois d'origine somalienne, le gouvernement suédois a été impuissant à faire rayer leur nom de la liste de l'ONU. Ce gouvernement a dû implorer les États-Unis de le faire, et ces citoyens ont été contraints de signer, pour les autorités états-uniennes, une déclaration dans laquelle ils juraient n'avoir jamais soutenu le terrorisme et promettaient de cesser toute relation avec le *hawala* al-Barakaat[10]. Dans le cas des citoyens britanniques enlevés en Gambie, il semble que ce sont des services britanniques qui ont livré à la CIA les informations sur lesquelles cette dernière s'est appuyée. Dans d'autres cas d'enlèvement et de transfert, il apparaît que les services nationaux des personnes enlevées ont été avisés à l'avance par des

---

8. *Ibid.*
9. Souad Mekhennet et Craid S. Smith, « German Spy Agency Admits Mishandling Abduction Case », *New York Times*, 2 juin 2006.
10. Voir Swedish Young Left, *supra*, chapitre 10, note 103.

services états-uniens. Des preuves récentes donnent à penser que le Canada et des pays de l'Union européenne ont permis à des avions « de transfert » de la CIA, comme celui qui a transporté Maher Arar en Jordanie, d'atterrir et de se ravitailler sur leur territoire.

Outre l'association globale accrue des fonctions de police et de renseignements, qui s'est développée parallèlement à l'émergence d'une structure d'enregistrement et de surveillance planétaire, on a également assisté à une globalisation plus poussée des fonctions militaires. En particulier au niveau de la présence militaire états-unienne dans le monde, qui s'est accrue au point de compromettre la souveraineté nationale et la juridiction nationale au regard du traitement des suspects. Le prétexte d'une « guerre à la terreur » indéfinie a fourni aux néoconservateurs de l'administration Bush l'occasion de faire exactement ce qu'ils ont dit qu'ils feraient dans leurs documents fondamentaux.

Vous rappelez-vous du rapport intitulé *Rebuilding America's Defenses* (« reconstruire les défenses de l'Amérique ») du Project for a New American Century ? Il préconise l'accroissement de la présence militaire états-unienne dans le monde ; l'exécution par les troupes états-uniennes de tâches « de gendarmerie » à l'échelle mondiale ; l'établissement de bases militaires au Moyen-Orient, dans le Sud-Est européen, en Amérique latine et en Asie là où elles sont absentes, et la substitution de la direction états-unienne à celle de l'ONU. Ces objectifs sont présentement en voie de réalisation sous la bannière de la « guerre à la terreur ». Ils ont en outre des incidences sur la manière dont les renseignements sont partagés et dont on leur donne suite.

En premier lieu, l'administration Bush est en train d'installer des « bases d'opérations avancées », ou « feuilles de nénuphar » (*lily pads*) dans des régions stratégiques comme le Moyen-Orient, le Sud-Est européen, l'Asie centrale et l'Amérique latine, afin d'accroître la portée de ses forces militaires et de s'assurer un « accès durable » pour une « utilisation épisodique »[11]. Cela suppose l'entreposage, dans des zones stratégiques, de matériel militaire et d'armement qui soient à la disposition des troupes pour l'imposition régionale des intérêts hégémoniques états-uniens. Le formidable

---

11. William M. Arkin, « US Plans New Bases in the Middle East », *Washington Post*, 22 mars 2006.

avantage des « feuilles de nénuphar » est que les gouvernements peuvent dire à leur population qu'il n'y a pas de bases états-uniennes sur leur territoire[12].

En deuxième lieu, les États-Unis réaffirment leur présence militaire à des endroits dont ils s'étaient antérieurement retirés. Aux Philippines, où les États-Unis avaient mis un terme à une présence militaire vieille de plusieurs années à la suite des protestations de la population, les États-Unis sont parvenus à rétablir leur présence après le 11 septembre 2001, prétendument pour aider à la capture de terroristes basés aux Philippines, ce qui relèverait normalement de l'État philippin. Cela s'est fait sans traité, ni même l'habituelle convention sur le « statut des forces[13] ».

En troisième lieu, l'administration Bush fournit de nouvelles prestations de conseil et de formation militaires dans des pays comme la Colombie, l'Indonésie, la Géorgie et la Malaisie. L'aide états-unienne se mue de plus en plus en « aide technique », dans le but de renforcer l'appareil de sécurité de pays qui ont une valeur stratégique pour les États-Unis.

Enfin, l'administration Bush développe ses opérations secrètes à l'étranger en installant des équipes d'« opérations spéciales » à effectif restreint dans un nombre croissant d'ambassades états-uniennes, à l'extérieur des zones de guerre. Au début de 2006, de telles équipes avaient été envoyées dans 20 ambassades, en Afrique, en Asie du Sud-Est et en Amérique du Sud[14]. Afin d'étendre leur portée à d'autres pays, 12 000 nouveaux postes seront créés pour les forces d'opérations spéciales de 2007 à 2011, renforçant ainsi les forces complémentaires déjà élargies composées de 51 000 SEAL de la marine (sea-air-land team, « équipe mer-air-terre »), de « bérets verts » (Green Berets), de rangers de l'armée et d'autres commandos[15].

12. Anne Scott Tyson, « New US Strategy: "Lily Pad" Bases », *Christian Science Monitor*, 10 août 2004.
13. Walden Bello, conférence internationale de la Coalition pour la surveillance internationale des libertés civiles tenue à Ottawa le 17 février 2004.
14. Anne Scott Tyson, « New Plans Foresee Fighting Terrorism Beyond War Zones », *Washington Post*, 23 avril 2006.
15. William M. Arkin, « Rumsfeld's New War Plan », *Washington Post*, 25 janvier 2006.

Le mandat des nouvelles équipes consiste à recueillir des renseignements sur le terrorisme (autrefois une prérogative de la CIA) et, dans le jargon du Pentagone, *find, fix, finish and follow up [on them]*[16], formule qui signifie « localiser les dirigeants terroristes, les traquer avec précision, les capturer ou les tuer et utiliser les renseignements recueillis pour planifier une opération ultérieure[17] ». Cette formule pourrait également vouloir dire « assassiner dans d'autres pays les adversaires du gouvernement des États-Unis ».

Lorsque les premières équipes d'opérations spéciales ont été envoyées en mission dans le cadre du nouveau programme lancé en 2003, on les appelait « éléments de contrôle opérationnel », mais on leur a par la suite donné le surnom plus discret d'« éléments de liaison militaire[18] ». Au Paraguay, des membres de ces « éléments de liaison militaire » ont été rappelés aux États-Unis après avoir tué un voleur qui les avait attaqués alors qu'ils descendaient d'un taxi. Cet incident a mis dans l'embarras les hauts responsables de l'ambassade, qui auraient dû être informés que cette équipe était active au Paraguay[19]. Toutefois, en vertu d'une ordonnance secrète de 2005, les « opérations spéciales » n'ont plus besoin de l'approbation du département d'État pour agir dans un pays quelconque[20].

Dans deux cas – il s'agissait soit des forces d'opérations spéciales ou de la CIA – des agents états-uniens auraient utilisé des renseignements « donnant lieu à des poursuites » pour tenter d'assassiner des personnes qu'ils poursuivaient sur le territoire d'autres pays. Dans le premier cas, tous les passagers d'un véhicule au Yemen ont été tués par un missile provenant d'un drone états-unien. Dans le second cas, au Pakistan, pas moins de 17 personnes innocentes, des hommes, des femmes et des enfants, ont également été tuées par l'attaque d'un drone. Le ministère des Affaires étrangères du Pakistan a protesté vigoureusement auprès des États-Unis et les Pakistanais ont manifesté dans les rues, mais des responsables états-

---

16. Tom Shanker et Scott Shane, « Elite Troops Get Expanded Role on Intelligence », *New York Times*, 8 mars 2006.
17. *Ibid.*
18. Anne Scott Tyson, « New Plans Foresee Fighting Terrorism Beyond War Zones », *supra*, chapitre 11, note 14.
19. Tom Shanker et Scott Shane, *supra*, chapitre 11, note 16.
20. Anne Scott Tyson, « New Plans Foresee Fighting Terrorism Beyond War Zones », *supra*, chapitre 11, note 14.

uniens ont déclaré que le Pakistan avait «approuvé l'attaque au préalable et avait même aidé à la collecte des renseignements avant l'attaque[21]». Apparemment, les services de renseignements yéménites avaient également collaboré avec les États-Unis pour l'attaque menée dans leur pays[22]. Force est de se poser la question : comment la population états-unienne réagirait-elle si un gouvernement étranger envoyait des assassins dans son pays ou bombardait un marché, une rue ou une école pour atteindre des individus qu'il poursuit ? Comment réagirait-elle si son gouvernement collaborait à l'attaque ?

Des facteurs divers poussent des États à se soumettre aux exigences des États-Unis. Leurs gouvernements estiment sans doute que, dans une certaine mesure, il est nécessaire d'améliorer le partage des renseignements et la coopération entre États afin de contrer efficacement le terrorisme international, ce qui est peut-être vrai. Toutefois, plusieurs des accords et arrangements conclus par certains gouvernements sont irresponsables au vu des pouvoirs souverains qu'ils cèdent, de l'inadéquation des conditions et des contrôles qu'ils proposent et du manquement dont ils font preuve à l'égard de la primauté de la loi et de son application en bonne et due forme.

L'empressement des gouvernements à acquiescer aux exigences des États-Unis relativement à l'intégration de l'espace sécuritaire s'explique en partie par de l'opportunisme. En effet, les exigences bilatérales états-uniennes et celles qui sont canalisées par le biais des forums internationaux fournissent aux gouvernements un prétexte pour faire ce qu'ils n'auraient peut-être pas pu faire autrement, à savoir resserrer la prise de leur propre contrôle social, le long et à l'intérieur des frontières. C'est une tendance éternelle des gouvernements et des organisations du maintien de l'ordre, et c'est la raison pour laquelle les démocraties possèdent des droits garantis et d'autres freins et contrepoids institutionnels.

Dans de nombreux cas, toutefois, les gouvernements sont poussés par des intérêts économiques. Ainsi, devant les exigences états-uniennes de partage des dossiers passagers, l'Union européenne a redouté les conséquences économiques qui s'ensuivraient si son industrie aérienne se voyait refuser le droit d'atterrissage aux

21. Griff Witte et Kamran Khan, «Attacks Strain Efforts on Terror», *Washington Post*, 26 janvier 2006.
22. Associated Press, «US Kills Al-Qaeda Suspects in Yemen», *USA Today*, 4 novembre 2002.

États-Unis. Cela explique en partie qu'elle se soit engagée dans des négociations en vue d'un accord officiel sur le partage des dossiers passagers[23]. Au Canada, où 30 % de l'économie est tributaire des exportations aux États-Unis[24], où l'ouverture de la frontière au trafic d'exportation est d'importance vitale, et où de puissants intérêts commerciaux exercent depuis des années des pressions pour obtenir ce que l'on appelle désormais au Canada l'intégration « profonde » avec les États-Unis[25], le gouvernement n'a pas tardé à négocier l'accord et le plan d'action pour une frontière intelligente, lesquels préfigurent dans le fond plusieurs des initiatives d'enregistrement et de surveillance décrites dans le présent ouvrage.

De nombreux autres pays tributaires du commerce avec les États-Unis ou de leur aide se sont retrouvés dans des situations semblables. À l'instar du Canada et de l'Union européenne, des gouvernements du Sud-Est asiatique, en particulier ceux des Philippines, de Singapour, de la Thaïlande, de la Malaisie et de l'Indonésie, ont coopéré étroitement avec les États-Unis dans la campagne planétaire de ces derniers contre le terrorisme. Cette coopération est multiforme. Il peut s'agir d'interroger de prétendus terroristes à la suite du partage de renseignements, à l'exemple des Malais qui ont interrogé Abdoullah Almalki ; d'arrêter de prétendus terroristes et de permettre à des agents états-uniens de les rencontrer ; de faciliter l'extradition de détenus vers les États-Unis ; d'adopter des lois antiterroristes dans le sillage de la campagne antiterroriste dirigée par les États-Unis[26] ou, comme nous l'avons noté plus haut relati-

23. Lorsque la Commission européenne a conclu cette entente controversée, elle « (...) a soutenu qu'une autre option aurait entraîné le chaos. Car les compagnies aériennes auraient risqué de se voir imposer des amendes et de perdre leurs droits d'atterrissage aux États-Unis, tout en subissant les tracasseries des autorités européennes de protection des données ». Ian Black, « EU Hands Over Data on Air Travelers », *Guardian*, 18 mai 2004.
24. Ministère canadien des Affaires étrangères et du Commerce international, *Cinquième Rapport annuel sur l'état du commerce canadien, situation des questions commerciales : mars 2004*, Ministère des Travaux publics et Services gouvernementaux Canada, p. 3-4.
25. Maude Barlow, *Le Canada que nous voulons : une démarche de citoyens contre l'intégration en profondeur*, Conseil des Canadiens, www.canadians.org/documents/TCWW_eng.pdf.
26. Yap Swee Seng, SUARAM et l'Asian People's Security Network, « Impacts on the South : The Case of Malaysia », *Anti-Terrorism and the Security*

vement aux Philippines, de permettre aux forces militaires états-uniennes de mener dans le pays des opérations spéciales contre des groupes terroristes[27].

Si des États arabes comme la Syrie, la Jordanie et l'Égypte « servent de bottes à l'Occident », comme l'a dit si éloquemment le gardien égyptien d'Ahmed el Maati, c'est qu'ils ont leurs propres mobiles. Plusieurs de ces pays ont des rapports complexes avec les États-Unis en raison des relations états-uniennes avec Israël, et certains d'entre eux mènent leur propre combat contre des adversaires musulmans intégristes. Aussi, considèrent-ils les « tâches ingrates » qu'ils exécutent pour les États-Unis dans la guerre contre le terrorisme islamique comme une occasion à la fois de s'aider eux-mêmes et d'améliorer leurs relations avec une puissance importante dans leur région[28].

Quelles que soient les raisons des États de collaborer au projet planétaire de surveillance de masse et aux autres composantes de l'espace sécuritaire globalisé, il en résulte un accroissement de l'hégémonie des États-Unis – exactement ce à quoi aspirent depuis longtemps les néoconservateurs états-uniens. Quant à savoir si cette hégémonie sera stable ou avantageuse pour les États-Unis, cela est une autre affaire. Selon toute vraisemblance, ce sera pour tout le monde un scénario du genre « patte de singe[29] ».

Agenda: Impacts on Rights, Freedom and Democracy, Report and Recommendations for Policy Direction of a Public Forum Organized by the International Civil Liberties Monitoring Group (Coalition pour la surveillance internationale des libertés civiles), Ottawa, 17 février 2004, p. 59-60, analyse n° 26, www.statewatch.org/observatory2ab.htm.

27. Walden Bello, *supra*, chapitre 11, note 13.

28. Voir Seymour Hersh, « The Syrians' Bet », *supra*, chapitre 1, note 36.

29. Dans les diverses versions de l'anecdote de feu de camp appelée « la patte de singe », une patte de singe ratatinée réalise les souhaits de son propriétaire, mais en en faisant une interprétation horrible.

Chapitre 12

Le « complexe sécurito-industriel »

Une fois le public habitué à l'utilisation de la biométrie aux frontières, on s'attend à ce qu'elle soit employée dans les applications commerciales (...). L'introduction à grande échelle des passeports biométriques en Europe fournit une occasion unique (...). Premièrement, la création d'un marché de demande fondé sur l'acceptation de l'utilisateur (...). Deuxièmement, l'encouragement d'un marché de l'offre concurrentiel.

Rapport du Centre commun de recherche de l'Union européenne

— *Tu as besoin de t'instruire, dit-il en ricanant. Je veux dire, c'est certes une question classique de journaliste, mais pourquoi embêtes-tu ces types-là ? Ce sont des ingénieurs. Ils fabriquent un produit. Ils ne le vendent pas. Que diable leur importe ce qu'en font les autres ?*

— *Eh bien, c'est tout un problème, répondis-je. C'est l'équipement du totalitarisme, or les seules choses qui peuvent protéger une population sont des lois appropriées et une surveillance adéquate. Je veux savoir ce qu'ils pensent lorsqu'ils apprennent que la Chine, la Syrie ou le Zimbabwe mettent la main dessus.*

Il ricana de nouveau.

— *Crois-tu un instant que Bush laisserait des problèmes juridiques l'empêcher de faire de la surveillance ? Il doit prévenir un attentat terroriste dont tout le monde sait qu'il est imminent. Il fera tout ce qui lui paraîtra efficace. Tu en ferais autant. Alors pourquoi embêtes-tu ces types-là ?*

— *Ma question est valable, répondis-je avec insistance. Ce sont des outils puissants. Entre de mauvaises mains, ils pourraient*

ruiner des adversaires politiques, ils pourraient mettre le pouvoir
de l'État à l'abri de toute contestation. L'État saurait pratiquement
tout. Les gens seraient arrêtés pour des crimes par la pensée.
— Tu n'écoutes pas, dit-il. La NSA utilise ces outils, le DEA, les
services secrets et la CIA aussi. Me fais-tu marcher ? Ils n'ont pas
de comptes à te rendre. Diable ! Ils en font ce qu'ils veulent ! Es-tu
vraiment si naïf que ça ? Maintenant, laisse ces types-là tranquilles.
Ils fabriquent un produit, c'est tout. Ils se fichent de la suite. Tu as
vraiment besoin de t'instruire.

Dialogue entre un vendeur de matériel de surveillance et le
journaliste Thomas Greene à l'occasion de la conférence
mondiale de l'ISS [Intelligence Support Systems], mai 2006.

DANS SON DISCOURS D'ADIEU à la fin de sa présidence en 1961,
Dwight Eisenhower a averti la population des États-Unis au sujet
de la montée d'un puissant « complexe militaro-industriel » qui
menaçait les fondements de la démocratie états-unienne : « Cette
conjonction d'une immense classe dirigeante militaire et d'une vaste
industrie de l'armement est nouvelle pour l'expérience américaine
(…). La possibilité de l'ascension désastreuse d'un pouvoir malavisé
existe et persistera. Nous ne devons jamais laisser le poids de cet
ensemble menacer nos libertés ou nos processus démocratiques.
Nous ne devons rien tenir pour acquis[1]. »

Aujourd'hui, on pourrait lancer le même avertissement au sujet
de la nouvelle relation symbiotique qui est en train de se développer
entre l'immense « nomenklatura » de la sécurité et des renseignements
et l'ambitieuse industrie de la technologie de l'information. Car ce
nouveau *complexe sécurito-industriel* sert de fer de lance agressif
au projet d'enregistrement et de surveillance de masse planétaire.

Dans le Washington officiel des années 1990, il y a eu un branle-
bas généralisé, non seulement chez les néoconservateurs, mais

---

1. Discours d'adieu à la radio et à la télévision du président Dwight D.
   Eisenhower au peuple états-unien, 17 janvier 1961. Disponible en
   ligne sur le site du Dwight D. Eisenhower Library and Museum, www.
   eisenhower.utexas.edu/farewell.htm.

également dans l'ensemble de l'appareil militaire et sécuritaire. Il leur fallait en effet trouver une nouvelle justification pour maintenir le niveau de dépenses militaires dont leurs emplois et, dans une certaine mesure, l'économie états-unienne, avaient fini par dépendre après la Seconde Guerre mondiale et pendant la guerre froide[2]. Pour ces secteurs de l'économie, la « guerre à la terreur » était providentielle, car elle leur offrait une nouvelle raison d'être et l'occasion de satisfaire une liste de *desiderata* de longue date en matière de pouvoirs d'enquête et de surveillance. Parallèlement, de nouvelles technologies de l'information (TI), développées essentiellement par le secteur privé, offraient de nouvelles perspectives stimulantes pour le développement de leurs capacités de surveillance.

Mais le secteur privé n'offrait pas que des technologies aux organismes gouvernementaux. Il offrait un moyen de contourner certaines des lois et certains des mécanismes de responsabilité qui les contraignaient. Par exemple, la collaboration par contrat avec des entreprises privées de collecte de données permet aux organismes gouvernementaux d'avoir accès à d'immenses bases de données de renseignements personnels qu'ils ne seraient pas en mesure d'exploiter eux-mêmes en raison, notamment, des lois sur la vie privée. Il en est de même pour la collaboration relative à l'extraction de données, qui permet aux organismes gouvernementaux de contourner les garde-fous de la vie privée. Enfin, ces projets peuvent ainsi, dans une certaine mesure, être soustraits à la vigilance du public.

Comme l'a constaté Roch Tassé, de la Campagne internationale contre la surveillance globale (CICSG), les affaires engendrées par la « guerre à la terreur » ont été du pain béni pour les entreprises du secteur des TI, les sortant de la désastreuse conjoncture économique de la deuxième moitié des années 1990. Elles leur ont offert une occasion en or pour se redresser et se développer – occasion qu'elles ont promptement saisie. Cela a donné naissance à un puissant lobby qui, s'adressant à des gouvernements qui affectent un gros budget à la prévention du risque, fait la promotion de produits technologiques[3].

---

2. Gwynne Dyer, *supra*, Prologue, note 9, p. 121.
3. Roch Tassé, coordonnateur de la Coalition pour la surveillance internationale des libertés civiles (Canada) et de la Campagne internationale contre la surveillance globale (CISG).

Des milliards de dollars, d'euros et d'autres monnaies alimentent ainsi le complexe « sécurito-industriel ».

Avant le 11 septembre 2001, les dépenses aux États-Unis en matière de recherche et de développement pour le contre-terrorisme ne totalisaient que quelque 500 millions de dollars par année. Le ministère de la Défense assumait l'essentiel de ces dépenses, car on estimait que les troupes états-uniennes à l'étranger étaient particuliè-rement exposées. Après cette date, le financement du seul ministère de la Sécurité intérieure est passé en 2002 à 1,5 milliard de dollars et a plus que doublé en 2003, pour atteindre 3,3 milliards de dollars[4]. En 2006, les dépenses en matière de recherche et de développement pour la sécurité s'élevaient à 4,4 milliards de dollars[5]. Bien qu'une partie de cette somme soit consacrée à des projets qui ne sont pas liés à la surveillance, ces chiffres donnent une idée de l'importance des montants qui sont disponibles pour les projets sécuritaires. En outre, ces chiffres n'incluent pas nécessairement les sommes dépensées pour les programmes qui ont déjà été mis en œuvre.

Un programme de recherche en matière de sécurité annoncé par l'Union européenne en février 2004 est censé faire de cette dernière la rivale des États-Unis dans le domaine de la technologie sécuritaire. Il s'agit du Programme européen de recherche en sécurité (PERS). Celui-ci vise explicitement à développer en Europe une « culture de la sécurité » avec la coopération de l'industrie de la sécurité et du monde de la recherche. Ce programme a pour objectif, entre autres, de « [démontrer] l'adéquation et l'acceptabilité des dispositifs d'identification, de repérage et de pistage au moyen de senseurs statiques et mobiles multiples qui améliorent la capacité à localiser, à identifier et à suivre les mouvements des actifs, des biens et des personnes, notamment la documentation "intelligente" (p. ex. la biométrie, les puces automatisées indiquant la localisation) et les techniques d'analyse des données (contrôle et accès à distance)[6] ».

---

4. American Association for the Advancement of Science, *R&D Funding Update*, 4 mars 2005, www.aaas.org/spp/rd.

5. *Ibid.*

6. Statewatch, « EU : Security Research Programme to Look at Creating "Smart" Biometric Documents Which Will "Locate, Identify and Follow the Movement of Persons" Through Automatic Chips With Positioning », *Statewatch News Online*, février 2004, www.statewatch.org/news/2004/feb/23Aeu-plan-security.htm.

Le PERS a été élaboré sur la base de recommandations faites par un « Groupe de personnalités » comprenant des représentants de huit multinationales (notamment quatre des principaux fabricants d'armement de l'Union européenne et certaines des plus grandes entreprises de technologie de l'information) et de sept établissements de « recherche » (notamment la Rand Corporation)[7]. En 2004, un budget de 65 millions d'euros a été affecté à des « actions préparatoires », pour le financement de 24 projets. S'agissant de ces projets, les quatre grands fabricants d'armement s'en sont particulièrement bien tirés : Thales participe à cinq d'entre eux, le groupe EADS en dirige trois et les entreprises de Finmeccanica participent à au moins trois de ces projets.

Sur la recommandation du Groupe de personnalités, le PERS est chapeauté par un Conseil consultatif européen pour la recherche dans le domaine de la sécurité (CCERS). Les entreprises occupent 15 des 50 sièges du CCERS, les ministères de l'Intérieur et les instances militaires et de sécurité en occupent 18[8]. En 2007, la Commission européenne a financé le PERS à hauteur de plus de 1 milliard d'euros par année[9].

Au Canada, le gouvernement libéral a annoncé dans son budget de 2001 une enveloppe de 7,7 milliards de dollars (canadiens) pour des dépenses en matière de sécurité étalées sur une période de cinq ans. Cette enveloppe comprend des dépenses importantes pour la surveillance et la technologie sécuritaires[10]. Une bonne partie de cette somme a déjà été dépensée. Les conservateurs, élus au début de 2006, ont affecté dans leur premier budget un montant

---

7. Pour obtenir la liste complète des entreprises constituant le Groupe de personnalités, voir « The Experts Looking Out for Europe's Security », *Intelligence Online*, n°468.

8. Ben Hayes, *Arming Big Brother: the EU's Security Research Program*, Transnational Institute/Statewatch, coll. « TNI Briefing Series », n° 2006/1.

9. Commission des Communautés européennes, « Recherche sur la sécurité – les prochaines étapes », communication de la Commission au Conseil, au Parlement européen, au Comité économique et social européen et au Comité des régions, COM (2004) 590, Bruxelles, COEC, 7 septembre 2004, p. 10, http://europa.eu.int/eurlex/en/com/cnc/2004/com2004_0590eno1.pdf.

10. Ministère des Finances du Canada, *Renforcer la sécurité des Canadiens : budget 2006*, www.fin.gc.ca/budget 01/booklets/bksece.htm.

supplémentaire de 705 millions de dollars (canadiens) à la sécurité des transports, des frontières et des systèmes financiers[11].

Les importants projets de surveillance entrepris par le gouvernement des États-Unis – par exemple le Terrorism [Total] Information Awareness System et les programmes MATRIX, US-VISIT, CAPPS II et Secure Flight –, ainsi que le projet e-Borders entrepris par le gouvernement britannique, ont ouvert aux entreprises de technologie de vastes possibilités d'affaires et leur ont permis d'engranger d'énormes profits.

Avant que le Congrès ne la contraigne, à l'automne 2003, à mettre un terme à ses recherches pour le Terrorism [Total] Information Awareness System (TIA), la Defense Advanced Research Projects Agency gérait un budget d'environ 2 milliards de dollars et dépendait étroitement des entrepreneurs de l'extérieur. De 1997 à 2002, elle a accordé aux entreprises de collecte de données des contrats d'une valeur de 88 millions de dollars. Treize de ces contrats, totalisant plus de 23 millions de dollars, ont été attribués à la société Booz Allen Hamilton Inc. et 23 autres, d'une valeur de 17 millions de dollars, ont été confiés à Lockheed Martin. Parmi les autres entrepreneurs figurent Schafer Corporation, SRS Technologies, Adroit Systems, CACI Dynamic Systems, Syntek Technologies et ASI International[12].

Bien que le TIA ait été mis en veilleuse au niveau fédéral, le programme MATRIX est en voie de mise en œuvre au niveau des États depuis 2002. Comme nous l'avons indiqué plus haut, le contrat pour ce projet a été accordé à Seisint Inc., dont le siège social est à Boca Raton, en Floride. Selon l'American Civil Liberties Union, une ancienne compagnie de Hank Asher, le fondateur de Seisint, « a géré un contrat en vertu duquel des milliers d'Afro-États-Uniens ont été rayés de la liste des électeurs avant les élections de 2000. Ils étaient accusés à tort d'être des criminels[13]. » En janvier 2003, le gouverneur de la Floride Jeb Bush a, semble-t-il, organisé une réunion à la Maison Blanche afin de permettre à Seisint de

11. Ministère des Finances du Canada, Budget 2006, chapitre 3.
12. Roch Tassé, citant Adam Mayle et Alex Knott, *Outsourcing Big Brother : Office of Total Information Awareness Relies on Private Sector to Track Americans*, rapport spécial du Center for Public Integrity, 17 décembre 2002, www.public-i.org/dtaweb/report.asp?ReportID=484.
13. ACLU, *MATRIX : Myths and Reality*, 10 février 2004, www.aclu/org/ privacy/spying/14999res200402.10.htm.

démontrer au vice-président Dick Cheney, au directeur du FBI
Robert Mueller et à Tom Ridge, directeur du ministère de la Sécurité
intérieure, comment MATRIX pourrait être utilisé pour la mise en
application de la loi et pour la quête d'un financement supplémentaire[14]. Par la suite, le ministère de la Justice a versé 4 millions de
dollars à Seisint et le ministère de la Sécurité intérieure a contribué
au projet à hauteur de 8 millions de dollars[15].

En juillet 2004, Seisint aurait été vendue au LexisNexis Group
pour la somme de 775 millions de dollars. Cette opération a permis
à Hank Asher de réaliser un profit de 250 millions de dollars.
LexisNexis a prédit que les revenus de Seisint s'accroîtraient en
2004 de plus de 40 %, ce qui contribuerait à hisser les revenus
annuels de la division de la gestion des risques de LexisNexis à
quelque 300 millions de dollars[16].

La satisfaction des besoins toujours croissants des gouvernements
en données a profité considérablement à des entreprises comme
LexisNexis, Lockheed Martin, Acxiom et ChoicePoint. ChoicePoint
prétend ainsi avoir signé à elle seule des contrats avec environ
35 organismes gouvernementaux états-uniens. Parmi ces contrats
figure celui de 8 millions de dollars avec le ministère états-unien
de la Justice qui permet au FBI, à partir de ses propres locaux, de
puiser dans l'immense base de données de renseignements personnels
de l'entreprise.

Le programme US-VISIT a été une autre mine d'or pour les
entreprises. En mai 2004, le ministère de la Sécurité intérieure a fait
un appel d'offres pour le développement du programme. Accenture,
le gagnant, l'a emporté sur Computer Sciences et Lockheed
Martin[17]. L'équipe d'Accenture comprend AT&T Corp., Datatrac
Information Services Inc., Dell Inc., Deloitte Consulting LLP.,
Raytheon Co., Sandler and Travis Trade Advisory Services Inc.,

14. Madeleine Baran, *supra*, chapitre 9, note 18 ; Jim Defede, *supra*, chapitre 10, note 15.
15. Jim Defede, *supra*, chapitre 10, note 15. Voir également Associated Press, « States Build Terror Database Resembling Controversial Federal Project », SiliconValley.com, 23 septembre 2003, www.siliconvalley.com/mld/sili convalley/news/editorial/6841676.htm.
16. Robert O'Harrow, « Lexis Nexis to Buy Seisint for $775 Million », *Washington Post*, 15 juillet 2004.
17. Lichtblau et Markoff, *supra*, chapitre 5, note 36.

Sprint Corp., SRA International Inc. et Titan Corp[18]. Bien que ce contrat de dix ans comporte un plafond de 10 milliards de dollars et que l'estimation originelle du coût total du programme US-VISIT jusqu'en 2014 s'élevât à 7,2 milliards de dollars, les vérificateurs du General Account Office (GAO) (« bureau général des comptes publics ») ont rapporté en 2003 que les coûts totaliseraient probablement « des dizaines de milliards » de dollars[19]. Cette éventualité paraît vraisemblable compte tenu du fait que le système élaboré par Accenture se superposera à des bases de données et à des logiciels informatiques vieillissants qui nécessiteront des mises à jour considérables. En outre, Accenture collabore avec le gouvernement en tant que « partenaire », sans que l'on sache clairement si le système fonctionnera un jour ou s'il sera mis en œuvre en 10 ans. Même si, au bout du compte, le système ne fonctionne pas, Accenture sera payée pour les travaux réalisés[20].

De janvier 2004 à janvier 2006, US-VISIT a traité les cas de plus de 44 millions de visiteurs et mis le doigt sur 1 000 personnes pour des infractions criminelles ou relatives à l'immigration[21]. Pas un seul terroriste n'aurait été épinglé. Si, au bout du compte, le programme coûte 20 milliards de dollars, ce qui, selon le rapport de l'auditeur du GAO serait une estimation prudente, cela fait 20 millions de dollars par personne interpellée[22].

Lockheed Martin, géant du complexe militaro-industriel, a signé un contrat sur cinq ans de 12,8 millions de dollars pour aider la Transportation Security Administration à développer le projet CAPPS II[23]. Avant que ce projet ne soit annulé, plus de 60 millions de dollars avaient été engloutis pour la mise au point de techniques informatiques censées vérifier l'identité des personnes au moyen de bases de données commerciales[24].

---

18. Nick Wakeman, « Accenture Secures US-VISIT », *Washington Technology*, 7 juin 2004.
19. Robert O'Harrow et Scott Higham, « US Border Security at a Crossroads », *Washington Post*, 23 mai 2005.
20. *Ibid.*
21. Bruce Schneier, « The Failure of US-VISIT », entrée du 31 janvier 2006 sur www.schneier.com.
22. *Ibid.* Les calculs de Schneier donnent des résultats semblables.
23. Jay Stanley, *The Surveillance-Industrial Complex*, *supra*, chapitre 5, note 44, p. 28.
24. Goo et O'Harrow, *supra*, chapitre 10, note 27.

CAPPS II dépendait étroitement à la fois des données et des algorithmes de correspondance d'identité élaborés par Acxiom. Cette entreprise, dont le siège social est situé à Little Rock, en Arkansas, est la plus grande entreprise de traitement de données sur les consommateurs au monde. Elle recueille et manipule plus de 1 milliard de dossiers par jour et est en train d'étendre sa portée à grande vitesse en Europe et en Asie[25]. Depuis le 11 septembre 2001, avec l'aide de Wesley Clark, général retraité et candidat présidentiel, et de Bill et Hillary Clinton, Acxiom a fait pression pour obtenir des contrats fédéraux en rapport avec la sécurité intérieure. Clark a également fait du lobbying pour Lockheed Martin[26].

En janvier 2006, le programme Secure Flight, qui a succédé à CAPPS II, avait dépensé en tout la somme de 200 millions de dollars[27]. Les rapports de surveillance gouvernementaux qui ont rendu compte de son évaluation lui ont donné de mauvaises notes à plusieurs reprises[28]. Un contrat d'une valeur controversée de 475 000 dollars a en outre été accordé à EagleForce Associates, une entreprise de Virginie, pour tester l'utilisation de données commerciales dans le cadre du programme[29].

On s'attend à ce que le contrat principal pour le projet e-Borders mis en œuvre par le Royaume-Uni coûte 4 millions de livres et que sa mise en œuvre s'étende sur une période de 5 à 15 ans. Il comportera la conception, le développement, la mise en œuvre et l'exploitation des systèmes de technologie de l'information qui relieront entre elles les autorités de contrôle frontalier, ainsi que l'assistance qui accompagne le tout. Le gouvernement a déjà entamé des pourparlers avec des fournisseurs du secteur privé[30]. La première phase d'e-Borders, appelée Project Semaphore, est déjà fonctionnelle.

---

25. Richard Behar, « Never Heard of Acxiom ? Chances Are It's Heard of You », *Fortune*, 23 février 2004.
26. *Ibid.*
27. Associated Press, « Takeoff Delay Slows Secure Flight », *Wired News*, 9 février 2006.
28. Patty Donmoyer, « DOJ Assails Secure Flight », *Business Travel News*, septembre 2005.
29. John Doyle, « Eagle Force Gets TSA Contract for Secure Flight Data Tests », 3 février 2005, www.theeagleforce.com/TSA_Award.htm.
30. Steve Ranger, « Iris Scans and Passenger Databases to Protect UK Borders : How Are Preparations for the £Million e-Borders Project Shaping Up So Far ? », silicon.com, 16 février 2006, www.silicon.com/publicsector.

Confiée en novembre 2004 à la société IBM avec un contrat de trois ans, elle comporte le traitement des données relatives aux informations préalables sur les voyageurs (IPV) et aux dossiers passagers (DP)[31].

L'enregistrement biométrique des populations au moyen des passeports, des visas et des cartes d'identité offre aux entreprises des perspectives de profits énormes à l'échelle planétaire. Jadis un secteur relativement discret en raison de questions de confidentialité eu égard à sa clientèle effective et éventuelle, la biométrie est devenue du jour au lendemain une solution sécuritaire acceptable et les entreprises qui la mettaient au point font désormais une promotion retentissante de cette technologie[32]. Des sociétés spécialisées en biométrie – par exemple Byometric Systems (Allemagne), Bioscrypt (Canada) et BioDentity (Canada) – cherchent agressivement à obtenir une part du marché antiterroriste. À l'occasion d'une conférence publique organisée par le gouvernement libéral en 2003 pour « débattre » de l'introduction de cartes d'identité nationales au Canada, l'industrie biométrique était un des participants les plus actifs. Sur son site Internet, BioDentity (Canada) rapporte la déclaration de Frost & Sullivan selon laquelle « des systèmes sécuritaires de pointe auraient pu empêcher la catastrophe – le pire attentat terroriste de l'histoire des États-Unis[33] ».

Le contrat attribué par le gouvernement suédois à la société finlandaise Setec pour la production, sur une période de cinq ans, de passeports et de cartes d'identité biométriques, s'élève à 100 millions d'euros[34]. Selon les termes d'un autre contrat lucratif, signé cette fois avec le gouvernement danois, Setec fournira des passeports biométriques à 3 millions de Danois[35].

31. « IBM Wins Home Office E-Borders Contract To Strengthen UK Border Controls », PublicTechnology.net, 4 novembre 2004, www.public technology.net.

32. Robert Weisman, « Identity Crisis », *Boston Globe*, 5 avril 2004.

33. Voir la page d'accueil de la BioDentity Systems Corporation, www. biodentity.com.

34. Commission européenne, « Sweden to Start Issuing Biometric Passports and e-ID Cards in 2005 », *eGovernment News*, 2 septembre 2004, http://europa.eu.int/ida/en/document/3247/355.

35. Commission européenne, « Danish Government to Start Issuing Biometric Passports by The End of 2004 », *eGovernment News*, 18 février 2004, http://europa.eu.int/ida/en/document/2164/333.

Au Canada, ACME-Future Security Control, entreprise dont le siège social est situé à Ottawa, a été choisie par l'Administration canadienne de la sûreté du transport aérien pour le développement, au moyen de technologies biométriques, d'une carte d'identité sûre à l'intention des particuliers voulant accéder à des zones réservées dans les aéroports[36].

En Asie, on estime qu'en 2010 la valeur de l'industrie indienne des cartes intelligentes (dont le taux de croissance annuelle est de 45 %) s'élèvera à 6 milliards de dollars. Des entreprises comme Sony, Infineon et Hitachi « s'en lèchent les babines[37] ».

Des entreprises de TI comme Oki ont également investi récemment le secteur de la biométrie, car ils prévoient la réalisation de bénéfices considérables. Oki, qui s'est spécialisée dans les empreintes rétiniennes, collabore avec le gouvernement allemand pour un projet pilote à l'aéroport de Francfort[38].

Les entreprises cherchent agressivement à faire des affaires au-delà des frontières. Ainsi, Unisys, compagnie basée aux États-Unis qui a obtenu en 2004 le contrat pour le Registered Traveler Program (« programme [états-unien] des voyageurs inscrits »)[39], a développé des cartes d'identité pour le Panama et la Malaisie et a fait pression pour obtenir un contrat pour la future carte d'identité britannique[40]. Unisys s'est également vu attribuer le mandat de tester, pour Citoyenneté et immigration Canada, les incidences opérationnelles de la technologie biométrique[41]. SITA Information Networking Computing, entreprise de TI enregistrée aux Pays-Bas, met présen-

---

36. Canada News-Wire, *Canadian Air Transport Security Authority Pilot Project Includes Bioscrypt Technology*, 23 février 2004.
37. « Smart Cards Make Inroads in Asia », *supra*, chapitre 6, note 1.
38. Oki Electric Industry Co. Ltd., « Iris Recognition System is Selected for Border Control at Frankfurt/Main Airport by the German Federal Ministry of the Interior », communiqué de presse, 13 février 2004, www.oki.com/en/press/2004/z03084e.html.
39. Brad Grimes, « Tech Success : Unysis, Daon Help Travelers Fly Through Lines », *Washington Technology*, 19 juillet 2004, www.washingtontechnology.com/news/19_8/emergingtech/24023-1.html.
40. Corporate Watch, « Company Profiles : Unisys », www.corporatewatch.org.uk.
41. Citoyenneté et Immigration Canada, « Citoyenneté et Immigration Canada prépare la mise à l'essai sur le terrain des identificateurs biométriques », communiqué de presse, www.cic.gc.ca/francais/ministere/media/avis/avis-biometriques.asp.

tement en œuvre des « services frontaliers intelligents » à Bahrein, en Australie et en Nouvelle-Zélande, et notamment un système de pistage qui analyse les configurations de voyage des passagers à haut risque[42]. Siemens, entreprise basée en Allemagne, fournit des passeports au gouvernement britannique, des cartes d'identité nationales munies de puces et de données biométriques à Macao, des cartes d'identité à la Bosnie-Herzégovine et à l'Italie et des visas à la Norvège[43]. En 2002, le groupe Thales, basé en France, a réussi à obtenir le contrat pour élaborer la carte d'identité chinoise[44]. En septembre 2004, le gouvernement canadien a appuyé le déplacement en Chine d'une délégation commerciale canadienne dont le but était de promouvoir, auprès du gouvernement du pays, la vente de technologies de surveillance et de sécurité – notamment des appareils télévisuels en circuit fermé, des dispositifs pour la vision nocturne, des technologies de reconnaissance faciale et des systèmes informatiques pour la surveillance sur Internet[45].

Au milieu de toute cette activité que nous venons de décrire, les entreprises, sans relâche, « étendent le filet » du contrôle social par des moyens technologiques – en encourageant les gouvernements à adopter des systèmes de contrôle social toujours plus vastes, plus récents, plus coûteux et plus indiscrets.

Il n'est donc pas invraisemblable que, dans le nouvel ordre mondial, les entreprises parviennent à gagner les gouvernements à l'idée que leurs ressortissants devraient se faire scanner le cerveau par des senseurs neuro-électriques à chaque fois qu'ils entrent dans un aéroport afin de déterminer s'ils ont des pensées agitées[46]. Ou, peut-être, à l'idée que leurs ressortissants devraient être enregistrés biométriquement par le biais de leur ADN. Ou encore, qu'ils

42. Canada News-Wire, « Bahrein Enhances Border Security and Takes the Lead With e-Visas Using SITA Technology », 25 mai 2004, www.newswire.ca/en/releases/archive/May2004/25/c6965.html.
43. Services commerciaux de Siemens, *Integrated ID Solutions*, www.siemens.nl/sbs/getfile.asp?id=97.
44. Thales Secure Operations, « People's Republic of China Uses Secure Identification Technology for Smart Card Based ID Card », http://security.thalesgroup.com/case_study/case15.htm.
45. Geoffrey York, « Rights Group Questions Trade Mission to China », *Globe and Mail*, 21 septembre 2004.
46. Electronic Privacy Information Center, « Air Travel Privacy », www.epic.org/privacy.airtravel.

devraient être tenus de se faire implanter des micropuces sous la peau afin que l'État puisse plus facilement les identifier, les localiser et les inspecter.

En 2006, une compagnie de l'Ohio serait devenue la première entreprise connue à avoir implanté des transmetteurs d'identification par radio-fréquence (RFID) dans le bras de deux de ses employés. VeriChip, le fabricant des puces, affirme que ses produits combinent « le contrôle de l'accès ainsi que la localisation et la protection des individus ». George Monbiot, journaliste qui écrit fréquemment pour *Le Monde* et *The Guardian*, a fait des commentaires qui donnent la chair de poule sur la façon dont de telles technologies pourraient facilement se généraliser dans nos sociétés :

> Les transmetteurs sont minuscules (à peu près de la taille d'un grain de riz), bon marché (150 $, et en baisse), sûrs et stables. Sans qu'il soit nécessaire de les entretenir ou de les remplacer, ils rendent la personne qui les porte identifiable pendant plusieurs années. Ils sont injectés, sous anesthésie locale, dans la partie supérieure du bras. Ils ne nécessitent aucune source d'énergie, puisqu'ils ne s'activent que lorsqu'ils sont scannés. Il n'existe aucune barrière technique qui empêche d'étendre leur utilisation (…). Un marqueur comme [ceux qui ont été injectés dans les deux employés] possède une portée maximale de quelques mètres. Mais un autre dispositif également implantable émet un signal qui permet de localiser ou de pister quelqu'un par satellite (…).

> Au début, ces marqueurs seront utilisés de plus en plus pour les travailleurs ayant des autorisations de sécurité spéciales. Personne ne sera obligé d'en porter un, et personne n'y verra d'inconvénient. Par la suite, les hôpitaux – quelques-uns aux États-Unis le font déjà – commenceront à scanner leurs patients inconscients ou incohérents pour vérifier s'ils ont un marqueur. Les compagnies d'assurance pourraient ensuite commencer à exiger que les personnes vulnérables soient munies d'une puce.

> Les forces armées constateront que ces marqueurs sont plus utiles que les plaques d'identité, plus utiles pour l'identification des soldats blessés ou pour le pistage de troupes qui se sont égarées ou qui ont été capturées par l'ennemi. Ensuite, les ateliers clandestins commenceront à piger l'astuce (…). Après cela, il n'y en aura sans doute pas pour longtemps avant que les

demandeurs d'asile ne soient placés devant le dilemme : « Vous n'êtes pas obligé d'accepter l'implant, mais si vous refusez, vous ne pourrez pas rester dans le pays. »

(...) Comme c'est le cas avec toutes les intrusions de ce genre dans notre vie privée, il ne sera pas facile de mettre le doigt exactement sur les défauts de cette technologie. Celle-ci ne représentera pas vraiment une nouvelle forme de contrôle, car toutes les personnes qui accepteront ces implants seront déjà sujettes à une surveillance ou à un pistage quelconques. Elle sera toujours volontaire, tout au moins dans la mesure où tout ce que l'État ou notre employeur nous demande de faire est volontaire. Mais elle a quelque chose d'absolument révoltant. C'est un autre moyen par lequel sont abattues les barrières entre nous-mêmes et l'État, nous-mêmes et l'entreprise, nous-mêmes et la machine. Cette minuscule capsule renferme le paradoxe du capitalisme du XXIᵉ siècle : un système politique qui érige le choix, l'autonomie et l'individualisme en vertus suprêmes et qui exige que le choix, l'autonomie et l'individualisme soient constamment réprimés[47].

L'avertissement d'Eisenhower – nous ne devons rien tenir pour acquis – n'a selon toute apparence jamais été aussi pertinent.

---

47. George Monbiot, « The Perpetual Surveillance Society », *supra*, chapitre 6, note 29.

Chapitre 13

La fin de la démocratie?

ROPER : *Alors, maintenant, vous donneriez au Diable le bénéfice de la loi!*

MORE : *Oui. Et vous, que feriez-vous? Transpercer la loi d'une grande route pour courir après le Diable?*

ROPER : *J'abattrais toutes les lois d'Angleterre pour le faire!*

MORE : *Oh? Et une fois que la dernière loi aura été abattue et que le Diable se sera retourné contre vous, où vous cacheriez-vous, Roper, maintenant que toutes les lois gisent par terre? Ce pays est planté partout de lois d'une mer à l'autre – les lois de l'homme, non de Dieu – or si vous les abattez – et vous êtes justement l'homme pour le faire – pensez-vous vraiment que vous pourriez vous tenir debout dans les vents qui souffleraient alors? Oui, je donnerais le bénéfice de la loi au Diable, pour ma propre sécurité.*

Robert Bolt, « A Man for All Seasons »

Le sort de chaque démocratie, de chaque gouvernement fondé sur la souveraineté du peuple, dépend des choix qu'il fait entre ces principes opposés que sont le pouvoir absolu d'une part et, d'autre part, les contraintes de la légalité et l'autorité de la tradition.

John Acton, historien

On peut à juste titre affirmer que le cumul de tous les pouvoirs – législatif, exécutif et judiciaire – entre les mêmes mains, que ce soient celles d'un seul, de quelques-uns ou de beaucoup, et qu'il soit héréditaire, autoproclamé ou électif, est la définition même de la tyrannie.

James Madison

L'OBJECTIF PRÉTENDU DES INDIVIDUS qui sont derrière le Project for the New American Century – les architectes néoconservateurs de la « guerre au terrorisme », de la guerre en Afghanistan, de la guerre en Irak et de l'éventuelle guerre en Iran – était de répandre la démocratie dans le monde. Pour certains néoconservateurs, la réalisation de cet objectif signifierait « la fin de l'histoire[1] », la fin des luttes idéologiques dialectiques, car le monde entier s'accorderait enfin à dire que la forme la plus souhaitable de gouvernement *est* la démocratie.

La terrible vérité, c'est que le parachèvement des objectifs des néoconservateurs engendrerait plus vraisemblablement la *fin de la démocratie*, car ils l'ont subvertie autant chez eux qu'à l'étranger. La subversion de la démocratie à l'étranger n'est pas étonnante, puisqu'elle relève de pratiques de longue date de la politique étrangère états-unienne dans des régions considérées comme stratégiques. La subversion de la démocratie à l'intérieur même des États-Unis n'est peut-être pas plus étonnante, lorsqu'on considère que le but des néoconservateurs est l'hégémonie sans partage des États-Unis et qu'avoir un empire à l'étranger veut souvent dire faire régner la tyrannie et la propagande chez soi[2]. Les détenteurs du pouvoir qui mènent un projet impérialiste ont en effet besoin d'exercer un contrôle rigoureux dans leur pays : il leur faut à la fois en extraire les ressources politiques, matérielles et humaines nécessaires, tout en évitant d'être dépassés par la dissension et les troubles sociaux.

Les néoconservateurs prétendent qu'ils sèment la démocratie, mais la démocratie ne se résume pas à des élections libres régulières et à la gouvernance par la majorité. La démocratie, c'est tout un ensemble d'institutions, institutions qui sont fondées sur la primauté du droit et l'idée que le pouvoir de l'État n'est légitime que s'il est fondé sur la volonté souveraine du peuple. Là où il y a une véritable démocratie, il ne saurait y avoir de gouvernement par procuration. Dans une démocratie, *personne* n'est au-dessus de la loi. Dans une démocratie, l'État est responsable devant la population, *toute* la population, qu'il s'agisse d'une minorité ou d'une majorité ; et (surtout dans les démocraties libérales), l'État est responsable

---

1. Voir l'article emblématique de Francis Fukuyama, *supra*, chapitre 3, note 3.
2. Pour une analyse perspicace de l'impérialisme, voir Hannah Arendt, *L'impérialisme*, Paris, Seuil, coll. « Points Essais », 2002.

devant l'individu. Dans une démocratie, de fortes limitations sont posées au maniement, par l'État, de puissants outils de contrôle social. Des bornes sont mises à son pouvoir de s'immiscer dans la sphère privée de l'individu. L'individu est protégé contre l'auto-incrimination et a le droit d'être considéré comme innocent tant qu'on n'a pas fait la preuve de sa culpabilité. Les individus et les entreprises privées ne sont pas tenus d'assister la police dans les enquêtes. Il y a des contrôles sur la façon dont les renseignements sont obtenus, utilisés et diffusés. Enfin, dans une démocratie, une division équitable du pouvoir entre des branches de gouvernement égales – judiciaire, législative et exécutive – permet à chacune de jouer comme un frein pour les autres, de manière à ce que soient respectés les droits et libertés des personnes.

Dans une société de surveillance, tous ces principes sont boule-versés : le gouvernement n'est pas tenu de représenter le peuple ; la classe dirigeante est au-dessus de la loi ; le peuple et l'individu sont responsables devant l'État ; leurs droits et protections sont subor-donnés à l'intérêt de l'État ; et la branche exécutive du gouvernement usurpe le pouvoir constitutionnel des autres branches de gouverne-ment. Les démocraties sont essentiellement des sociétés fondées sur les droits. Les États policiers sont utilitaires, et généralement utilitaires de manière très sélective, puisqu'ils tendent à favoriser la classe dirigeante.

Le projet global d'enregistrement et de surveillance de masse que promeut le gouvernement néoconservateur des États-Unis, et que les gouvernements et les entreprises mettent en œuvre dans le monde au nom de la protection de la liberté et de la démocratie, aura à long terme des effets bien précis, des effets insidieux sur la liberté et la démocratie.

À mesure qu'ils mettent en œuvre la surveillance de masse à l'échelle planétaire, des gouvernements malavisés abattent des insti-tutions démocratiques très variées par les pratiques suivantes :

- ils suspendent la surveillance judiciaire des agents du maintien de l'ordre et des agents publics ;

- ils placent un pouvoir sans précédent entre les mains de la branche exécutive du gouvernement ;

- ils contournent la surveillance et les débats normalement assurés par la branche législative du gouvernement ;

- ils invitent des organismes supranationaux non élus et non justiciables à établir leurs politiques ;
- ils renoncent à des protections bien établies relatives à la vie privée des citoyens ;
- ils ne tiennent pas compte des garanties constitutionnelles ;
- ils démantèlent les protections relatives au droit criminel et à l'application régulière de la loi qui sous-tendent l'équilibre entre les droits de l'individu et le pouvoir de l'État (notamment la présomption d'innocence, l'*habeas corpus*, le secret professionnel, les procès publics, le droit de connaître les preuves contre soi et d'y répondre, la nécessité de fournir des motifs raisonnables pour les fouilles et les saisies, et le droit au silence) ;
- ils transforment le secteur privé en agent de l'État ;
- ils violent systématiquement les droits fondamentaux de la personne ;
- ils se moquent de la primauté du droit elle-même.

Les effets sur la démocratie du projet mondial d'enregistrement et de surveillance de masse seront de longue durée car, dans le Nord, le Sud, l'Est et l'Ouest, c'est en décrétant un état de crise que les gouvernements des pays démocratiques ont pu réaliser ces changements. Or la « guerre à la terreur » – la « longue guerre », comme l'administration Bush a habilement tenté de la renommer[3] – est une guerre sans fin. L'état de crise, nous dit-on, est permanent, il n'est pas temporaire. Aussi, les sociétés démocratiques sont-elles en train de devenir graduellement des sociétés de surveillance – voire, pire encore, des États policiers de plus en plus autoritaires.

Parallèlement, les perspectives de liberté dans les pays non démocratiques s'estompent, et il est peu vraisemblable qu'elles se raniment dans un avenir proche. Enhardis par l'abandon des valeurs démocratiques dans les pays occidentaux, les détenteurs du pouvoir dans ces pays abandonnent les réformes démocratiques et resserrent leurs mécanismes de contrôle. En Russie, par exemple, le président

3. Tim Harper, « New Name, Same Conflict », *Toronto Star*, 11 février 2006.

Vladimir Poutine a dévoilé, en septembre 2004, les plans d'une révision politique complète au nom de la lutte contre le terrorisme, révision qui renforce la maîtrise déjà poussée du président sur la branche législative et les gouvernements régionaux[4].

Les effets de l'enregistrement et de la surveillance de masse mondialisés seront insidieux, car quand nous aurons pris conscience de ce qu'ils ont fait à nos sociétés démocratiques, il sera peut-être trop tard pour les défaire.

Au XVIIIe siècle, le philosophe anglais Jeremy Bentham a conçu un modèle architectural de ce qu'il considérait être la prison parfaite. Ce modèle permettait à un gardien invisible de surveiller tous les prisonniers de l'institution. Bentham a appelé sa prison le « Panopticon ». Son idée était que si les prisonniers ne savaient jamais quand ils étaient effectivement observés, mais savaient seulement qu'ils pouvaient être observés en tout temps, ils commenceraient à modifier leur comportement. Craignant d'être observés, et craignant le châtiment pour les transgressions observées, ils commenceraient à intérioriser les règlements de l'institution, de sorte que les châtiments réels finiraient par devenir superflus[5].

À mesure que nous commençons à réaliser que chacune des transactions de notre vie personnelle est accessible à des agents de l'État, sinon en temps réel, dans un deuxième temps ; à mesure que nous comprenons que nos actions et croyances innocentes peuvent être si facilement mal interprétées par les évaluateurs du risque de notre pays et d'ailleurs, nous commençons à intérioriser le contrôle social dont nous sommes l'objet : nous avons l'œil sur ce que nous disons, sur ce que nous critiquons, sur l'identité de ceux que nous fréquentons et sur ce que nous faisons profession de croire. Paraphrasons le philosophe français Michel Foucault : en apparence, [un bâtiment panoptique] n'est que la solution à un problème technique, mais à travers lui émerge une société d'un genre tout à fait nouveau, [transposée] de l'institution pénale à l'ensemble du corps social[6].

---

4. Steven Lee Myers, « Opponents Call Putin's Overhaul Plan a Step Back », *New York Times*, 14 septembre 2004.
5. Jeremy Bentham, *The Panopticon Writings*, Miran Bozovic (dir.), Londres, Verso, 1995, p. 29-95.
6. Michel Foucault, *Surveiller et punir : naissance de la prison*, Paris, Gallimard, 1975.

CHAPITRE 14

Une perte des repères moraux –
enlèvements, torture,
assassinats et meurtres

Lorsque les nazis vinrent chercher les communistes, je me suis tu;
je n'étais pas du tout communiste.
Lorsqu'ils ont enfermé les sociaux-démocrates, je me suis tu;
je n'étais pas du tout social-démocrate.
Lorsqu'ils vinrent chercher les syndicalistes, je n'ai pas protesté;
je n'étais pas du tout syndicaliste.
Lorsqu'ils vinrent chercher les juifs, je me suis tu;
je n'étais pas du tout juif.
Lorsqu'ils vinrent me chercher,
il n'y avait plus personne pour protester.

L'une des nombreuses versions d'un poème
de MARTIN NIEMÖLLER

LES IMPLICATIONS DE L'ENREGISTREMENT biométrique et de la
surveillance de masse ont inspiré à un commentateur la réflexion
suivante: «Ces dernières années, on a tenté de nous convaincre
d'accepter comme des dimensions humaines et normales de notre
existence des pratiques de contrôle qui avaient toujours, avec raison,
été considérées inhumaines et exceptionnelles[1].»

À cette réflexion on pourrait ajouter qu'à partir du moment où
une société commence à admettre des pratiques de contrôle social
inhumaines et exceptionnelles, elle commence à perdre ses repères
moraux.

---

1. Giorgio Agamben, «Non au tatouage biopolitique», *Le Monde*,
11 janvier 2004.

Il est désormais clairement établi que les États-Unis et les autres pays participant au projet de surveillance globale infligent des traitements inhumains, pratiquent la torture et commettent enlèvements, assassinats et meurtres. Ce que les individus doivent redouter de pire de la part du système de surveillance global est quelque chose de bien plus sinistre qu'une « simple » perte d'intimité, de libertés civiles, de liberté de mouvement, voire de patrimoine démocratique.

LE GOULAG PLANÉTAIRE

Les centres de détention utilisés par les États-Unis

Dans l'*Archipel du Goulag*, rédigé pendant la deuxième moitié du XXᵉ siècle, Alexandre Soljenitsyne a décrit un archipel de prisons insulaires dispersées dans les mers septentrionales de la Russie soviétique et en Sibérie. Cette description était à la fois métaphorique et concrète : autour de cet archipel carcéral tourbillonnait la mer de la société normale[2]. Avant et pendant l'époque de Soljenitsyne, des personnes étaient souvent envoyées au Goulag secrètement, sans procédure réglementaire. Beaucoup d'entre elles ont disparu à jamais[3].

À l'image du système soviétique qu'a décrit Soljenitsyne, les États-Unis gèrent un archipel mondial de camps de prisonniers et de centres de détention qui passe largement inaperçu. Certains d'entre eux sont gérés directement par les États-Unis : on peut ainsi nommer le camp Delta de Guantanamo, à Cuba ; la base aérienne de Bagram et d'autres bases militaires en Afghanistan ; Camp Justice, sur l'île britannique de Diego Garcia ; un centre de détention flottant à bord d'un navire états-unien dans l'océan Indien ; Camp Cropper, à l'aéroport international de Bagdad et d'autres centres de détention en Irak ; la base aérienne des États-Unis au Qatar ; une prison dont la localisation est inconnue et que la CIA désigne sous le nom de « Hotel California »[4] ; une autre qui est connue sous le nom de « Bright Light[5] », ainsi que d'autres centres de la CIA, dont

---

2. Stephen Grey, *supra*, chapitre 9, note 52.
3. Voir Anne Applebaum, *Gulag: A History*, New York, Anchor Books, 2003.
4. Stephen Grey, *supra*, chapitre 9, note 52 ; Estanislao Oziewicz, *supra*, chapitre 4, note 6.
5. Thomas Powers, « The Biggest Secret », *New York Review of Books*, vol. 53, n° 3, 23 février 2006.

l'existence a été divulguée ou non, à Guantanamo[6], en Afghanistan, au Pakistan, en Thaïlande, en Jordanie, au Qatar et ailleurs[7]. En novembre 2005, le *Washington Post* a révélé que les États-Unis avaient également mis sur pied des centres de détention secrets dans « plusieurs démocraties en Europe orientale », notamment dans un camp militaire de l'époque soviétique où la CIA « a caché et interrogé certains de ses captifs d'Al-Qaïda les plus importants[8] ». Selon le *Post*, « l'existence et la localisation des installations – appelées "sites noirs" dans des documents confidentiels de la Maison Blanche, de la CIA, du ministère de la Justice et du Congrès – n'est connue que d'une poignée de responsables aux États-Unis et, généralement, que du chef de l'État et de quelques officiers des renseignements supérieurs des États hôtes[9]. »

D'autres centres de détention sont gérés par des alliés des États-Unis dans le cadre de la « guerre à la terreur » états-unienne, en étroite collaboration avec des organisations états-uniennes comme la CIA et, parfois, avec leur aide[10]. Ces centres sont situés en Jordanie, en Syrie, en Égypte, au Maroc, en Arabie saoudite, en Ouzbékistan et au Pakistan – pays dont le recours à la torture pendant les interrogatoires et à des détentions indéfinies est connu[11]. Parmi les pires, figurent le centre d'interrogation de Far Falastin, à Damas, en Syrie, où Maher Arar a été détenu, ainsi que la prison des scorpions et le quartier général de la police secrète de la place Lazoghly, au Caire[12]. Bob Baer, ancien agent de la CIA qui a travaillé secrètement pour les États-Unis au Moyen-Orient jusqu'au

---

6. Dana Priest, « CIA Holds Terror Suspects in Secret Prisons », *Washington Post*, 2 novembre 2005.

7. Stephen Grey, *supra*, chapitre 9, note 52; Estanislao Oziewicz, *supra*, chapitre 4, note 6. Sur le centre de la CIA en Jordanie, voir Associated Press, « Dozens of Secret Jails Run by US, Report Says », *Toronto Star*, 18 juin 2004. Sur le centre de la CIA à Qatar, voir Jane Mayer, « Outsourcing Torture », *New Yorker*, 14 février 2005.

8. Dana Priest, « CIA Holds Terror Suspects in Secret Prisons », *supra*, chapitre 14, note 6. À la demande de « hauts responsables états-uniens », le *Washington Post* n'a pas identifié les pays européens impliqués.

9. *Ibid.*

10. *Ibid.*

11. Stephen Grey, *supra*, chapitre 9, note 52. Voir également les rapports nationaux du Département d'État (State Department) des États-Unis.

12. Stephen Grey, *supra*, chapitre 9, note 52.

milieu des années 1990, a affirmé que « si vous voulez un interrogatoire sérieux, vous envoyez un prisonnier en Jordanie. Si vous voulez qu'il soit torturé, vous l'envoyez en Syrie. Si vous voulez que quelqu'un disparaisse – qu'on ne le revoie jamais – vous l'envoyez en Égypte[13]. »

Bien qu'il soit difficile d'en vérifier l'exactitude, selon les chiffres du Pentagone et les estimations des experts en renseignement, les États-Unis auraient détenu en mai 2004, directement ou par procuration, plus de 9 000 personnes[14]. Ce nombre, au moment de la rédaction de cet ouvrage (septembre 2006), s'est peut-être accru.

LA PRATIQUE DES TRANSFERTS

De nombreux prisonniers détenus par les États-Unis ont été capturés sur le champ de bataille en Afghanistan et en Irak et ont été transportés dans des centres de détention à l'extérieur de ces théâtres de guerre[15]. Cela va en opposition avec les dispositions suivantes de l'article 49 de la quatrième Convention de Genève : « Les transferts forcés, de masse ou individuels, ainsi que les déportations de personnes protégées hors du territoire occupé pour les amener sur le territoire de la puissance occupante ou celui de tout autre État, occupé ou non, sont interdits, quel qu'en soit le motif. » Malgré cela, l'administration Bush a déplacé des détenus vers des centres de détention ou d'un centre à l'autre au moyen du « transfert extraordinaire », pratique états-unienne d'enlèvement qui existait déjà.

À la fin des années 1980, cette pratique s'est muée en celle du « transfert vers la justice » : cela permettait aux agents états-uniens, du moins paraît-il, d'arrêter des personnes recherchées dans ce

---

13. Stephen Grey, *supra*, chapitre 9, note 52.
14. Estanislao Oziewicz, *supra*, chapitre 4, note 6. Selon une autre source, ce nombre s'élevait à 15 000 en janvier 2004. Louise Christian, « Guantanamo : a Global Experiment in Inhumanity », *Guardian*, 9 janvier 2004. J. Cofer Black, ancien directeur du centre antiterroriste de la CIA, a affirmé sous serment à la fin de 2002 qu'au moins 3 000 prisonniers soupçonnés de terrorisme étaient détenus dans le monde. À eux seuls, les services de renseignements soudanais ont, affirment-ils, remis plus de 200 captifs pendant les deux années qui ont suivi le 11 septembre 2001. Stephen Grey, *supra*, chapitre 9, note 52.
15. Dana Priest, « Memo Okd Secret Transfer of Detainees : Experts Say US Violated Geneva Conventions », *Washington Post*, 24 octobre 2004.

qu'on appelle des « États avortons » (comme le Liban[16]), où les procédures d'extradition légales étaient soit inefficaces, soit inexistantes. Avant septembre 2001, la CIA était certes autorisée par des directives présidentielles à exécuter des transferts, mais ils étaient restreints par des règlements : ils exigeaient l'examen et l'approbation de groupes interinstitutionnels dirigés par la Maison Blanche. À l'époque, l'objectif de cette procédure était de transférer des prisonniers aux États-Unis ou ailleurs pour qu'ils affrontent des accusations au criminel[17].

Selon des responsables gouvernementaux (en poste ou anciens), quelques jours après le 11 septembre 2001, le président Bush a signé une directive qui accordait à la CIA une autorité élargie lui permettant de recourir aux transferts *sans* que soit nécessaire une approbation pour chaque cas de la Maison Blanche, du département d'État ou du ministère de la Justice[18]. Depuis lors, cette pratique s'est « développée au point d'en être méconnaissable – devenant, selon un ancien responsable de la CIA, "une abomination"[19] ». On a désormais recours aux transferts, non pas pour amener aux États-Unis de petits groupes d'individus accusés d'infractions criminelles afin qu'ils y subissent leur procès, mais pour transporter un grand nombre d'individus vers des centres de détention à l'extérieur du pays, individus contre lesquels ne seront jamais portées d'accusations au criminel, on les déporte bien plutôt uniquement à des fins de détention, d'interrogation et de torture[20]. Comme l'a dit un autre responsable de la CIA au sujet de la pratique actuelle, « ce ne sont pas des transferts vers la justice. Ce sont des enlèvements[21]. »

---

16. Association of the Bar of the City of New York (« Association du barreau de la Ville de New York ») et Center for Human Rights and Global Justice, *Torture by Proxy: International and Domestic Law Applicable to « Extraordinary Renditions »*, New York, ABCNY & NYU School of Law, 2004, p. 15.
17. Douglas Jehl, « Rule Change Lets CIA Freely Send Suspects Abroad to Jails », *New York Times*, 6 mars 2005.
18. *Ibid.*
19. Outsourcing Torture, *supra*, chapitre 14, note 7.
20. Selon des responsables, la CIA est autorisée à le faire en vertu de la nouvelle directive. Voir Jehl, « Rule Change », *supra*, chapitre 14, note 17.
21. Dana Priest, « Long-term Plan Sought for Terror Suspects », *Washington Post*, 2 janvier 2005.

Cette nouvelle forme de transfert est devenue l'une des principales stratégies des États-Unis dans leur « guerre à la terreur »[22].

Les États-Unis embarquent ainsi des individus dans le monde entier avec l'aide de leurs alliés et les transfèrent dans des centres de détention extraterritoriaux au moyen d'avions gérés par le Special Collection Service (des États-Unis). Ce service opère une flotte d'avions luxueux et d'avions de transport militaire qui, depuis le 11 septembre 2001, a déplacé des milliers de prisonniers dans le monde, tout comme la flotte secrète de la CIA – « Air America » – avait déplacé des prisonniers dans les années 1960 et 1970[23]. C'est de cette manière que Maher Arar a été transporté en Jordanie (en route vers la Syrie).

LES DISPARITIONS

Les opérations de la flotte aérienne du Special Collection Service comme le fonctionnement des centres de détention où elle achemine les détenus sont enveloppés de secret[24]. À quelques exceptions près, dès leur arrivée à destination en tant que suspects transférés ou prisonniers capturés sur un lieu de guerre, les détenus disparaissent.

Les Conventions de Genève exigent l'enregistrement rapide des détenus capturés sur un lieu de guerre, de façon à ce que leur traitement puisse être surveillé[25]. En vertu du Statut de Rome de la Cour pénale internationale, la « disparition forcée » est un « crime contre l'humanité ». Elle est définie comme suit : « Par "disparitions forcées de personnes", on entend les cas où des personnes sont arrêtées, détenues ou enlevées par un État ou une organisation politique ou avec l'autorisation, l'appui ou l'assentiment de cet État ou de cette organisation, qui refuse ensuite d'admettre que ces personnes sont privées de liberté ou de révéler le sort qui leur est réservé ou

---

22. Kareem Fahim, « The Invisible Men », *Village Voice*, 30 mars 2004.
23. Stephen Grey, *supra*, chapitre 9, note 52. Voir également Christopher Bollyn, « The Pentagon's Ghost Planes and Enforced Disappearances », *American Free Press*, 17 janvier 2005, où l'on fait référence à des articles du *Sunday Times*, du *Washington Post*, du *Boston Globe* et du *Chicago Tribune* qui tentent de rassembler les faits relatifs à la flotte et à ses opérations actuelles.
24. Stephen Grey, *supra*, chapitre 9, note 52.
25. Troisième Convention de Genève, art. 122 ; quatrième Convention de Genève, art. 136.

l'endroit où elles se trouvent, dans l'intention de les soustraire à la protection de la loi pendant une période prolongée[26].» Bien que les États-Unis ne soient pas une puissance signataire du Statut de Rome, on peut soutenir que la définition du Statut codifie le droit international actuel en matière de disparitions.

Malgré que les États-Unis aient révélé les noms de quelques-uns des suspects d'Al-Qaïda de haut niveau qu'ils détiennent[27] et que les noms d'autres détenus soient désormais connus du public grâce aux démarches des familles et des militants, comme dans le cas de Maher Arar, les États-Unis ne fournissent pas de détails sur les prisonniers qu'ils transfèrent dans des prisons étrangères[28], ni sur la plupart des prisonniers des centres de détention gérés par la CIA[29]. Human Rights Watch appelle ces derniers des «détenus fantômes», car l'administration Bush a systématiquement refusé de dévoiler leur sort et leur localisation[30]. Leurs rangs ont grossi récemment lorsque les noms d'un certain nombre de détenus provenant du champ de bataille irakien n'ont pas été inscrits sur les registres montrés sur place à la Croix-Rouge, cela avec l'approbation de Donald Rumsfeld, secrétaire états-unien à la Défense[31].

L'administration Bush a également refusé de dévoiler aux avocats et au public les noms des prisonniers détenus à Guantanamo jusqu'en février 2006, date à laquelle elle a décidé qu'elle ne ferait pas appel contre une ordonnance émise par un juge fédéral à ce sujet. Cette dernière prescrivait en effet le dévoilement de noms qui avaient été biffés sur des documents ayant été diffusés en vertu du Freedom of Information Act, à la suite d'une requête présentée par

26. Statut de Rome de la Cour pénale internationale, art. 2(i).
27. James Risen, David Johnston et Neil A. Lewis, «Harsh CIA Methods Cited in Top Qaeda Interrogation», *New York Times*, 13 mai 2004.
28. Outsourcing Torture, *supra*, chapitre 14, note 7.
29. Document préparatoire de Human Rights Watch, «The United States' "Disappeared": The CIA's Long-Term "Ghost Detainees"», octobre 2004, p. 8 [Ghost Detainees]; «Army General Paul Kern Told Congress That The CIA May Have Hidden Up To A Hundred Detainees»; Outsourcing Torture, *supra*, chapitre 14, note 7.
30. Ghost Detainees, *supra*, chapitre 14, note 29.
31. Jonathan Steele, «Bush Is Now Thinking of Building Jails Abroad to Hold Suspects for Life: A Global Gulag to Hide the World's Secrets», *Guardian*, 14 janvier 2005.

l'Associated Press[32]. La plupart de ces détenus provenaient de l'Afghanistan, mais beaucoup d'entre eux avaient été transférés à partir d'autres pays[33].

En 2002, à l'occasion d'une séance conjointe des comités du renseignement de la Chambre et du Sénat, Cofer Black, alors directeur du Counterterrorism Center («centre de contre-terrorisme») de la CIA, a déclaré ce qui suit au sujet des nouvelles formes de «flexibilité opérationnelle» dont faisaient preuve les États-Unis pour traiter les présumés terroristes: «C'est un sujet très confidentiel. Tout ce que je tiens à dire, c'est qu'il y a un "avant 11 septembre" et un "après 11 septembre". Après le 11 septembre, on n'y est pas allé avec le dos de la cuiller[34].»

LA PRÉTENDUE EXISTENCE D'UN TROU NOIR JURIDIQUE ET LA PRÉROGATIVE DE TORTURER

L'administration Bush a affirmé que, s'agissant de la «guerre à la terreur», ni la Constitution des États-Unis[35], ni les conventions de Genève[36], ni le droit international en matière de droits de la

---

32. Josh White, «Pentagon to Identify Detainees», *Washington Post*, 25 février 2006.

33. Voir, par exemple, David Rose, «How I Entered the Hellish World of Guantanamo Bay», *Observer*, 6 février 2005.

34. Témoignage de Cofer Black, audience devant l'enquête conjointe des comités du renseignement de la Chambre et du Sénat, 107ᵉ congrès, 26 sept. 2002, http://intelligence.senate.gov/0209hrg/020926/witness.htm.

35. Les États-Unis ont soutenu que les garanties constitutionnelles états-uniennes relatives au processus pénal ne s'appliquent pas aux détenus là-bas, parce que ceux-ci sont des étrangers en territoire étranger.

36. L'administration Bush a affirmé tour à tour que les protections prévues par les conventions de Genève ne s'appliquaient pas parce que les détenus étaient des «combattants illégaux», que les conventions de Genève ne s'appliquaient pas à une guerre contre le terrorisme et qu'elles n'étaient pas pertinentes, puisque les talibans ne constituent pas le gouvernement reconnu de l'Afghanistan et ne sont donc pas des signataires desdites conventions. Voir Human Rights Watch, «Background Paper on Geneva Conventions and Persons Held by US Forces, Human Rights Watch Press Backgrounder», 29 janvier 2002, www.hrw.org/backgrounder/use/pow-bck.htm, où l'on se réfère à une déclaration de Donald Rumsfeld faite le 11 janvier 2002; Human Rights Watch, «Bush Errs in Geneva Convention Rules, Fails to Grant POW Status to Detainees», 7 février 2002, http://hrw.org/press/2002/02/geneva0207.htm.; Amnistie

personne[37] ne s'appliquent aux « combattants ennemis » ou « illégaux ». En d'autres mots, selon les États-Unis, ces détenus sont dans un « trou noir » juridique. Ils sont dans un *no man's land* où les États-Unis et, par implication, leurs alliés, ont toute la liberté d'agir en dehors de la loi et de choisir les composantes de la loi qu'ils appliquent – comme c'est le cas avec les ordres et instructions militaires[38] relatives aux détenus de Guantanamo.

Bien que certains éléments de la jurisprudence états-unienne donnent à penser que la Constitution des États-Unis ne s'applique pas aux étrangers à l'extérieur du pays[39], les allégations de l'administration Bush concernant les conventions de Genève et les obligations relatives aux droits de la personne sont fausses. Selon les conventions

internationale, « Human Dignity Denied : Torture and Accountability in the "War on Terror" », 27 octobre 2004, http://web.amnesty.org/library/Index/ENGAMR511452004 ; « A Guide to the Memos on Torture », *New York Times*. En particulier, voir les descriptions de la série de mémorandums de John C. Yoo de janvier 2002 qui fournissent des arguments juridiques soutenant les assertions de l'administration selon lesquelles les conventions de Genève ne s'appliquaient pas aux détenus de la guerre en Afghanistan.

37. *A Guide to the Memos on Torture, supra,* chapitre 14, note 36. En particulier, voir les descriptions d'un mémorandum de mars 2003 où l'on affirme que le président Bush n'est lié ni par les interdictions prévues par les traités internationaux relativement aux traitements des prisonniers, ni par les lois fédérales contre la torture parce qu'en tant que commandant en chef il dispose de l'autorité pour approuver tout procédé permettant de protéger la sécurité de la nation. Voir également la lettre du brigadier général Janis au Comité international de la Croix-Rouge (CICR) affirmant que, pour des motifs de sécurité, on pouvait légalement traiter les détenus différemment des prisonniers de guerre ou des criminels ordinaires. Les États-Unis ont également soutenu, compte tenu du fait qu'ils ont amené à Guantanamo des prisonniers capturés sur le champ de bataille afghan et ailleurs, et bien qu'ils aient signé le Pacte international relatif aux droits civils et politiques, que ce dernier pacte ne s'applique pas à Guantanamo, parce que le territoire est seulement loué par les États-Unis et n'est pas situé sur territoire états-unien.

38. Ordonnance militaire du 13 novembre 2001, « Detention, Treatment and Trial of Certain Non-Citizens in the War against Terrorism », 66 F.R.57833 (16 novembre 2001) ; ordonnance n° 1 de la commission militaire du ministère de la Défense, diffusée le 21 mars 2002, et ordonnance n° 2, diffusée le 30 avril 2002 ; instructions militaires n° 1-8 du ministère de la Défense, diffusées le 30 avril 2002.

39. Voir *États-Unis v. Verdugo-Urquidez*, 494 US 259 (1990).

de Genève, les notions de combattants « ennemis » ou « illégaux »
n'existent pas. Dans les conflits armés comme la guerre en
Afghanistan ou la guerre en Irak, toutes les personnes sont couvertes
par les conventions de Genève en tant que « civils » ou « combattants »[40]. S'agissant de la législation sur les droits de la personne,
en vertu du Pacte international sur les droits civils et politiques
(dont les États-Unis sont un pays signataire), on peut soutenir que
les États ont des obligations partout où s'applique leur juridiction[41].
En vertu de la Convention contre la torture et autres peines ou
traitements cruels, inhumains ou dégradants (dont les États-Unis
sont un des signataires), les États sont tenus d'adopter des mesures
efficaces, législatives, administratives, judiciaires ou autres afin
d'empêcher les actes de torture sur tout territoire de leur juridiction[42].

---

40. Selon les conventions de Genève de 1949, le droit ne distingue pas
    d'autres catégories que celles des civils et des combattants. La troisième
    convention de Genève s'applique aux combattants des hostilités interna-
    tionales et les divise en diverses sous-classes. Si cette dernière accorde
    à ceux qui sont considérés comme des combattants des droits au niveau
    de la procédure (en tant que prisonniers de guerre), la quatrième
    Convention accorde des droits *comparables* aux prisonniers civils.
    Les seules exceptions, qui s'appliquent peut-être à certains des détenus
    de Guantanamo, sont les civils (les personnes qui ne relèvent pas du
    statut de combattant en vertu de la troisième Convention) qui sont
    « les ressortissants d'un État qui n'est pas lié par la Convention (...),
    les ressortissants d'un État neutre qui se trouvent sur le territoire d'un
    État belligérant, et les ressortissants d'un État cobelligérant (...) alors
    que l'État dont ils sont ressortissants a une représentation diplomatique
    normale dans l'État qui les tient captifs ». Dans ces cas, ils ont droit
    aux protections que peuvent leur fournir les relations diplomatiques de
    leur pays avec les États-Unis et aux protections prévues par la s. 75 du
    premier protocole additionnel des conventions de Genève. Bien que les
    États-Unis n'aient pas signé le premier protocole, on peut soutenir que
    les droits qu'accorde celui-ci – protection contre la torture physique et
    mentale et contre les traitements avilissants, application régulière de la
    loi – relèvent du droit international coutumier.
41. Le Comité des droits humains est d'avis depuis quelque temps que les
    États détiennent des obligations en vertu du Pacte partout où ils ont juri-
    diction. Il interprète dans un sens disjonctif le second « et » de l'art. 2 du
    Pacte, lequel stipule que « [Les] États parties (...) s'engagent à respecter
    et à garantir à [sic] tous les individus se trouvant sur leur territoire *et*
    relevant de leur compétence les droits reconnus dans le présent Pacte
    (...) ».
42. Convention contre la torture, art. 2.

Enfin, en vertu du droit international coutumier en matière de droits de la personne, les détenus bénéficient clairement des droits et protections relevant de l'application régulière de la loi contre la torture, les détentions arbitraires et prolongées et les meurtres extrajudiciaires[43].

L'administration Bush a nié à maintes reprises qu'elle a adopté la pratique de la torture pour politique ou qu'elle admet la torture des détenus. Le président Bush lui-même a déclaré ce qui suit aux médias en juin 2004, après la diffusion de photographies montrant les mauvais traitements infligés aux prisonniers à la prison d'Abou Ghraïb en Irak : « Permettez-moi d'exprimer très clairement la position de mon gouvernement et de notre pays. Nous n'admettons pas la torture. Je n'ai jamais ordonné la torture. Je n'ordonnerai jamais la torture. Les valeurs de ce pays sont telles que la torture n'est pas une composante de notre âme et de notre être. »

Des preuves montrant le contraire, au sujet desquelles tout doute est exclu, continuent pourtant de s'accumuler jour après jour.

Ainsi, le magazine états-unien *Newsweek* a rapporté qu'après le 11 septembre 2001, le président Bush a signé une ordonnance secrète autorisant la CIA à installer des centres de détention à l'extérieur des États-Unis et « à interroger ceux qui y sont détenus avec une dureté sans précédent[44] ».

Selon *Newsweek*, des ententes ont été négociées avec des gouvernements étrangers relativement à ces sites, ententes qui accordent au personnel et aux entrepreneurs privés états-uniens l'immunité pour les actes qu'ils y commettent[45].

Des journaux ont également fait état d'une série de mémorandums juridiques internes. Ils sont connus collectivement sous le terme de « mémos sur la torture ». Ceux-ci, dont certains ont été portés au jour par des fuites et d'autres par des groupes tels que le Center on Law and Security de la New York University School of Law, fournissent en substance des conseils à l'administration Bush sur la

---

43. Voir à cet égard *Filartiga v. Pena-Irala* 630 F.2d 876 (2ᵉ Cir. 1980); *Rodriguez Fernandez v. Wilkinson*, 505 F. Supp. 787 (1980), confirmé pour d'autres motifs, 654 F. Supp. 1382 (10ᵉ Cir. 1981).
44. John Barry, Michael Hirsh et Michael Isikoff, « The Roots of Torture », *Newsweek*, 24 mai 2004, http://msnbc.msn.com/id/4989422/site/news week.
45. *Ibid.*

manière de pratiquer des traitements inhumains et de torturer, et sur la manière de justifier ou de redéfinir ces pratiques. Selon le *New Yorker*, la plupart de ces mémorandums « ont été rédigés par un petit groupe d'avocats bellicistes nommés à des fins politiques à l'Office of Legal Counsel du ministère de la Justice et au bureau d'Alberto Gonzales[46] ». À l'époque de la rédaction de ces mémorandums, Gonzales était conseiller juridique à la Maison Blanche. Il a ultérieurement été nommé par le président Bush secrétaire à la Justice des États-Unis.

Le ministère de la Justice a rédigé, en janvier 2002, une série de mémorandums fournissant des arguments juridiques en faveur des affirmations faites par les responsables de l'administration Bush : que le traitement des détenus capturés au théâtre de guerre afghan n'était pas régi par les conventions de Genève. Était de la sorte créée une nouvelle catégorie de prisonniers absente des conventions de Genève : « combattant ennemi illégal[47] ».

Dans un mémorandum d'août 2002 signé par le secrétaire adjoint à la Justice Jay S. Bybee, la torture est définie comme l'intention d'infliger des souffrances « équivalentes en intensité à la douleur qui accompagne une blessure physique grave, par exemple la défaillance d'un organe, l'affaiblissement d'une fonction corporelle, voire la mort ». Selon des reportages de journaux, le mémorandum « prétend également qu'il n'y a torture que lorsque l'intention est de provoquer la douleur. Si la douleur est utilisée pour obtenir des informations ou une confession, il ne s'agit pas de torture[48]. » Bien entendu, cette définition de la torture ne concorde pas avec celle du droit international[49]. Mais un haut responsable de l'administration aurait déclaré que les conclusions du mémorandum s'alignent étroitement sur la doctrine en vigueur à la Maison Blanche relativement aux pratiques d'interrogation[50].

---

46. Outsourcing Torture, *supra*, chapitre 14, note 7.
47. *Ibid.* Voir également *A Guide to the Memos on Torture*, *supra*, chapitre 14, note 36.
48. Jonathan Steele, *supra*, chapitre 14, note 31.
49. Human Rights Watch, « Summary of International and US Law Prohibiting Torture and Other Ill-Treatment of Persons in Custody », 24 mai 2004, http://hrw.org/english/docs/2004/05/24/usint8614_txt.htm. Voir également Amnistie Internationale, Human Dignity Denied, *supra*, chapitre 14, note 36.
50. David Johnston et Neil A. Lewis, « Bush's Counsel Sought Ruling About

Un autre mémorandum expliquait aux interrogateurs comment se mettre à l'abri de la responsabilité à l'aide de la Convention contre la torture et du Torture Act fédéral de 2000 : il s'agissait de prétendre que les prisonniers étaient sous la garde d'un autre gouvernement et que les responsables états-uniens ne faisaient que recevoir des renseignements fournis par les interrogatoires de l'autre pays en question[51].

Un mémorandum préparé par un groupe de travail juridique du ministère de la Défense s'est inspiré de mémorandums antérieurs pour affirmer que le président pourrait passer outre aux interdictions découlant des traités internationaux et des lois fédérales contre la torture, et ce, en vertu de son autorité de commandant en chef qui lui confère le pouvoir d'approuver tout procédé nécessaire à la protection de la sécurité de la nation. Il s'agit bien entendu de la même thèse que l'administration Bush a utilisée pour justifier le projet secret de la NSA ; pour affirmer avec insistance que le président peut contrôler les informations qu'il révèle au Congrès en vertu de la législation reconduisant les dispositions du Patriot Act ; et pour affirmer avec insistance qu'il n'est pas lié par l'amendement McCain – qui interdit la torture –, amendement que nous allons voir en détail plus loin. Le mémorandum affirme également que les responsables de l'exécutif et les responsables militaires pourraient être à l'abri des interdictions nationales et internationales contre la torture pour diverses raisons, évoquant notamment le fait que les interrogateurs auraient cru agir conformément aux ordres des supérieurs, « sauf lorsque la conduite était si outrée qu'elle était manifestement illégale[52] ». Ce conseil contredit la Convention contre la torture, qui précise qu'« aucune circonstance exceptionnelle quelle qu'elle soit (...) ne saurait être invoquée comme justification de la torture » et, en particulier, qu'« un ordre d'un officier supérieur ou d'une autorité publique ne saurait être invoqué comme justification de la torture[53]. »

Selon le *Times*, « un mémorandum secret émis par des avocats de l'administration autorisait la CIA à utiliser des méthodes d'interrogation novatrices – notamment le "waterboarding", méthode par

---

Torture », *New York Times*, 5 janvier 2005.
51. *A Guide to the Memos on Torture*, *supra*, chapitre 14, note 36.
52. *Ibid.*
53. Convention contre la torture, art. 2.

laquelle un suspect est ligoté et immergé dans l'eau, presque jusqu'à ce que noyade s'ensuive[54]. »

Dans un mémorandum adressé en avril 2003 au général James T. Hill, le secrétaire à la Défense Donald Rumsfeld a décrit sommairement les techniques d'interrogation autorisées sous la détention états-unienne, notamment des méthodes qui induisent de la tension et sont coercitives[55].

Enfin, dans un courriel du FBI qui fut rendu public en décembre 2004 à la suite d'une demande s'appuyant sur le Freedom of Information Act, on fait à maintes reprises référence à un décret-loi permettant aux interrogateurs militaires en Irak de placer les détenus dans des positions douloureuses, de faire usage de cagoules, d'intimider les détenus avec des chiens militaires et d'utiliser d'autres méthodes coercitives[56].

À la suite du scandale d'Abou Ghraïb en Irak, le mémorandum d'août 2002 signé par Jay Bybee a été officiellement abrogé par le ministère de la Justice et remplacé par un avis juridique stipulant qu'il fallait inclure davantage de choses dans la définition de la torture[57]. Toutefois, l'administration Bush a combattu vigoureusement tout effort visant à réduire la marge de manœuvre de la CIA. Début 2005, « des dirigeants républicains, à la demande pressante de la Maison Blanche, [ont fait obstruction] au Sénat à deux tentatives visant à empêcher la CIA d'avoir recours à des méthodes d'interrogation cruelles et inhumaines. De la même manière, une tentative à la Chambre du représentant Markey, dont le but était de rendre illégaux les transferts extraordinaires, a échoué[58]. »

L'administration a également soutenu les dispositions[59] de la version républicaine du 9/11 Recommendations Implementation Act (H.R. 10) (« loi de mise en œuvre des recommandations relatives

54. Outsourcing Torture, *supra*, chapitre 14, note 7.
55. A Guide to the Memos on Torture, *supra*, chapitre 14, note 36.
56. Human Rights Watch, « US: Did President Bush Order Torture ? White House Must Explain "Executive Order" », cité dans « FBI E-Mail », 21 décembre 2004, http://hrw.org/english/docs/2004/12/21/usint9925_txt.htm [HRW, Did President Bush Order ?]
57. Johnston et Lewis, *supra*, chapitre 14, note 50.
58. Outsourcing Torture, *supra*, chapitre 14, note 7.
59. Dana Priest et Charles Babington, « Plan Would Let US Deport Suspects to Nations That Might Torture Them », *Washington Post*, 30 septembre 2004.

au 11 septembre ») présentée à la Chambre des représentants. Ces dernières suspendaient les obligations des États-Unis envers la Convention contre la torture et permettaient aux autorités états-uniennes, sans révision judiciaire, d'envoyer pour des motifs liés à la « sécurité nationale » des étrangers dans n'importe quel pays qui les accepterait, même s'il était probable qu'ils y soient torturés ou qu'ils y subissent de mauvais traitements[60]. Ces dispositions étaient rétroactives et s'appliquaient à tous ceux qui étaient déjà détenus et à tous ceux qui avaient déjà été déportés ou transférés dans un pays où ils risquaient d'être torturés[61]. Elles prévoyaient, dans l'éventualité où un individu ne serait accepté par aucun pays, une détention indéfinie aux États-Unis[62]. Sur le parquet de la Chambre, le représentant Markey s'est écrié : « Il est scandaleux qu'on ait furtivement introduit ces dispositions dans le projet de loi sur le 11 septembre à huis clos, sachant que la Commission du 11 septembre a justement exhorté les États-Unis à "donner un exemple de 'leadership' moral dans le monde, à s'engager à traiter les personnes avec humanité et à respecter la loi". Rien ne saurait être plus éloigné de l'intention de la Commission du 11 septembre[63]. » Revers pour la Maison Blanche cependant, ces dispositions ont été abrogées en décembre

---

60. *Ibid.* Voir également Nat Hentoff, « Torture as Foreign Policy », *Village Voice*, 22 octobre 2004, et ACLU, *"PATRIOT II" Provisions in H.R. 10 (As Passed by House)*, 13 octobre 2004, www.aclu.org/safefree/general/18692leg20041013.html. L'art. 3 de la Convention contre la torture interdit aux États d'envoyer des personnes dans des pays où des raisons donnent à croire qu'elles risquent d'y être soumises à la torture. Le projet de loi a déplacé la charge de la preuve pour la mettre sur les épaules du détenu et haussé la barre des exigences avec des « preuves claires et péremptoires » – que la plupart des détenus ne peuvent fournir. Le projet de loi exige également que les États-Unis demandent la garantie diplomatique que la personne ne soit pas torturée. Une telle garantie est toutefois considérée comme dépourvue de sens lorsqu'elle émane de pays qui ont des antécédents importants de torture et d'atteinte aux droits de la personne. Voir Human Rights Watch, « Still at Risk: Diplomatic Assurances No Safeguard Against Torture », avril 2005.
61. Priest et Babington, *supra*, chapitre 14, note 59.
62. Human Rights First, « House and Senate Pass Intelligence Bill, Anti Refugee Provisions Struck from Final Version », www.humanrightsfirst.org/asylum/asylum_10.htm.
63. Nat Hentoff, *supra*, chapitre 14, note 60.

2004 à l'occasion de la réunion conjointe de la Chambre et du Sénat où a été adoptée la version définitive du projet de loi[64].

DAVANTAGE DE PREUVES QU'IL Y AVAIT BIEN INTENTION DE TORTURER – L'AMENDEMENT McCAIN

En octobre 2005, le sénateur républicain John McCain a présenté un amendement au projet de loi sur les crédits pour la défense qui interdisait au personnel états-unien de soumettre des prisonniers, où que ce soit dans le monde, à des traitements cruels, inhumains ou avilissants. Bien que le Sénat eût approuvé cet amendement par 90 voix contre 9, le président Bush a menacé d'opposer son *veto* à toute mesure législative renfermant une telle disposition. Toutefois, le soutien écrasant apporté à l'amendement au Congrès a quasiment rendu tout *veto* impossible[65]. Le vice-président Dick Cheney a de son côté bataillé ferme pour que la CIA soit exemptée de cette interdiction[66], et la Maison Blanche a demandé en ce sens au Congrès d'insérer, dans les restrictions contenues par l'amendement, une dérogation présidentielle. Mais cela fut en vain[67]. À la fin de décembre 2005, après un long corps à corps, le président a finalement accepté de signer le projet de loi accompagné de l'amendement tel que proposé[68].

En apposant sa signature, transformant ainsi le projet en loi, le président a toutefois inséré la déclaration suivante, laquelle décrit la façon dont l'exécutif interpréterait l'amendement : « La branche exécutive interprétera le Titre X de la Division A de la Loi, relativement aux détenus [l'amendement McCain concernant les traitements cruels, inhumains et avilissants], d'une manière qui soit compatible avec le pouvoir constitutionnel détenu par le président de surveiller, en tant que commandant en chef, la branche exécutive unitaire, et compatible avec les restrictions constitutionnelles au pouvoir judiciaire, ce qui aidera à la réalisation de l'objectif partagé par le Congrès et le président, tel qu'explicité par le Titre X,

---

64. *Ibid.*
65. Rosa Brooks, « McCain to Bush : "Don't Try it Pal" », *Boston Globe*, 6 janvier 2006.
66. Anthony Lewis, « The Torture Administration », *Nation*, 16 décembre 2005, p. 14.
67. Rosa Brooks, *supra*, chapitre 14, note 65.
68. *Ibid.*

consistant à protéger le peuple américain contre de futurs attentats terroristes[69]. »

Nous retrouvons ici la doctrine par laquelle l'administration a justifié le programme secret d'espionnage secret de la NSA, son droit de passer outre aux dispositions de la législation de reconduction du Patriot Act (législation qui l'obligeait à rendre compte de ses actes) et son droit de faire fi de ses obligations découlant des traités internationaux et des lois fédérales qui interdisent la torture. Revoici le thème de la prévention, qui justifie presque n'importe quoi quand on l'applique à la politique étrangère, aux renseignements de sécurité, au maintien de l'ordre et à l'exercice du pouvoir gouvernemental.

Après avoir pris connaissance de la déclaration de signature alors qu'il était en vacances, le sénateur McCain a fait le serment de surveiller étroitement l'administration pour vérifier si elle se conformait à la loi. Il a aussi promis de veiller à ce que le Congrès applique la loi[70]. Toutefois, l'amendement Levin-Graham-Kyl a été adopté entre-temps dans le cadre du projet de loi sur les crédits pour la défense de 2006. Il était désormais impossible pour les détenus de contester leur traitement devant les tribunaux états-uniens, ce qui sape gravement les acquis de l'amendement McCain.

Par la suite, en septembre 2006, McCain lui-même, ainsi que les sénateurs John Warner et Lindsey Graham, ont empiré les choses. Autre exemple honteux de l'incapacité du Congrès à serrer la bride à l'administration Bush, ils ont conclu un accord avec l'administration sur les commissions militaires. Ayant obtenu de l'administration qu'elle accepte que les commissions militaires respectent les règles des cours martiales relativement aux preuves secrètes (concession à laquelle l'administration trouvait déjà, quelques jours plus tard, une échappatoire), ces trois sénateurs ont accepté de rendre admissibles les preuves obtenues sous la torture ; d'accorder au président le pouvoir d'interpréter les conventions de Genève et les lois états-uniennes qui les mettent en application ; d'amnistier les responsables états-uniens s'étant rendus coupables de crime de guerre les neuf dernières années ; et d'accorder au président le pouvoir de décréter

---

69. Déclaration de signature présidentielle, Detainee Treatment Act (« Loi sur le traitement des détenus ») de 2005, titre X, Department of Defense Appropriations Act, 2006.

70. Rosa Brooks, *supra*, chapitre 14, note 65.

« combattant ennemi » presque n'importe qui n'importe où dans le monde et de détenir une telle personne pour une durée indéfinie. De plus, en élargissant les dispositions de l'amendement Levin-Graham-Kyl, ces sénateurs ont accepté d'empêcher les détenus de contester leur détention indéfinie en vertu de l'*habeas corpus*[71]. Cette disposition est importante car, tout comme l'amendement Levin-Graham-Kyl antérieur, elle s'oppose à la décision *Rasul v. Bush* de la Cour suprême des États-Unis, laquelle affirme le droit des détenus à bénéficier devant les tribunaux états-uniens de l'*habeas corpus*. Or, la plupart des prisonniers présentement détenus par les États-Unis sont dans une situation de détention indéfinie, puisque l'administration Bush projetait de traduire en justice devant ses commissions militaires seulement une poignée d'entre eux.

Ce projet de loi a été adopté par la Chambre des représentants et le Sénat en septembre 2006. Dans sa forme finale, il ressemblait beaucoup au texte originel de la Maison Blanche. Il comporte une définition étroite de la torture « qui est pratiquement une reprise des très cyniques mémorandums » sur la torture qu'avaient rédigés les avocats de l'administration[72]. Le 18 octobre 2006, la signature du président le transformait en loi[73]. En fait, au bout du compte, l'administration a obtenu du Congrès presque tout ce qu'elle voulait.

LES TORTURES PERPÉTRÉES PAR LE PERSONNEL ÉTATS-UNIEN

Diliwar[74] était un Afghan âgé de 22 ans. Sa famille lui avait acheté une berline Toyota d'occasion pour qu'il puisse gagner sa vie comme chauffeur de taxi. Quelques jours après qu'il eut entamé sa nouvelle carrière au volant de sa « précieuse possession », sa mère lui a demandé d'aller chercher ses trois sœurs dans des villages voisins pour célébrer la fête musulmane d'Id al-Fitr. Diliwar manquait

71. « A Bad Bargain », éditorial, *New York Times*, 22 septembre 2006 ; Adam Liptak, « Detainee Deal Comes with Contradictions », *New York Times*, 23 septembre 2006.

72. « Rushing Off a Cliff », éditorial, *New York Times*, 28 septembre 2006.

73. Michael A. Fletcher, « Bush Signs Terrorism Measure », *Washington Post*, 18 octobre 2006.

74. Toutes les sources et citations sur l'épreuve de Diliwar proviennent de l'excellent article de Tim Golden, Ruhallah Khapalwak, Carlotta Gall, David Rohde et Alain Delaqueriere, « In US Report, Brutal Details of 2 Afghan Inmates' Deaths », *New York Times*, 20 mai 2005.

d'argent pour acheter de l'essence, il s'est donc rendu à Khost, une localité voisine, pour y chercher des clients. Il y a rencontré trois hommes allant dans la même direction que lui. En cours de route, ils sont passés à côté d'une base où étaient stationnées des troupes états-uniennes, le camp Salerno. Or celui-ci avait été bombardé à la roquette le matin même. Des miliciens afghans ont alors arrêté le taxi à un poste de contrôle, ils y ont trouvé un talkie-walkie brisé qui appartenait à un des passagers, ainsi qu'un stabilisateur électrique utilisé pour réguler le courant d'un générateur. Diliwar et ses passagers ont été arrêtés et remis entre les mains de l'armée états-unienne.

Ils ont finalement été envoyés à Guantanamo. Après plus d'une année de détention, les passagers ont été renvoyés en Afghanistan munis de lettres affirmant qu'ils ne « représentaient pas une menace » pour les États-Unis. Diliwar a eu moins de chance.

Lorsque les soldats états-uniens le frappaient, il criait « Allah, Allah, Allah ! » « Tout le monde l'entendait crier et pensait que c'était drôle », a raconté aux enquêteurs le spécialiste Corey E. Jones. « C'était devenu en quelque sorte une blague permanente. Il y avait toujours quelqu'un qui apparaissait pour asséner à ce détenu un coup sur le péroné juste pour l'entendre crier "Allah". Cela a duré 24 heures. On a dû le frapper plus de 100 fois. »

Après quelque temps, les cris de Diliwar ont commencé à irriter les soldats. Durant presque quatre jours, entre les interrogatoires, il est resté enchaîné par les poignets au plafond de sa cellule. Pendant les interrogatoires, on lui a donné des coups de pied sans merci, on l'a bousculé, on lui a crié après et une femme soldat l'a humilié.

Pendant son dernier interrogatoire, un interprète a remarqué que les jambes de Diliwar faisaient des mouvements incontrôlés et que ses mains étaient engourdies. Diliwar a imploré les soldats de lui donner de l'eau. Un d'entre eux a percé un trou dans le fond d'une bouteille d'eau et la lui a offerte. Pendant que, affaibli, Diliwar « manipulait faiblement » le bouchon de la bouteille, l'eau s'écoulait sur sa combinaison orange. Le soldat a alors repris brutalement la bouteille et a jeté violemment l'eau restante sur son visage.

On a ensuite tenté d'obliger Diliwar à s'agenouiller, mais il ne pouvait plus plier ses jambes meurtries. « Laissez-le suspendu », a ordonné le meneur, après quoi Diliwar a finalement été traîné de nouveau dans sa cellule. Abandonné seul, enchaîné et suspendu au plafond, il est mort peu de temps après.

Un des coroners a affirmé ultérieurement que le tissu des jambes de Diliwar « avait été pratiquement réduit en pulpe. J'ai vu des blessures semblables sur un individu qui avait été écrasé par un autobus. »

Alors qu'il en parlait volontairement à des interrogateurs, presque deux ans plus tard, un sergent a donné le dernier mot sur le supplice de Diliwar, et il donne la chair de poule : la plupart des interrogateurs pensaient qu'il était innocent.

Nombreuses sont les preuves des tortures infligées par le personnel états-unien. Dans les centres de détention des États-Unis, les prisonniers ont été aspergés d'eau froide et soumis à des températures glaciales[75], passés à tabac[76], privés de traitements médicaux[77], gravement privés de sommeil[78] et attachés pendant des heures dans des positions inconfortables et douloureuses[79]. On leur a bandé les yeux, on les a projetés contre des murs[80], on les a contraints de sauter en bas d'un pont[81], on les a soumis sans interruption à de la

---

75. Estanislao Oziewicz, *supra*, chapitre 4, note 6.
76. Estanislao Oziewicz, *supra*, chapitre 4, note 6. Voir également Douglas Jehl, Steven Lee Meyers et Eric Schmitt, « Abuse of Captives More Widespread, Says Army Survey », *New York Times*, 26 mai 2004, où est cité un compte rendu de l'armée états-unienne rapportant les décès et les mauvais traitements infligés à des prisonniers sous détention états-unienne en Irak et en Afghanistan ; Dana Priest et Barton Gellman, « US Decries Abuse but Defends Interrogations », *Washington Post*, 26 décembre 2002, p. A01. Voir également Dozens of Secret Jails, *supra*, chapitre 14, note 7, où est décrit le cas d'un fournisseur de la CIA qui est accusé d'avoir battu à mort un détenu avec ses mains, ses pieds et une lampe de poche.
77. En décembre 2002, le *Washington Post* a interviewé des responsables états-uniens de la sécurité nationale. Ceux-ci ont laissé entendre que des anesthésiques avaient été administrés à Abou Zubaida, un des principaux dirigeants d'Al-Qaïda, lequel avait reçu une balle à l'aine pendant sa capture. Voir Priest et Gellman, *supra*, chapitre 14, note 76.
78. Priest et Gellman, *supra*, chapitre 14, note 76. Voir également Tim Golden et Eric Schmitt, « General Took Guantanamo Rules to Iraq for Handling of Prisoners », *New York Times*, 13 mai 2004.
79. *Ibid.*
80. Priest et Gellman, *supra*, chapitre 14, note 76.
81. Associated Press, « 37 Deaths of Detainees in Iraq, Afghanistan Probed », *Sunday Observer Online*, 23 mai 2004.

musique et à des bruits assourdissants[82], on leur a tiré dessus par balle[83], on les a asphyxiés[84], on les a soumis au «waterboarding»[85], on a enlevé leurs fils, âgés en l'occurrence de sept et neuf ans, pour les contraindre à parler[86], on les a aspergés de leur propre urine[87], on les a étranglés[88], on a inséré des allumettes allumées dans leurs oreilles[89], on les a enchaînés en position fœtale pendant 24 heures ou plus[90], ils ont été humiliés par des membres du personnel féminin[91], mordus par des chiens[92], on les a bousculés tête première à répétition contre des portes[93], on les a obligés à se sodomiser entre eux[94], on les a contraints à la nudité pendant de longues périodes[95] et on les a empilés les uns sur les autres pour ensuite sauter sur eux[96]. À la fin de février 2006, presque 100 prisonniers étaient morts sous détention états-unienne, et ce, uniquement en Irak et en Afghanistan. Dans au moins 34 cas, il s'agit d'homicides supposés ou confirmés[97].

82. Dan Eggen et R. Jeffrey Smith, «FBI Agents Allege Abuse of Detainees at Guantanamo Bay», *Washington Post*, 21 décembre 2004.
83. En mai 2004, l'armée états-unienne avait réglé deux cas d'homicide. Un des deux mettait en cause un détenu irakien qui avait été tué par balle pour avoir lancé des cailloux vers des gardes. Jehl, Meyers et Schmitt, *supra*, chapitre 14, note 76.
84. Neil A. Lewis, «Broad Use of Harsh Tactics», *New York Times*, 17 octobre 2004.
85. Jehl, Meyers et Schmitt, *supra*, chapitre 14, note 76.
86. Associated Free Press, «CIA Renditions of Suspects Are "Out of Control"», *The Nation on Web*, 2004.
87. David Rose, *supra*, chapitre 14, note 33.
88. HRW, Did President Bush Order ?, *supra*, chapitre 14, note 56.
89. *Ibid.*; A Guide to the Memos on Torture, *supra*, chapitre 14, note 36.
90. A Guide to the Memos on Torture, *supra*, chapitre 14, note 36.
91. Scott Highman et Joe Stephens, «New Details on Scale of Iraq Prison Abuse», *Washington Post*, 21 mai 2004.
92. Carl Huse et Sheryl Gay Stolberg, «Lawmakers View Images From Iraq», *New York Times*, 13 mai 2005.
93. *Ibid.*
94. *Ibid.*
95. Eric Schmitt, «Rumsfeld and a General Clash on Abuse», *New York Times*, 12 mai 2004.
96. Kate Zernike, «Accused Soldier Paints Scene of Eager Mayhem at Iraqi Prison», *New York Times*, 14 mai 2004.
97. Agence France Presse, «Nearly 100 Dead in US Custody in Iraq, Afghanistan : Rights Group» («Presque 100 morts sous détention états-unienne en Irak et en Afghanistan, selon un organisme de défense des droits de l'homme»), 22 février 2006.

De l'examen de ces faits, qui vient s'ajouter à celui des mémorandums, décrets-lois, textes législatifs et déclarations de signature présidentielles décrites plus hauts, il ressort que le supplice de Diliwar et les révélations sur la prison d'Abou Ghraïb en Irak, qui ont heurté la conscience de la population états-unienne en 2004, ne sont nullement des cas isolés. Au contraire, ils s'inscrivent dans un système plus vaste de mauvais traitements encouragés, sinon sanctionnés, par les échelons supérieurs du gouvernement des États-Unis.

Le projet de construction de prisons permanentes à l'extérieur des États-Unis

Michael Scheuer, expert en contre-terrorisme à la CIA jusqu'en 2004, a contribué à l'élaboration de la pratique des transferts. Il a souligné en entrevue la folie de l'ensemble du projet. « Allons-nous détenir ces personnes pour toujours ? Une fois les droits d'un détenu violés, vous ne pouvez absolument pas le réintégrer dans le système judiciaire. Vous ne pouvez pas le tuer non plus. Tout ce que nous avons fait, c'est créer un cauchemar[98]. »

« Un haut responsable états-unien a affirmé au *New York Times* en janvier 2005 que les trois quarts des 550 prisonniers qui étaient alors à Guantanamo n'avaient plus de renseignements utiles. Mais ils ne seront pas libérés de peur qu'ils ne représentent une menace permanente pour les États-Unis[99]. »

En janvier 2005, divers journaux dont le *Washington Post* ont révélé que le gouvernement des États-Unis envisageait de construire des prisons sur des sols étrangers, « surtout des pays aux antécédents sinistres en matière de droits de la personne où il [pourrait] transférer secrètement des détenus (qui n'ont été condamnés par aucun tribunal) pour le reste de leurs jours (...) au-delà du regard du Comité international de la Croix-Rouge ou de tout autre observateur ou avocat indépendant[100] ».

Les États-Unis, selon une des propositions avancées, construiraient de nouvelles prisons en Afghanistan, en Arabie saoudite et au Yémen. Ces pays géreraient les prisons, mais des responsables

---

98. Outsourcing Torture, *supra*, chapitre 14, note 7.
99. Jonathan Steele, *supra*, chapitre 14, note 31.
100. *Ibid.*

états-uniens y auraient accès pour « veiller au respect des droits de la personne[101] ». En mars 2005, les États-Unis avaient déjà transféré 65 détenus de Guantanamo à d'autres pays, notamment au Pakistan, au Maroc, en France, en Russie et en Arabie saoudite, de manière à ce qu'on puisse les poursuivre en justice (perspective peu vraisemblable) ou les détenir indéfiniment. En outre, le département de la Défense a demandé des fonds au Congrès dans le but de construire une nouvelle prison à Guantanamo car, selon des responsables, la population carcérale restante, qui ne pourrait être transférée dans d'autres pays, y serait vraisemblablement détenue indéfiniment, puisque jamais aucune accusation ne serait portée contre elle[102].

ASSASSINATS PERPÉTRÉS PAR LE PERSONNEL ÉTATS-UNIEN

Nous avons décrit au chapitre 11 l'expansion des opérations spéciales militaires secrètes des États-Unis dans le monde. Les équipes en question ont pour mission de localiser, de capturer et/ou de tuer les présumés terroristes et d'utiliser les renseignements obtenus au cours d'une opération pour en planifier d'autres.

La Maison Blanche a en outre chargé la CIA de mener des opérations secrètes dans le cadre de la « guerre à la terreur ». Le 17 septembre 2001, Bush a signé une « déclaration présidentielle » autorisant ces opérations et a donné à la CIA la permission de « tuer, capturer ou détenir les membres d'Al-Qaïda n'importe où dans le monde[103] ».

Le lendemain des attentats du 11 septembre 2001, le Counterterrorism Center (CTC) de la CIA avait en main une liste de « cibles de haute valeur » au sein d'Al-Qaïda, liste à laquelle on a ajouté d'autres noms à mesure que progressait l'enquête sur les attentats du 11 septembre. Selon le *Washington Post*, « le chef des opérations du CTC a préconisé la création de commandos d'officiers traitants et de paramilitaires qui infiltreraient secrètement des pays au Moyen-Orient, en Afrique et même en Europe afin d'assassiner des

101. *Ibid.*
102. Douglas Jehl, « Pentagon Seeks to Transfer More Detainees from Base in Cuba », *New York Times*, 11 mars 2005. Voir également Dawn, « Life Imprisonment Without Trial Condemned », 3 janvier 2005, www.dawn.com/2005/01/03/intl.htm.
103. Dana Priest, « CIA Holds Terror Suspects in Secret Prisons », *supra*, chapitre 14, note 6.

personnes sur la liste, une à une... Mais de nombreux officiers de la CIA estimaient qu'il serait profitable de garder les dirigeants d'Al-Qaïda en vie pour les interroger sur leurs réseaux et leurs complots. Certains officiers ont exprimé l'inquiétude que la CIA n'était pas assez experte en matière d'assassinats[104]. »

La CIA et ses dirigeants ont écarté l'assassinat comme stratégie déterminante dans la « guerre à la terreur » au profit de la détention secrète et indéfinie des présumés terroristes. Mais les témoignages d'opérations d'assassinats au Yémen et au Pakistan montrent que le meurtre a été retenu comme option.

Tout comme le meurtre de civils innocents qui sont dans le chemin.

LA PARTICIPATION D'AUTRES DÉMOCRATIES OCCIDENTALES

Les démocraties occidentales – mon propre pays le Canada compris –, aiment se dépeindre comme les défenseurs de la démocratie et des droits de la personne ailleurs dans le monde. Pourtant, cette réalité nouvelle que nous venons de décrire (le réservoir mondial de prisonniers détenus et transférés dans des centres dispersés sur la planète et accessibles, dans le cadre de la « guerre à la terreur », aux organismes sécuritaires des États-Unis et de leurs alliés) ne relève pas uniquement de la politique états-unienne. Cette pratique est embrassée, admise et utilisée par plusieurs de leurs alliés démocratiques occidentaux.

Le Royaume-Uni permet ainsi à la CIA de faire fonctionner un de ses centres de détention extraterritoriaux sur l'île britannique de Diego Garcia. Les Suédois ont permis à des organisations états-uniennes, britanniques et allemandes d'interroger des suspects détenus en Suède[105] et ont coopéré au transfert de deux demandeurs d'asile, par des agents états-uniens, de la Suède à l'Égypte. Des preuves indiquent que ces personnes y ont été torturées. Une des deux a été libérée par la suite, mais l'autre a été condamnée à 25 ans d'emprisonnement par un tribunal militaire qui ne satisfaisait pas aux normes internationales relativement à l'équité des procès[106]. Au Canada, nous avons vu les épreuves subies par Maher Arar,

---

104. *Ibid.*
105. Tony Johansson, « A Scandal in Sweden », Z-Net, 25 mai 2004.
106. *Ibid.*

Abdoullah Almalki, Ahmed el Maati, Mouayyed Nourredin et Kassim Mohamed. En Grande-Bretagne, il y a eu celle de Wahab al-Rawi.

Bien que, dans certains cas, les gouvernements et organismes des pays occidentaux aient protesté contre l'enlèvement de leurs ressortissants par des agents des États-Unis, ou bien ces protestations n'étaient pas sincères, ou bien elles n'ont guère influé sur les relations avec les États-Unis. Le cas de Maher Arar a incité Paul Martin, successeur du premier ministre Jean Chrétien, à demander au président Bush l'assurance que le Canada soit informé à l'avenir si les États-Unis envisageaient de transférer un Canadien dans un cachot à l'étranger. Malgré que le gouvernement canadien ait prétendu avoir « parlé avec fermeté » avec les États-Uniens pour défendre la souveraineté canadienne, en fait l'entente était hypocrite et plutôt pitoyable – la prochaine fois, si nous ne sommes pas impliqués nous-mêmes, ils nous diront quand décollera l'avion de la CIA. Au début de 2006, le Canada a été accusé par des organisations de défense des droits de la personne d'« être le porteur d'eau » des États-Unis en travaillant assidûment pour diluer des dispositions clés d'un récent traité des Nations unies sur les disparitions forcées[107].

En Allemagne, le gouvernement a enquêté sur le cas El Masri, mais cela n'a pas encore eu d'incidences sur le soutien apporté par l'Allemagne à la guerre contre le terrorisme menée par les États-Unis.

En Italie, des agents de la CIA déguisés en policiers italiens ont enlevé l'ecclésiastique musulman Hassan Moustafa Nasr dans les rues de Milan. Ils l'ont aspergé de produits chimiques, emmené dans une camionnette et transporté par avion de Venise dans une base états-unienne en Allemagne, puis en Égypte. Les procureurs italiens ont émis des mandats d'arrestation pour 22 agents de la CIA[108]. Au moment de sa disparition, les autorités italiennes étaient en train d'enquêter sur Nasr, aussi étaient-elles furieuses d'apprendre qu'il avait été emmené à toute vitesse hors du pays. Nasr a été torturé à maintes reprises en Égypte, puis libéré brièvement. Depuis lors, il a

---

107. Presse canadienne, « Canada Allegedly Backed Bush on Forced Disappearances » (« Le Canada aurait soutenu Bush en matière de disparitions forcées »), 19 janvier 2006.
108. Wesley Wark, « America's Dirty Secrets », *Ottawa Citizen*, 9 décembre 2005.

de nouveau disparu[109]. Bien que la police et les procureurs italiens n'aient peut-être pas su que Nasr était sur le point d'être enlevé par la CIA, des experts en matière de sécurité affirment que le gouvernement italien était vraisemblablement informé du transfert et qu'il s'était entendu avec le gouvernement états-unien[110]. La société STRATFOR affirme que cela « fait souvent partie de l'accord entre les États-Unis et les gouvernements étrangers, pour que les premiers obtiennent la permission d'effectuer des transferts en territoire étranger. En échange, on peut s'attendre à ce que le pays hôte nie avoir eu connaissance du transfert et simule l'indignation lorsque l'affaire sort au grand jour, atténuant ainsi les retombées politiques[111]. » Cela expliquerait pourquoi, en dépit des poursuites intentées par des procureurs indépendants, il n'y a pas eu de refroidissement des relations italo-états-uniennes à la suite de cette affaire – tout au moins du côté italien[112] !

Des parlements inquiets en Suède, au Canada, en Italie, en France et aux Pays-Bas ont contraint leur gouvernement à mener des enquêtes sur les transferts de leurs citoyens ou résidents. Il sera intéressant de voir si ces enquêtes permettront de percer le secret que veulent maintenir ces gouvernements. Au Canada, on a empêché le juge Dennis O'Connor – le juge respecté et expérimenté qui a mené l'enquête « publique » sur le rôle des responsables canadiens dans le transfert de Maher Arar – de divulguer les preuves de son enquête ainsi que certaines parties de son rapport, qui a été partiellement rendu public en septembre 2006. Se démarquant de la pratique habituelle lorsqu'il s'agit de divulguer des informations qui ont été remaniées, le gouvernement, plutôt que de rayer des mots dans le rapport O'Connor, les a dissimulées au moyen d'astérisques.

À la fin de l'année 2005, des bruits ont commencé à courir au Canada et dans certains pays européens sur des escales de vols de

109. Haider Rizvi, « Terror Policies Draw Outrage at Home and Abroad », *IPS*, juin 2005. Voir également Stephen Grey, « US Agents "Kidnapped Militant" for Torture in Egypt », *Timesonline*, 6 février 2005.
110. Wesley Wark, « America's Dirty Secrets », *supra*, chapitre 14, note 108. Voir également STRATFOR, Daily Terrorism Brief, 27 juin 2005, www.stratfor.org/products/premium/read_article.php?id=250690.
111. STRATFOR, *supra*, chapitre 14, note 110.
112. STRATFOR, *supra*, chapitre 14, note 110.

transfert de la CIA. Le *Guardian* a rapporté que des avions de la CIA avaient, depuis le 11 septembre 2001, fait escale dans des aéroports britanniques au moins 210 fois[113]. En janvier 2006, le *Toronto Star* a rapporté qu'au moins 55 « avions fantômes » étaient passés par le Canada[114]. La police espagnole a commencé à enquêter sur des rumeurs selon lesquelles des vols de transfert de la CIA auraient décollé de l'aéroport de Palma de Mallorca[115]. James Risen, journaliste spécialiste en matière de sécurité nationale au *New York Times*, a affirmé que ces vols ont lieu avec la complicité des gouvernements hôtes. Selon lui, dans le cas du Canada, le Service canadien du renseignement de sécurité et le premier ministre « auraient approuvé l'utilisation de l'espace aérien canadien, mais ils auraient maintenu les autres organismes gouvernementaux dans l'ignorance[116] ».

En décembre 2005, juste avant son départ pour une visite officielle dans l'Union européenne, Condoleezza Rice, secrétaire d'État des États-Unis, a déclaré à des journalistes que « les États-Unis n'utilisent l'espace aérien ou les aéroports d'aucun pays pour transférer un détenu lorsque nous croyons qu'il ou elle sera torturé(e). En ce qui concerne les détenus, le gouvernement des États-Unis se conforme à ses lois, à sa Constitution et à ses obligations découlant des traités (...). Les États-Unis ont entièrement respecté la souveraineté des autres pays qui ont coopéré sur ces questions[117]. »

Qu'on croie ou non que les gouvernementaux occidentaux coopèrent avec les États-Unis pour leur programme de transferts, il est clair que beaucoup d'entre eux, notamment les gouvernements de l'Allemagne, de l'Autriche, du Canada, du Royaume-Uni, de la Suède et de la Turquie, ont eux-mêmes tenté de déporter des présumés terroristes vers des pays où la torture constitue un problème généralisé ou systémique, notamment l'Égypte, l'Ouzbékistan, les Philippines, la Russie, le Sri Lanka et la Syrie[118].

---

113. Wesley Wark, *supra*, chapitre 14, note 110.
114. Tim Harper, « Ottawa Okayed Ghost Flights », *Toronto Star*, 16 janvier 2006.
115. Wesley Wark, *supra*, chapitre 14, note 110.
116. Tim Harper, « Ottawa Okayed Ghost Flights », *supra*, chapitre 14, note 114.
117. Anne Gearan, « Rice Defends US Terrorism Policy », Associated Press, 5 décembre 2006.
118. Human Rights Watch, « Empty Promises: Diplomatic Assurances no

UNE NOUVELLE LICENCE POUR LES RÉGIMES BRUTAUX

Parallèlement, des régimes dont les abus en matière de droits de la personne avaient par le passé attiré des critiques cinglantes des gouvernements occidentaux sont aujourd'hui tolérés, soutenus et même encouragés par ces mêmes gouvernements.

Depuis que la Russie a lancé sa campagne militaire en Tchétchénie, les dirigeants russes ont caractérisé le conflit armé qui s'y déroulait comme du contre-terrorisme, en passant sous silence ses aspects politiques. Ailleurs dans le monde, par contre, les dirigeants ont jugé sévèrement les graves abus en matière de droits de la personne qui entachaient l'opération russe, notamment le bombardement sans discernement des populations civiles, la destruction de villages, les enlèvements, les détentions arbitraires massives et la torture. Toutefois, quelques semaines après les attentats du 11 septembre, des dirigeants démocratiques comme le chancelier allemand Gerhard Schrœder et le premier ministre italien Silvio Berlusconi ont déclaré devoir changer leur regard sur les opérations russes en Tchétchénie[119].

En Égypte, les divers gouvernements ont régné sans interruption sous l'état d'urgence depuis 1981. Ils ont systématiquement utilisé l'autorité que leur confère cette loi d'exception pour « arrêter des personnes à volonté et les détenir sans procès pendant des périodes prolongées, pour renvoyer des civils devant des tribunaux de sécurité de l'État, qu'ils soient militaires ou d'exception, et pour interdire les grèves, les manifestations et les réunions publiques ». S'agissant de la reconduite de la loi en février 2003, un porte-parole du département d'État des États-Unis a affirmé que son pays « compren[ait] et appréci[ait] l'engagement du gouvernement égyptien à combattre le terrorisme et à maintenir la stabilité[120] ».

En Géorgie, où les brutales opérations menées contre les rebelles tchétchènes dans la gorge de Pankisi ont donné lieu à des exécutions extrajudiciaires, à des disparitions, à des détentions arbitraires et à une discrimination basée sur l'identité raciale et ethnique, les

---

Safeguard Against Torture », avril 2004, http://hrw.org/reports/2004/un0404.

119. Document préparatoire de Human Rights Watch pour la 59e session de la Commission des droits de l'homme des Nations unies, « In the Name of Counter-Terrorism : Human Rights Abuses Worldwide », 25 mars 2003, http://hrw.org/un/chr59.

120. *Ibid.*

États-Unis ont mis sur pied un programme dit Train and Equip («former et équiper») d'un coût de 64 millions de dollars «pour renforcer la capacité antiterroriste de la Géorgie». En octobre 2002, au moins six militaires états-uniens étaient en Géorgie pour dispenser une formation[121]. Selon le magazine *Time*, des agents secrets géorgiens ont «fait disparaître» et ont tué des suspects grâce à du «renseignement en temps réel» pourvu par les États-Unis. Des responsables géorgiens ont admis en outre que des personnes ont été transférées secrètement et extrajudiciairement en vue de leur détention aux États-Unis[122].

En Indonésie, les États-Unis ont renoué leurs liens avec les militaires indonésiens, liens qui avaient été coupés à la suite des actes de violence orchestrés par ces derniers au Timor oriental en 1999. Après le 11 septembre 2001, le programme de formation militaire états-unien a été rétabli et le lancement d'un nouveau programme de 50 millions de dollars a été annoncé pour seconder les forces de sécurité indonésiennes dans leurs efforts contre le terrorisme. En décembre 2002, un citoyen koweïtien qui avait épousé une Indonésienne a été arrêté «et remis aux autorités états-uniennes dans le cadre d'une opération de renseignements menée par les services de renseignements indonésiens et la CIA[123]».

En Malaisie, en vertu de la draconienne loi sur la sécurité intérieure (ISA), presque 100 hommes ont été incarcérés pour de prétendus liens avec des groupes terroristes – certains d'entre eux sont restés prisonniers pendant plus de trois ans[124]. Avant le 11 septembre 2001, le gouvernement états-unien s'était montré très critique à l'égard de détentions d'adversaires par le gouvernement malais qui s'appuyaient sur l'ISA, et les relations entre les deux pays étaient tendues[125]. Mais après les événements du 11 septembre, les responsables états-uniens se sont mis à faire l'éloge de ces

---

121. *Ibid.*
122. *Ibid.*
123. *Ibid.*
124. Human Rights Watch, «Malaysia: Detainees Abused Under Security Law», communiqué de presse, 25 mai 2005.
125. Human Rights Watch, «In the Name of Security: Counter-terrorism and Human Rights Abuses Under Malaysia's Internal Security Act», vol. 16, n° 7(C), p. 44.

détentions[126] et le président Bush a fait allusion au « phare de stabilité[127] » qu'était le pays. Les États-Unis ont aidé la Malaisie à mettre sur pied le Southeast Asia Regional Center for Counterterrorism, dans lequel ils offrent une formation pour les responsables gouvernementaux malais[128]. « Le gouvernement malais partage constamment des renseignements avec le gouvernement états-unien et a permis aux États-Unis d'accéder aux détenus qui étaient en Malaisie. Lorsqu'en septembre 2003 les États-Unis ont interrogé 13 étudiants malais qui avaient été emprisonnés sans procès à Karachi, au Pakistan, le gouvernement malais, plutôt que de protester contre ces détentions, est resté silencieux[129]. » Et quand les 13 mêmes sont retournés en Malaisie, le gouvernement les y a incarcérés à son tour[130]. Ceux qui ont refusé de coopérer avec les responsables de la sécurité malais ont été menacés d'être transférés à Guantanamo, à Cuba, sous détention états-unienne[131].

Selon Craig Murray, ancien ambassadeur britannique en Ouzbékistan, des agents états-uniens ont envoyé des détenus provenant de l'Afghanistan dans ce pays, afin qu'ils y soient interrogés sous la torture. Murray a été relevé de ses fonctions après qu'il eut envoyé au ministre des Affaires étrangères une note de service où il rapportait que le chef de station de la CIA à Tashkent avait « volontiers reconnu que la torture était utilisée [en Ouzbékistan] pour obtenir des renseignements [des suspects états-uniens][132] ». « En Ouzbékistan, a déclaré Murray, la brûlure partielle [par immersion dans un liquide bouillant] d'une main ou d'un bras est très courante [pendant les interrogatoires][133]. J'ai vu des photos de cadavres. On y voit que la personne a été ébouillantée à mort[134]. »

En Amérique latine, les États-Unis ont accru leur soutien aux militaires colombiens afin de les aider à gagner leur guerre, vieille de quatre décennies, contre les Forces armées révolutionnaires de

---

126. *Ibid.*, p. 43.
127. *Ibid.*, p. 45.
128. *Ibid.*, p. 44.
129. *Ibid.*
130. *Ibid.*
131. *Ibid.*, p. 43.
132. Christopher Bollyn, *supra*, chapitre 14, note 23.
133. Outsourcing Torture, *supra*, chapitre 14, note 7.
134. Christopher Bollyn, *supra*, chapitre 14, note 23.

Colombie (FARC) et l'Armée de libération nationale (ELN)[135]. En mars 2004, le chef du Southern Command des États-Unis a affirmé à un comité du Congrès que Washington « doit adopter des mesures d'envergure dans notre région pour combattre le terrorisme », notamment, selon lui, le renforcement des militaires d'Amérique latine. Il a ajouté qu'il faudrait encourager les pays d'Amérique latine à abattre les obstacles juridiques existant entre les fonctions liées au maintien de l'ordre civil, les fonctions de renseignement et les fonctions militaires[136]. Or, par le passé, les militaires latino-américains ont été responsables de certains des pires abus en matière de droits de la personne dans la région.

Les régimes brutaux ou répressifs ont été prompts à montrer du doigt les pratiques actuelles des États-Unis pour justifier leurs propres pratiques. Ainsi, le gouvernement du Libéria prétend que le rédacteur en chef d'un des journaux libériens indépendants qu'il avait arrêté pouvait être détenu dans le secret et jugé devant un tribunal militaire puisqu'il était un « combattant ennemi » participant à une guerre intégriste islamique[137]. Le président Moubarak d'Égypte a affirmé quant à lui qu'« il n'y a aucun doute que les événements du 11 septembre ont créé un nouveau concept de démocratie qui diffère du concept que les États occidentaux défendaient avant ces événements, en particulier s'agissant de la liberté de l'individu. » Selon lui, la décision des États-Unis d'utiliser des tribunaux militaires dans leur « guerre à la terreur », « prouve que nous avions raison dès le départ d'utiliser tous les moyens, y compris les tribunaux militaires ».

---

135. Jim Lobe, « US Militarizing Latin America », Oneworld.net, 6 octobre 2004.
136. Jack Epstein, « General Seeks Boost for Latin American Armies », San Francisco Chronicle, 30 avril 2004.
137. HRW, In the Name of Security, supra, chapitre 14, note 125, p. 12.

CHAPITRE 15
Des illusions de sécurité

Ceux qui renonceraient aux libertés fondamentales pour acheter un peu de sécurité temporaire ne méritent ni liberté, ni sécurité.

phrase attribuée à BENJAMIN FRANKLIN

LES INITIATIVES ENTREPRISES par les gouvernements en matière de surveillance planétaire n'augmentent pas notre sécurité. Elles ne font que créer des illusions de sécurité, illusions qui ne sont guère utiles pour attraper ou arrêter les terroristes. En outre, elles prennent des innocents au piège, détournent des ressources d'initiatives plus utiles, obscurcissent nos débats sur les politiques publiques et trahissent notre sécurité personnelle et collective réelle.

UNE DÉRISOIRE SÉCURITÉ TEMPORAIRE

En filtrant un océan d'informations imprécises au moyen d'une passoire faite de partis pris et de logiques erronées, les initiatives décrites dans le présent ouvrage soulèvent un raz de marée de fausses pistes et de renseignements inutiles. Car les informations utilisées ne seront jamais tout à fait exactes, contextualisées et complètes, les données biométriques ne seront jamais infaillibles et les jugements prédictifs sur des individus, qu'ils soient le fruit de l'intelligence humaine ou artificielle, ne seront jamais fiables. Mais même s'ils l'étaient, ils offriraient une sécurité dérisoire contre les attentats terroristes.

Le public est généralement d'avis que les gouvernements auraient dû être avertis du complot du 11 septembre 2001 et auraient dû l'empêcher. En fait, les systèmes traditionnels de renseignement et de maintien de l'ordre qui étaient en place à l'époque ont *bel et bien* fourni des renseignements sur la vraisemblance d'un attentat qui serait perpétré sur le sol états-unien par des extrémistes musulmans à l'aide d'avions. De plus, certains des acteurs clés des attentats du 11 septembre étaient déjà l'objet d'enquêtes de la CIA et du FBI avant ces événements[1]. L'enquête conjointement menée par les

1. Joint Inquiry into Intelligence Community Activities Before and After the Terrorist Attacks of September 11, 2001 («Enquête conjointe sur les activités du milieu du renseignement avant et après les attentats terroristes du 11 septembre 2001»), *Report of the US Senate Select Committee on Intelligence and US House Permanent Select Committee on Intelligence Together with Additional Views*, décembre 2002, www. gpoaccess.gov/serialset/creports/911.html, [Joint Inquiry Report]. L'enquête conjointe a fait référence à une longue liste de conclusions en matière de renseignements qui indiquaient qu'Al-Qaïda était impatient d'attaquer les États-Unis et que des terroristes envisageaient d'utiliser des avions comme armes. Parmi ces conclusions figurait un exposé rédigé en juillet 2001 indiquant que ben Laden envisageait de réussir une attaque «spectaculaire» contre les États-Unis qui leur infligerait des «pertes massives», et que des «préparatifs d'attaque avaient été réalisés». Un rapport des services de renseignements daté de l'été 1998 laissait entendre que ben Laden planifiait des attentats à New York et à Washington. En septembre 1998, le chef de la CIA, au cours d'un exposé au Congrès, a révélé que le FBI suivait les activités de trois ou quatre agents de ben Laden aux États-Unis. En décembre 1998, une source du milieu des renseignements a rapporté qu'un membre d'Al-Qaïda planifiait de lancer des opérations contre des cibles états-uniennes: «Les plans de détournement d'un avion états-unien avancent bien. Deux individus (...) ont réussi à éviter des points de contrôle au cours d'une répétition dans un aéroport de New York.» En décembre 1999, le centre de contre-terrorisme de la CIA a conclu que ben Laden voulait infliger des pertes maximales, provoquer une panique généralisée et marquer une victoire psychologique. Selon le centre, ben Laden aurait pu à cette fin attaquer entre 5 et 15 cibles à l'occasion du nouveau millénaire, dont plusieurs aux États-Unis. En 2000, la CIA disposait d'informations selon lesquelles

comités de renseignements du Sénat et de la Chambre des États-Unis sur les circonstances entourant le 11 septembre a conclu que bien que les milieux du renseignement n'aient pas eu d'informations sur le « moment, l'emplacement et la nature spécifique » des attentats du 11 septembre, ils avaient « amassé beaucoup de renseignements utiles » avertissant d'une telle menace[2]. Selon cette enquête conjointe, l'échec de ces milieux fut leur incapacité « à discerner les grands traits de la situation (...), à tirer profit des implications tant individuelles que collectives des renseignements disponibles (...). Nous ne saurons jamais ce qui serait arrivé si l'on avait mieux compris les liens entre ces éléments disparates d'information (...). L'important, c'est que les milieux du renseignement, pour diverses raisons, n'ont pas su rassembler ni exploiter adéquatement tout un ensemble d'informations qui auraient pu accroître considérablement leurs possibilités de découvrir et de contrer le plan d'Oussama ben Laden d'attaquer les États-Unis le 11 septembre 2001[3]. »

Si « les arbres ont caché la forêt » alors même que les organismes états-uniens avaient des renseignements précis sur un type de menace précis et des individus précis, les mêmes organismes auraient-ils été en meilleure posture s'ils avaient dû passer au peigne fin des renseignements sur la vie de centaines de millions de personnes ?

S'il y a eu insuffisance de communication et d'analyse de la part des organismes de sécurité états-uniens, il y a eu également échec politique de la part de la Maison Blanche. Bien que l'administration Bush refuse de révéler la teneur et la chronologie des renseignements qu'on lui avait fournis avant les attentats, certaines sources indiquent qu'elle avait bel et bien été informée[4]. Or les données connues

---

deux des pirates de l'air du 11 septembre 2001, qui avaient déjà été en rapport avec le terrorisme, étaient aux États-Unis ou pouvaient l'être. En avril 2001, un rapport des services de renseignements a indiqué qu'Al-Qaïda était dans la tourmente de préparatifs assez avancés pour un attentat important, probablement contre une cible états-unienne ou israélienne. À partir du mois d'août 2001, le FBI a tenté de localiser les deux pirates de l'air en question.

2. *Ibid.*, p. 7.
3. *Ibid.*, p. 7 et 33.
4. *Ibid.* Une source du milieu des renseignements a informé l'enquête conjointe qu'« un rapport de renseignements confidentiel », rédigé en août 2001 à l'intention de « hauts responsables gouvernementaux », affirme que ben Laden cherchait à organiser des attentats aux États-

montrent qu'elle n'a pris aucune mesure pour améliorer la sécurité dans les zones à risque.

Sous l'autorité du procureur général John Ashcroft, le programme antiterroriste du FBI a été l'objet de pressions pour réduire son budget. L'unité de la CIA affectée à la surveillance de ben Laden n'a pu obtenir le financement dont elle avait besoin, et cela, en dépit des nombreux renseignements qui indiquaient l'importance de la menace que représentait Al-Qaïda. En outre, le lieutenant-général Michael V. Hayden, directeur de la National Security Agency (NSA) et directeur du National Security Service de mars 1999 à mai 2005, a affirmé qu'il savait en 2001 que la NSA devait accroître sa surveillance d'Al-Qaïda, mais qu'il n'a pas été en mesure d'obtenir les ressources nécessaires[5].

Ni les défaillances bureaucratiques ni celles des dirigeants politiques n'auraient de quelque manière été rectifiées par la surveillance de masse de l'ensemble de la population. Les événements du 11 septembre démontrent que les autorités en avaient déjà plein les bras pour juger de la portée des renseignements spécifiques et pertinents dont elles disposaient. Elles n'avaient pas besoin de l'océan de renseignements généraux et non pertinents qu'elles recueillent aujourd'hui, et peut-être y auraient-elles d'ailleurs sombré corps et biens.

Depuis que le programme secret de la NSA du président a commencé à filtrer les appels et les courriels internationaux envoyés et reçus par les États-Uniens, le FBI se plaint de ce que le déluge de numéros de téléphone, d'adresses de courriel et de noms qu'il reçoit de la NSA submerge les enquêteurs, des centaines d'entre eux devant suivre des milliers de pistes par mois. Les responsables, y compris ceux qui connaissaient le programme secret, affirment que ce torrent de pistes ne les a guidés que vers un nombre réduit de suspects qu'ils

---

Unis, qu'Al-Qaïda y disposait d'une structure de soutien et que, selon des renseignements obtenus en mai 2001, un groupe de partisans de ben Laden planifiait des attentats aux États-Unis au moyen d'explosifs (p. 9). Le rapport de l'enquête conjointe relève également qu'en mai 2001, « le gouvernement des États-Unis a pris connaissance du fait qu'un individu en Arabie saoudite était en rapport avec un agent supérieur d'Al-Qaïda et qu'il était fort vraisemblablement informé d'une opération imminente d'Al-Qaïda » (p. 111).

5. David Corn, « The 9/11 Investigation », *Nation*, 4 août 2006.

ne connaissaient pas déjà dans le pays, et qu'il « détournait les agents d'un travail de contre-terrorisme qui selon eux aurait été plus productif (...). Nous pourchassions un numéro et découvrions qu'il s'agissait d'un enseignant dont rien n'indiquait qu'il avait jamais été impliqué dans le terrorisme international – affaire réglée », a raconté un ancien responsable du FBI qui avait connaissance du programme et des données qu'il fournissait au bureau. « Après avoir reçu 1 000 numéros, pas un seul n'ayant déterré quoi que ce soit, vous ressentez une certaine frustration[6]. »

De l'autre côté de la clôture, les banques du secteur privé se plaignent de la lourdeur de leur nouvelle obligation d'informer le gouvernement, car elle sape leurs efforts pour empêcher le financement des terroristes. Dans une lettre adressée en janvier 2005 au ministère des Finances états-unien, des responsables du milieu bancaire avouent qu'en raison des pénalités extrêmement sévères qui sanctionnent tout manquement au devoir d'informer les autorités, et des incertitudes relatives à la nature de ce qui doit être rapporté, « de nombreuses banques, qui fonctionnent aujourd'hui sur un mode défensif, envoient au gouvernement considérablement plus de renseignements que jamais sur les "activités suspectes" de leurs clients – en risquant d'obstruer le système avec des données non pertinentes – de peur d'être sanctionnées si elles n'envoient pas les rapports exigés[7] ». « "Les forces du maintien de l'ordre tirent sur le messager", convient même Herbert A. Bierne, haut responsable chargé du maintien de l'ordre au Board of Governors of the Federal Reserve System (conseil d'administration de la Réserve fédérale). "Vous tirez sur le messager et vous cessez de recevoir les messages"[8]. »

Outre que les nouvelles initiatives de surveillance de masse planétaire risquent de submerger les autorités sous une marée d'informations, la nasse déployée par celles-ci est facile à contourner pour des terroristes déterminés qui ne sont pas connus des autorités ou qui recourent au vol ou à de fausses identités pour leur échapper. Pour perpétrer leurs attentats, les groupes de terroristes avisés font souvent appel à des « mains propres » (« *clean skins* ») qui n'ont pas de

---

6. Bergman, Lichtblau, Shane et van Natta Jr. « Spy Agency Data After Sept. 11 Led FBI to Dead Ends », *supra*, chapitre 2, note 5.

7. Eric Lichtblau, « US Seeks Access to Bank Records to Deter Terror », *New York Times*, 10 avril 2005.

8. *Ibid.*

casier judiciaire ou de lien connu avec le terrorisme. Tant qu'il y existera une technologie et des procédés pour fabriquer des pièces d'identité, il existera également un moyen de les esquiver. En effet, plusieurs des grandes entreprises spécialisées dans les bases de données sur lesquelles s'appuie le projet de surveillance de masse ont été, ces dernières années, les victimes de graves atteintes à la sécurité. Ainsi, des pirates qui ont fait une brèche dans la sécurité de la division Seisint de LexisNexis se sont emparés, dans MATRIX, de renseignements personnels concernant 310 000 personnes – notamment leur numéro de sécurité sociale et les données de leurs permis de conduire[9]. Des voleurs se faisant passer pour d'honnêtes hommes d'affaires ont pu également accéder aux fichiers personnels de 35 000 personnes qui avaient été emmagasinés dans les bases de données de ChoicePoint, entreprise qui, comme nous l'avons indiqué plus haut, conserve une documentation sur presque chaque citoyen états-unien et la vend au secteur privé ainsi qu'à 35 organismes gouvernementaux, dont le FBI[10]. Des pirates, en 2004, ont également pénétré par effraction à deux reprises dans le serveur informatique d'Axciom situé en Arkansas – Axciom, la plus grande entreprise de collecte et de traitement de données personnelles du monde : ils ont pu copier des fichiers sur des millions de personnes. Axciom a notamment collaboré étroitement avec le FBI à la suite des attentats du 11 septembre 2001, a participé avec le Pentagone et des institutions états-uniennes à des recherches conjointes sur le partage, la mise en réseau et la consolidation des données et, tel qu'indiqué plus haut, a reçu le contrat principal du programme CAPPS II[11].

Enfin, plus les États dépendront d'une pièce d'identité unique pour identifier les individus, plus il sera facile pour les terroristes et pour d'autres encore de violer la sécurité une fois qu'ils auront mis le grappin sur ce document. S'agissant de la proposition d'introduire un système de carte d'identité pour « voyageurs de confiance », Bruice Schneier, expert en sécurité, est d'avis que les pièces d'identité,

---

9. Associated Press, « Lexis Nexis Theft Much Worse Than Thought », MSNBC.com, 12 avril 2005.
10. Bob Sullivan, « Database Giant Gives Access To Fake Firms », MSNBC. com, 14 février 2005.
11. Richard Behar, « Never Heard of Axciom ? Chances Are It's Heard of You », *supra*, chapitre 12, note 25, p. 140-144.

et particulièrement les documents obtenus volontairement, créent arbitrairement deux catégories de personnes, « les personnes de confiance munies d'une carte » et « les personnes sans carte, moins dignes de confiance » – outre une troisième catégorie : « les méchants munis d'une carte[12] ».

LE DÉTOURNEMENT DES RESSOURCES

Lorsqu'il s'agit de contrer le terrorisme, le maniement du filet de la surveillance mondiale a pour effet de détourner des ressources et initiatives déterminantes d'investissements qui accroîtraient *vraiment* la sécurité des personnes. Il y a beaucoup de choses que nous pouvons faire, de manière responsable, pour réduire les risques et les conséquences des attentats terroristes. Entre autres mesures, nous pouvons protéger les infrastructures essentielles, contrôler les matériaux nucléaires et biochimiques, vérifier la présence de dispositifs électroniques et de radioactivité dans les bagages et les conteneurs, verrouiller l'accès au poste de pilotage des avions et y affecter des policiers et, enfin, améliorer nos stratégies de première intervention. Mais pour débusquer les terroristes, nous avons surtout besoin de renseignements fiables portant sur des menaces précises, et non de grossiers profilages ethniques et informations inutiles sur les quelque 100 % ou presque de la population qui ne présentent pas le moindre risque.

Or les renseignements utiles portant sur des menaces précises sont généralement obtenus au moyen de l'intelligence humaine et non de l'intelligence technologique, par des agents capables d'infiltrer les milieux où existent réellement ces menaces. Comme des experts en sécurité l'ont admis après le 11 septembre 2001, ce sont précisément ces ressources décisives qui faisaient défaut à l'époque dans les organismes de sécurité états-uniens. Il y avait pénurie d'agents qui maîtrisaient les connaissances et les langues pertinentes pour traquer la menace, et pénurie d'agents sur le terrain pour recueillir des renseignements humains. On manquait même de traducteurs. Les messages d'Al-Qaïda qui auraient été interceptés par la NSA le 10 septembre 2001 n'auraient été traduits que plusieurs jours plus tard (« Demain, c'est l'heure zéro » ; « La partie est

---

12. Bruce Schneier, « "I Am Not a Terrorist" Cards », *Crypto-Gram Newsletter*, 15 mars 2004.

sur le point de commencer »). Trois ans après les attentats, plus de 120 000 heures d'appels téléphoniques enregistrés n'avaient pas encore été traduites par le FBI[13].

En outre, le filet tendu dans le cadre de la surveillance mondiale discrimine précisément les communautés qui pourraient fournir l'aide dont les organismes de renseignements ont actuellement besoin. Il est donc difficile d'obtenir d'elles des tuyaux décisifs et de recruter en leur sein les agents des forces de l'ordre et du renseignement nécessaires. Le profilage racial, qui est endémique à la démarche de surveillance que nous avons décrite, cible et harcèle en effet l'ensemble de ces communautés. Ronald Noble, l'États-Unien noir qui dirige l'organisme Interpol (181 pays membres), affirme qu'il a été montré du doigt en voyage à cause de son apparence : « Je transpire [de nervosité] alors que je dirige un organisme international du maintien de l'ordre... Il y a beaucoup d'abus qui ne sont jamais, ô grand jamais vérifiés[14]. »

La surveillance ne s'attaque en rien à ce que d'aucuns considèrent comme les causes profondes du terrorisme – la spoliation, la pauvreté, le manque de perspectives et la répression politique. En dépit de ses revendications de propager la démocratie dans le monde, la politique étrangère des États-Unis soutient plus que jamais les régimes répressifs. De plus, l'aide apportée à l'étranger diminue, alors que les dépenses militaires montent en flèche. En 2000, les dépenses militaires des États-Unis se chiffraient à 281 milliards de dollars. Conformément à la demande de crédits budgétaires pour 2007 soumise par Bush en février 2006, les dépenses du Pentagone atteignaient presque 440 milliards de dollars, sans compter les 120 milliards supplémentaires que demandait l'administration pour financer les opérations militaires en Irak et en Afghanistan jusqu'en septembre 2006. À titre de comparaison, le budget proposé pour l'aide, fixé à 24 milliards de dollars, équivalait à ce que l'administration Bush dépensait en Irak en cinq mois. Notons en outre que l'ex-président appelait à une diminution de 20 % de l'aide pour le développement et à des coupes comparables dans les programmes

13. Eric Lichtblau, « FBI Said to Lag on Translating Terror Tapes », *New York Times*, 28 septembre 2004.
14. Mark Trevelyan, « Head of Interpol Highlights Abuses in War on Terror », *Statewatch News online*, 2 octobre 2003, http://www.statewatch.org/news/2003/oct/05interpol.htm.

d'aide aux sinistrés et les programmes relatifs à la survie et à la santé des enfants. Entre-temps, quelque 6,2 milliards de dollars ont été assignés aux appareils de sécurité des États qui sont considérés comme des alliés stratégiques importants dans la « guerre à la terreur ». Aucun soutien nouveau, par contre, n'est apporté à l'encouragement de la démocratie ni à d'autres projets institutionnels qui viseraient à renforcer les États et à les rendre plus attentifs à leurs citoyens[15].

En dépit des énormes dépenses consenties par les gouvernements occidentaux pour la prise de mesures antiterroristes, la menace que représente le terrorisme non étatique pour la sécurité des populations dans la plupart des pays du monde est statistiquement *insignifiante*. Les rapports annuels du département d'État sollicités par le Congrès fournissent des données annuelles fiables sur le nombre total d'attentats terroristes et sur le nombre total de morts et de blessés qu'ils ont entraînés de 1995 à 2003. Résumées ci-dessous[16], ces données montrent que les morts se comptent annuellement, en moyenne, par centaines. La moyenne, attentats du 11 septembre 2001 compris, est de 774.

ANNÉE	ATTENTATS	MORTS	BLESSÉS
2004	ND	ND	ND
2003	208	625	3 646
2002	199	725	2 013
2001	346	3 547	1 080
2000	423	405	791
1999	392	233	706
1998	273	741	5 952
1997	304	221	693
1996	296	311	2 652
1995	440	165	6 291

---

15. Jim Lobe, « Development-US : Guns Over Butter », *IPS*, 8 février 2006.
16. Résumé et tableau de Wikipedia, « Patterns of Global Terrorism » (« Configurations du terrorisme mondial »), http://en.wikipedia.org/wiki /Patterns_of_Global_Terrorism.

La diffusion de la forme numérique de ces rapports a été interrompue en 2004, parce que les chiffres pour cette année-là étaient controversés, soupçonnés d'avoir été exagérés[17]. Elle a alors été prise en charge par le U.S. National Counterterrorism Center (NCTC) qui, pour l'année 2005, a fait état de 11 111 attentats et de 14 600 morts (nombre le plus élevé jamais enregistré). Ces chiffres sont vraisemblablement très exagérés, puisqu'ils comprennent les attaques des insurgés en Irak et celles de groupes d'insurgés comme les Forces armées révolutionnaires de Colombie (FARC) et la Lord's Resistance Army en Ouganda. En outre, la majorité des morts rapportées se sont produites dans un seul pays, à savoir l'Irak (par la faute, selon l'avis de beaucoup, des politiques qu'y ont menées les États-Unis)[18].

Bien qu'aucune mort provoquée par le terrorisme ne soit acceptable, ces chiffres, même exagérés, sont modestes au regard des quelque 1,2 million de morts et 48 millions de blessés causés par les accidents de voiture tous les ans[19]. Et ces chiffres sont *dérisoires* relativement au nombre de morts et à la misère humaine engendrés dans le monde entier par *la famine, la guerre, la maladie, le manque de soins de santé, les catastrophes écologiques et le crime ordinaire.*

LA TRAHISON DE NOTRE VÉRITABLE SÉCURITÉ

L'« hameçon » qu'utilisent les politiciens pour trafiquer leurs mesures antiterroristes est le fait que « la responsabilité première des gouvernements est de garantir la sécurité ». Grâce à cette idée simple, ils ont réussi depuis trop longtemps déjà à obscurcir le débat sur la politique publique.

Lorsque je me rappelle les journées du carnage du 11 septembre 2001 et de l'alerte à l'anthrax que nous avons vécues en famille à New York, je ressens la séduisante simplicité de cette équation : « Renoncez à certaines de vos libertés civiles, temporairement, pour sauver vos vies. » Mais, très vite, d'abord comme avocate et ensuite

---

17. *Ibid.*
18. Karen de Young, « Terrorist Attacks Rose Sharply in 2005, State Dept. Says », *Washington Post*, 29 avril 2006. Les chiffres ont été compilés par le NCTC et diffusés avec les rapports nationaux annuels du département d'État.
19. Wikipedia, « Car Accident » (« Accident de voiture »), http://en.wikipedia.org/wiki/Car_accident.

comme citoyenne, j'ai commencé à me rendre compte qu'il y avait quelque chose de plus important en jeu que notre sécurité temporaire. J'ai vu ma profession pervertir des principes de droit importants, voire la primauté du droit elle-même, pour des maîtres politiques. Je sentais, en tant que citoyenne, que le mode de vie pour lequel s'étaient battus mes aïeux et aïeules était compromis.

Comme nous ne devrions que trop bien le savoir en tant que peuple, à la suite des longues et difficiles luttes qu'il a fallu mener dans la plupart des pays pour les acquérir, les institutions et les droits démocratiques sont les remparts d'une véritable sécurité personnelle et collective. Ils assurent notre sécurité à la maison et notre sécurité comme personnes, ils protègent notre sécurité dans nos libertés et dans notre organisation en tant que peuple d'un État. Ils nous protègent de l'oppression, de la tyrannie et des guerres inutiles. Ils constituent, comme l'aurait peut-être dit Benjamin Franklin, notre liberté *essentielle*. Sans eux – j'ai fini par le comprendre de manière presque viscérale – nous ne pouvons avoir ni sécurité, ni liberté.

Car la surveillance mondialisée et le modèle de sécurité préventive qui la sous-tend menacent notre liberté essentielle. Ils créent un monde dans lequel nous risquons à tout moment d'être inscrits sur la liste noire : d'être arrachés d'une file d'attente, de notre bureau, de notre maison ; d'être présumés coupables ; d'être détenus, torturés ou maintenus dans l'ignorance des accusations portées contre nous ; d'être privés du droit d'affronter nos accusateurs ; d'être privés du droit de connaître les preuves contre nous et les critères selon lesquels nous sommes jugés ; et d'être privés de tout recours juridique et de tout avocat qui puisse plaider en notre faveur. Aujourd'hui, parmi nous, ce sont les musulmans et les immigrants qui sont les plus menacés, mais il se pourrait fort bien que demain d'autres communautés soient visées.

La surveillance de masse et son modèle de sécurité préventive menacent également nos vies en aggravant l'insécurité mondiale. Le fait que les musulmans soient injustement pris pour cibles et stéréotypés par l'Occident, ajouté à la rhétorique de ce dernier sur l'« affrontement des civilisations » et à sa collusion avec des régimes répressifs (outre les traitements brutaux et illicites infligés aux populations civiles et aux détenus), engendre de la haine contre les pays occidentaux et leurs partenaires, crispant encore davantage l'opposition chez les insurgés et attisant le terrorisme. Qui plus est, la doctrine nouvelle de la guerre préventive prônée par les forces conservatrices aux États-Unis menace de nous faire entrer dans une ère de violence et de chaos inimaginables.

Aujourd'hui, nous sommes réellement à la croisée des chemins. Croisée des chemins entre l'instinct et la compréhension ; entre ce que nous pouvons faire de manière responsable pour nous protéger de la violence terroriste et ce que nous ne pouvons pas nous permettre de faire. Aujourd'hui plus que jamais, nous, en tant que citoyens, devons déterminer quel chemin emprunteront nos gouvernements.

Notre avenir en dépend.

SITES INTERNET/RESSOURCES

SURVEILLANCE/LIBERTÉS CIVILES/VIE PRIVÉE

Campagne internationale contre la surveillance globale
http://I-CAMS.org

Surveillance and Society
http://www.surveillance-and-society.org

War on Terrorism Watch
http://waronterrorism.ca

Statewatch
http://statewatch.org

Statewatch Observatory on CIA « rendition »
http://www.statewatch.org/rendition/rendition/html.

American Civil Liberties Union
http://aclu.org

Friends National Committee on Legislation
http://www.fncl.org/index.htm

Center for Democracy and Technology
http://cdt.org

Patriotwatch
http://patriotwatch.org

Center for National Security Studies
http://cnss.org

Electronic Privacy Information Center
http://epic.org

Electronic Frontier Foundation
http://eff.org

European Civil Liberties Network
http://ecln.org

The Surveillance Project
www.queensu.ca/sociology/surveillance

Homeland Security
http://www.homelandsec.org

Center for Constitutional Rights
http://www.ccr-ny.org

Commissariat à la protection de la vie privée du Canada
http://www.privcom.gc.ca

Privacy International
http://www.privacyinternational.org

NO2ID
http://www.no2id.net/index.php

European Digital Rights Initiative
http://www.edri.org

CAMPACC
http://www.cacc.org.uk/

Schneier on Security
http://www.schneier.com/blog/

Human Rights Watch
http://www.hrw.org/

Human Rights First
www.humanrightsfirst.org

LES ÉDITIONS
écosociété

Faites circuler nos livres.

Discutez-en avec d'autres personnes.

Si vous avez des commentaires, faites-les-nous parvenir; il nous fera
plaisir de les communiquer aux auteurs et à notre comité éditorial.

Les Éditions Écosociété
C.P. 32052, comptoir Saint-André
Montréal (Québec)
H2L 4Y5

Courriel : info@ecosociete.org
Toile : www.ecosociete.org

NOS DIFFUSEURS

EN AMÉRIQUE   **Diffusion Dimédia inc.**
539, boulevard Lebeau
Saint-Laurent (Québec) H4N 1S2
Téléphone : (514) 336-3941
Télécopieur : (514) 331-3916
Courriel : general@dimedia.qc.ca

EN FRANCE ET   **DG Diffusion**
EN BELGIQUE   ZI de Bogues
31750 Escalquens
Téléphone : 05 61 00 09 99
Télécopieur : 05 61 00 23 12
Courriel : dg@dgdiffusion.com

EN SUISSE   **Servidis S.A.**
Chemin des Chalets
1279 Chavannes-de-Bogis
Téléphone et télécopieur : 022 960 95 25
Courriel : commandes@servidis.ch

*Achevé d'imprimer en décembre 2010 par les travailleurs
et les travailleuses de l'imprimerie Gauvin, Gatineau (Québec),
sur papier contenant 100 % de fibres post-consommation .*

RECYCLÉ
Papier fait à partir
de matériaux recyclés
FSC
www.fsc.org   **FSC® C100212**